青年人文素养：方法与演练

祝春兰　卢会志　邓丽娜◎主编

華東理工大學出版社
EAST CHINA UNIVERSITY OF SCIENCE AND TECHNOLOGY PRESS
·上海·

图书在版编目(CIP)数据

青年人文素养：方法与演练/祝春兰，等主编.—上海：华东理工大学出版社，2017.7（2022.2重印）
（青年理论与工作实务丛书）
（青年学出版工程）
ISBN 978-7-5628-4892-9

Ⅰ.①青… Ⅱ.①祝… Ⅲ.①大学生-人文素质教育 Ⅳ.①G640

中国版本图书馆CIP数据核字(2017)第003918号

策划编辑 / 刘　军
责任编辑 / 高　虹　牟小林
装帧设计 / 戚亮轩
出版发行 / 华东理工大学出版社有限公司
地址：上海市梅陇路130号，200237
电话：021-64250306
网址：www.ecustpress.cn
邮箱：zongbianban@ecustpress.cn
印　　刷 / 江苏凤凰数码印务有限公司
开　　本 / 710 mm×1 000 mm　1/16
印　　张 / 20.75
字　　数 / 285千字
版　　次 / 2017年7月第1版
印　　次 / 2022年2月第2次
定　　价 / 79.00元

青少年社会工作基本技巧

编辑委员会

作　者：

［英］Kate Sapin 著

赵凌云　陈元元(上海青年管理干部学院)等译

参加翻译(按姓氏笔画排序)：

石　雪　史玲玲　毕境徽　朱　丹　刘鸿方　许　群　李兆强

沈　黎　张佳华　张　晔　陈元元　赵凌云　徐　红　蒋狄青

蔡　爽

青少年社会工作与社会政策

青年人文素养：方法与演练

青 年 心 理 学

“青年学出版工程”总序

青年学是一门运用多学科知识对青年进行整体研究的综合性应用型学科。它以青年的本质及其发生、发展过程为研究对象。它的任务是揭示青年身心发展的规律、青年与社会相互作用的规律、青年特殊需求的发生与引导的规律,从而为培养教育青年,发掘青年的潜能,促进青年全面发展、优先发展和积极发展提供理论指导。中共中央、国务院印发的《中长期青年发展规划(2016—2025)》中也提出:“青年是国家的未来、民族的希望。青年兴则民族兴,青年强则国家强。促进青年更好成长、更快发展,是国家的基础性、战略性工程。”

从世界范围来看,最早把青年作为研究对象,推动青年学发展的是心理学。1904 年,美国心理学家斯坦利·霍尔出版了史上第一部研究青年的专著《青春期》,书中首次提出“青春期危机”理论,由此开始了青年心理学的研究。第二次世界大战后,青年社会学兴起。特别是在 20 世纪 60 年代,美国、法国、中国等国家的青年运动在世界范围内引起震动,社会学领域的众多专家学者纷纷投入青年运动、青年问题的研究中,各种调查报告、学术著作层出不穷,使青年研究、青年学的发展进入一个新阶段。与此同时,文化人类学也开始介入青年研究,丰富充实了青年学的发展。美国著名人类学家玛格丽特·米德继出版《萨摩亚人的成年》等书之后,对世界青年运动做了深入研究,其晚年出版的《文化与承诺——一项有关代沟的研究》一书,引起了学界的广泛关注,开启了青年代际研究的先河。20 世纪七八十年代,文化研究在西方兴起,一些学者致力于青年亚文化的研究,也取得了不少重要成果，如《仪式抵抗：战后英国青年亚文化》等。如今，心理学、社会学和文化学等已经成为构建青年学学科体系重要的学科支撑和理论来源。

与西方欧美资本主义国家不同，苏联、东欧以及中国等社会主义国家在马克思主义指导下，青年学的发展呈现不同的特征，青年研究更加注重整体性和综合性。在我国，青年学学科化建设始于 20 世纪 80 年代。1986 年 9 月，社会科学文献出版社出版了罗马尼亚青年研究中心研究员弗雷德・马赫列尔（Fred Mahler）的《青年问题与青年学》；1988 年 1 月，光明日报出版社出版了美国人类学家玛格丽特・米德的《代沟》。这两部国外学者学术著作的翻译引入，加之当时社会上青年问题的大量出现，引发了国内开始有关建设中国特色青年学的探讨和研究。总结改革开放以来我国青年研究及青年学发展的情况，我们大体可将其划分为三个阶段。

第一阶段：从 20 世纪 70 年代末至 80 年代中期。改革开放之初，青少年违法犯罪现象严重，加上“上山下乡”运动结束后大批知青回城需要安置，由此产生了大量的青年问题，这些青年问题催生并推动着青年研究。此后，以问题研究为导向、以应用性对策研究为指向的青年研究在我国逐步兴起和发展起来。此时研究人员的来源渠道多元，有政府部门的政策研究人员（主要是共青团系统），也有高校和研究院所的研究者。这时的青年研究主要聚焦与青年问题有关的社会和政治问题，青年研究尚未进入学科化阶段，青年学的构建尚处于酝酿和准备之中。

第二阶段：从 20 世纪 80 年代后期至 90 年代初。在这一阶段，一方面因为社会的发展对青年、青年现象及青年问题有进一步深入研究的需要，另一方面因为受到国外青年学发展的影响和激励，我国的青年研究也开始从问题导向朝着学科化建设转向。20 世纪 90 年代初，国家教委把青年学列为全国高校思想政治教育专业的一门主干课程，各级团校普遍开设了青年学课程或专题讲座。许多社会学、心理学、文化学、教育学领域的研究者开始涉足青年研究，他们借用各学科成熟的理论建构青年研究的框架和理论体系，对青年学学科体系的构建起到了开创性作用。这一时期出版了大批青年学论著，学界出现了青年学研究的小高潮。短短数年间，仅国内就先后出版了谷迎春、杨张乔的《青年学导论》(黑龙江人民出版社，1987)，黄志坚的《青年学》(中国青年出版社，1988)，邱伟光、罗洪铁的《青年学》(西南师范大学出版社，1988)，金国华的《现代青年学》和《简明青年学》(中国青年出版社，1989；中国青年出版社，1992)，邹学荣的《青年学概论》(高等教育出版社，1992)，吴焕荣、刘向英的《青年学与青年工作》(冶金工业出版社，1993)以及熊建生的《青年学通论》(武汉大学出版社，1995)8 个版本。吴广川、陆建华还分别主编了两种版本的《青年学辞典》。这些成果对于激发全社会对青年问题、青年研究的关注，扩大青年学在学界的影响产生了积极作用。总的来看，这一阶段青年研究步入学科化建设时期，开始了青年学构建的初步尝试。

第三阶段：从 20 世纪 90 年代中期至今。进入 20 世纪 90 年代以后，我国市场化改革不断深入，消费社会与大众文化逐步兴起，全球化、现代化、城市化、网络化进程日益加速，在此经济、社会转型发展的时代背景下，新的青年问题日益突出，青年研究也发生了明显的转向，关注青年现实状态的实证研究取代了抽象的纯理论探讨，研究者借用社会学的研究方法对青年问题、青年现象进行了比较规范的实证研究，为青年研究积累了大量具有较高价值的资料。在研究过程中，研究者广泛吸收西方各种成熟的理论和学说，比较系统地实施较为规范的、社会意义上的调查，资料的分析方法也越来越科学，更加注重在理论阐述与实证分析中依循严格的学术规范，使青年研究的学术水平比早期有了很大的提高。进入 21 世纪以来，青年研究多学科和跨学科的趋势日益明显，从“经验型”研究范式转向“专业化”研究范式的步伐不断加快，越来越多具有不同学术背景的学者进入青年研究领域，产生了一大批内容丰富、质量上乘的研究论著，极大地促进了青年学的学科化发展。随着理性化、实证化、多元化的综合性青年研究的稳步推进，青年学的学科化建设不断深入，中国特色青年学学科的建立呼之欲出。

回顾三十多年来我国青年研究及青年学发生、发展的历史，无论从研究视角、方法、主题，还是从学科背景、研究队伍组成等各方面来看，青年研究及青年学的建设与发展都有着极大的突破和创新，取得了巨大成绩。

从研究类型来看，青年研究正从最初主要服务于意识形态发展到力图将现实、政策与理论融会贯通，使研究具有客观性和学理性；从研究视角来看，青年研究从主要将青年视为"问题群体"、开展以治疗和拯救青年为目的的研究，发展为更趋多元化、更倾向于客观主义的研究；从学科背景上看，研究者为弥补青年研究长期存在的理论贫血和"拼盘"状态，正从社会学、心理学、教育学、人类学、文化学、解释学等学科中汲取养分，多学科、跨学科的研究方法正越来越多地被应用于青年研究；从研究方法来看，多种学科方法和理论的引入不仅使青年研究跳出报告文学式的"陷阱"，得以进一步拓展，形成一些既互有联系又各具特色的分析框架与理论视界，而且在这些方法论的导引下，青年研究逐步开始摸索自身的研究逻辑和手段；从研究人员的结构来看，越来越多受过学术训练的专业研究人员正在进入青年研究领域。

目前青年研究界已经达成了一种共识：我们处在这样一个时代，青年在社会发展中的作用越来越突出，社会发展需要对青年更好地进行研究，这个需求是推动青年学学科发展的最强大的动力。青年学在我国虽然属于新兴学科，但其整体性、交叉性和综合性却正好呼应着当今世界各学科之间既高度分化、又高度渗透的学术发展趋势。"历史—现实—未来"人类代际延续的视域将青年作为一个整体，探讨青年发生发展、青年与社会互动、青年工作等的规律，有计划、有系统地进行相应的科学研究，形成本土乃至世界的青年学理论体系和应用经验，无疑意义深远，前景广阔。大力推进这项事业，将有助于从根本上解决青年研究根基不稳、"先天不足"的问题，奠定青年学的学科地位，使青年学正式成为社会科学学科领域中的一员。

上海青年管理干部学院作为一所专门开展青年干部培训和教育、从事青年工作研究的学校，长期以来一直高度重视“青”字号科研工作，积极推进青年学的建设与发展，并将其作为提升学院核心竞争力的重要目标和手段。学院始终坚持把“青”字号研究作为学院科研工作的重点，作为推进青年学学科建设的重要抓手，不断强化各级领导干部的“青”字号意识，想方设法调动学院教师从事“青”字号科研、建设青年学科的主动性和积极性。近年来，在全院上下的共同努力下，学院的青年研究和青年学科建设取得了令人瞩目的成绩。以上海青年研究中心研究人员为主体，学院先后承接完成了教育部、团中央、上海市哲社办的各类社会课题数十项。其中，教育部课题成果《2014 年都市青少年发展报告》已经出版，《上海青年发展报告》已延续十多年形成了品牌效应，相关“青”字号研究成果均产生了较大社会反响，《中国青年报》《文汇报》《解放日报》《青年报》等各大媒体先后作了报道。学院从事青年研究的专家学者先后出版了《中国知识青年上山下乡研究文集（上、中、下）》《全国学联历次代表大会史料集（上、下）》《青少年优先发展丛书（1—6）》等研究著作，受到了学术界的关注和好评。上述研究成果在宣传青年政策、调查青年现象、研究青年问题、促进青年工作、帮助青年发展等方面做出了独特贡献，同时也促进了学院青年研究的学科化建设与发展。

当前，全面深化改革有序推进，共青团群团改革全面展开，我们深切地感受到，群团改革要求共青团全面深化改革创新，去除和解决“机关化、行政化、贵族化、娱乐化”的问题，要求青年工作要坚持以青年为本，让青年当主角，把眼光投向广大普通青年，把青年需求作为工作立足点，把青年满意作为衡量工作的最重要标准。为了提升新形势下青年工作的有效性，增强共青团组织对于青年的凝聚力和影响力，必须进一步加强对青年现象、青年发展以及青年问题的深入研究，必须进一步加强青年学学科建设，使青年工作的科学化、专业化水平得到极大提升，更好地服务于广大青年，服务于党的青年战略和决策。为此，我们特组织从事青年研究的骨干力量，编著了这套“青年学出版工程”丛书，以期对共青团改革有所助益，对青年研究和青年学的发展有进一步的贡献。

共青团上海市委员会书记

中共共青团上海市委员会党组书记

王　宇

2017年7月

“青年理论与工作实务”丛书序言

青年最富有朝气，最富有梦想，青年兴则国家兴，青年强则国家强。青年始终站在时代的前列，代表着民族的希望，代表着国家的未来。青年是一个国家和民族实现发展目标的源源不断的强大力量，青年一代要有理想、有担当，国家才可有前途，民族才可有希望。

自团中央研究室于1979年8月创办《青年研究》开始，“青年研究”名称逐步进入学术领域。相继有《青年心理学》《青年心理发展与教育》《青年社会学》《青年伦理学》《青年文化论》《青年与美学》《青年行为学》《大学生成才学》等专著出版，在青年研究方面奠定了良好的基础，助推了青年学科的研究进程。《中共中央国务院关于深化教育改革全面推进素质教育的决定》中明确指出：“素质教育，就是一种更加注重人才人文精神的养成和提高……的教育理念。”《关于全面提高高等职业教育教学质量的若干意见》中也指出：“要加强素质教育，坚持育人为本……”中共中央、国务院印发的《中长期青年发展规划(2016—2025)》中也提到：“我国青年发展事业取得巨大进步和历史性成就……青年是国家经济社会发展的生力军和中坚力量……把青年发展摆在党和国家工作全局中更加重要的战略位置，整体思考、科学规划、全面推进，努力形成青年人人都能成长、人人皆可出彩的生动局面。”青年成长与发展的重要性和必要性不言而喻。

本丛书主要从青年人才建设的角度，探讨了青年成才与发展的理论建构与实务途径。理论和实践是相辅相成、缺一不可的。实践是理论的基础，对理论具有决定作用；理论对实践具有反作用，能指导实践；理论必须与实践相结合，实践只有在科学理论的指导下才能达到有效改造客观世界的目的，而理论也只有与实践相结合才能得到进一步的检验和后续发展。青年工作同样需要理论与实践的有效结合。在新形势下共青团组织凝聚力的增强、青年工作有效途径的开拓等都需要加强青年的理论与实务水平，使青年不断加强理论水平，提升实务水准。“青年理论与工作实务”就是在这样的思想指导下构建的提升青年理论与工作实务水平的丛书。该丛书包括《青少年社会工作基本技巧》《青少年社会工作与社会政策》《青年心理学》和《青年人文素养：方法与演练》。

《青少年社会工作基本技巧》是为了拓展专业研究的国际视野，为社会工作教学与培训提供国外研究成果，提升教师的专业学术水平与研究能力，本着应用性、可行性、合适性等原则，引进国外最新出版且有影响力的英文社会工作专业书籍的版权，并进行翻译。

《青少年社会工作与社会政策》立足于社会治理的理念，以青少年社会政策与社会工作为主题，力图对以下两方面的内容进行研究和总结：一方面考察各国（包括北欧、欧洲大陆、北美、东亚）青少年社会工作与社会政策发展的经验，从中汲取具有共性的内容；另一方面评估和归纳我国北京、上海和广州三地的青少年社会工作与社会政策实践，并从中提炼本土特征。

《青年人文素养：方法与演练》结合心理学、管理学、教育学等多学科思想，从自我提升类素养和人际互动类素养两个方面探索了青年人文素养的培育途径，帮助青年高效塑造人文素养，同时正确辨别社会和自我、他人和自我、环境和自我的关系，并保持自我精神的良好状态，以不断发展的眼光看待世界，避免自我迷失或停滞不前。

《青年心理学》立足当前国内外最新关于青年心理研究的学术前沿，并结合我国目前社会发展过程中青年一代所面临的突出心理问题与困惑，系统介绍青年心理学领域最近的研究成果，构建青年心理学的学科体系，并把心理学领域各个学派的理论创造性地应用于青年心理和行为的研究之中，努力开拓青年心理研究的新领域。

本丛书的特点是同时从理论与实务两个方面进行阐述，既可以作为高校相关学科的专业教材，也可供实际从事青年工作的心理工作者、社会工作者、教育工作者使用，同时还可作为青年自我学习和发展的参考书。

上海青年管理干部学院历来高度重视青年研究的探索和实践，并在青年学研究方面取得了较为瞩目的成绩。因此，学院专门组织从事青年研究的，具有丰富的社会学、心理学、社会工作等教育教学经验和良好素养的骨干力量，编著了“青年理论与工作实务”系列丛书。希望对青年研究和青年学的发展有进一步的贡献，也有助于青年在工作中提升理论和实务水平。

共青团上海市委副书记

上海青年管理干部学院党委书记

刘　刚

2017 年 7 月

本书序言

人文素养表现为一个人的知识储备、能力要素、人格气质和精神修养等，关系到一个人的人生走向，会决定一个人将成为怎样的人。《中共中央关于构建社会主义和谐社会若干重大问题的决定》也把“全民族的思想道德素质、科学文化素质和健康素质明显提高，良好道德风尚、和谐人际关系进一步形成”列为重要目标。作为社会建设的核心栋梁，青年人应该是先进科学技术知识的掌握者和创造者，更应该是中华民族优秀文化和精神财富的继承者。人文素养修炼的过程，其实就是追寻生命意义的过程，是构建自己的人生观、世界观的过程。一个人的人文素养提高了，他对人生的理性思考必将越来越深刻，其人生理想也会越来越高尚。而缺乏人文素养，必然会制约个人乃至社会、国家、民族的可持续发展。

青年人作为社会的中流砥柱，身负着推动社会发展的重要使命，同时又面临着各种挑战。要让自己在人群中脱颖而出，在人际交往中处于有利地位，让社会看到自己的价值，就要求青年人具备适应时代发展的人文素养。那么青年人在当今时代必备的人文素养有哪些呢?

本书每一个素养均由一则故事引出对该人文素养的探讨，并有相应的趣味测试以供读者自测或作为工作中的测量工具。首先，青年人要提升自我内在素养。自信心和抗逆力的提升是必需的。有时候青年人会被“我是不是很差劲?”“我是不是真的比不上别人?”“我是不是该放弃?”等想法困扰。很多时候，青年人只是缺乏自信心，缺乏对逆境挫折的承受力。这个时候需要改变思维取向，保持积极的思维习惯，充分地肯定自我，朝着目标持续努力，不断地学习，培养自信心和抗逆力。在积极心理状态下迎接所有的挑战，以积极心理缓解自己的压力，做好压力管理，让自己呈现最好的形象，在团队中发挥最佳的领导能力和协作能力，并不断完善自己的职业规划。

其次，青年人要提升人际互动类素养。青年正处在思维和行动最活跃的年龄阶段，在工作和生活中都必然与其他人有着很多的互动交往。在人际互动和交往中，青年要有优雅的社交礼仪，掌握借助表情识别对方心理状态和心理活动过程的技巧。学会倾听、共感同理，准确清晰地诉说，合理宣泄自己的情绪。同时还要注意学会使用文字表达技巧和询问探究技巧。作为青年人，不仅需要与朋友交流、与领导和同事交流、与家人交流，也需要与陌生人交流。这个时候掌握良好的沟通、倾听技巧，有利于快速地了解别人，也可以快速让别人了解自己，减少因为缺乏语言沟通引发的误会。可以在别人需要的时候，换位思考，聆听别人的想法，甚至在他人不如意时，在生活事业遭受挫折之时，在人生道路方向迷茫之时，可以倾听、共感以提供心理支持。同时，拥有良好辩论、演讲技巧的青年，可以在更多合适的场合展示自己的观点、长处，有助于给别人留下深刻印象。而且，在信息化时代，人与人之间的交往不再局限于面对面，很多时候大家的交往是在网络上。尤其是青年人之间，大部分都是通过 QQ、微信、微博、论坛、贴吧等进行沟通交流，因此青年人还需要与时俱进地具备网络素养。本书正是从以上所提到的多个方面阐述培育和提升青年人文素养的途径。

最后要提醒的是在踌躇满志、奋勇向前时，青年人要记得全面发展，不仅提升个人内在素养，还要提升人际互动素养，不断地完善自我，超越自我。

如果你具备这些人文素养，又何愁金子不会发光？青年人，奔跑吧，努力地完善自己，适应时代潮流，你就是人生的赢家！

上海市心理学会副会长
复旦大学心理学系主任、教授
孙时进
2017 年 7 月

目　录

第一编　自我提升类素养

素养一　自信的素养 …… 003
素养二　抗逆力的素养 …… 019
素养三　压力管理的素养 …… 034
素养四　自我学习的素养 …… 050
素养五　形体塑造的素养 …… 070
素养六　形象整饰的素养 …… 091
素养七　领导力的素养 …… 110
素养八　演讲的素养 …… 124
素养九　职业规划的素养 …… 138

第二编　人际互动类素养

素养十　社交礼仪的素养 …… 153
素养十一　文字沟通的素养 …… 172
素养十二　表情识别与表达的素养 …… 183
素养十三　共感的素养 …… 197
素养十四　有效倾听的素养 …… 212
素养十五　询问的素养 …… 226

素养十六　谈判的素养 …… 241
素养十七　冲突解决的素养 …… 257
素养十八　网络参与的素养 …… 277

附件一：体型测量标准 …… 291
附件二：中国成年男(女)性身材各部位尺寸对照表 …… 292

参考文献 …… 295

后　记 …… 310

第一编

自我提升类素养

素养一　自信的素养

只有满怀自信的人，才能在任何地方都怀有自信沉浸在生活中，并实现自己的意志。

——高尔基

1991 年，马云和他的朋友在成立海博翻译社（HOPE）的时候非常艰难，他们第一个月的收入是 700 元，而按照当时的租房行情，房租每个月至少要 2 000 元。这一现实问题毫不客气地摆在了这个刚刚起步的团队面前。在坚持了一段时间后，大家准备放弃了。就在大家几乎要放弃的时候，马云对自己以及所开拓的领域依然有着坚定的信心，他坚持认为："翻译社应该能成功。"就是这份自信，支撑并促使他背上大麻袋到处卖小商品来筹集资金，也就是靠着这样的执着和信心，翻译社度过了最困难的时期，并通过翻译社获得了创立阿里巴巴的第一桶金。的确，自信是我们做事成功之必备，也是我们自身发展之必备。一个人的成功很大程度上取决于是否自信。

你自信吗？不妨来做个自我测试。

自信心自我测试①

以下是一组有关自我感觉的句子，请按你的情况作答。1＝很不同意，2＝不同意，3＝同意，4＝非常同意。

1. 我认为自己是个有价值的人，至少基本上是与别人相同的。 1 2 3 4
2. 我觉得我有很多优点。 1 2 3 4
3. 总的来说，我觉得我是一个失败者。 1 2 3 4
4. 我做事的能力和大部分人一样强。 1 2 3 4
5. 我觉得自己没有什么值得骄傲的。 1 2 3 4
6. 我对于自己是抱着肯定的态度的。 1 2 3 4
7. 总体而言，我对自己感到满意。 1 2 3 4
8. 我希望我能够更多地尊重自己。 1 2 3 4
9. 有时候我确实觉得自己很无用。 1 2 3 4
10. 有时候我认为自己一无是处。 1 2 3 4

该“自信心量表”(Rosenberg Self-Esteem Scale)由美国心理学家罗森伯格(M. Rosenberg)制订，是目前非常普遍的用于测量个人自信心的量表。它简单易懂，使用方便，可信度也高。该量表共有10个题目，主要测量个体对自我的自信程度。题目采用4级评分制。

评分标准：

选择“1”记1分，选择“2”记2分，选择“3”记3分，选择“4”记4分。但第3、5、8、9、10五个题目的算分是反向的(即选择“1”记4分，选择“4”记1分；选择“2”记3分，选择“3”记2分)。量表的最低得分为10分，最高得分为40分。

10～15分：很不自信。你对自己缺乏信心，面对陌生人或上级时，你会

① 资料源自百度，http://wenku. baidu. com/link? url = Noq4GXsbeMo7667orvw239qZYWG_GulltoO7LwZC9hL41MrBvxgEn56JTX-v42YGUi1ByWjlw4OgMQgLA2ewlf1oBNL0eRTrYgXtC-Ikq4m。

感到自卑,或许是你感到自己事事都不如别人。因此,你需要大大提高自己的自信心。

16～25 分:自我感觉一般。你的自信心程度一般,既不是太好,也不是太差。你在很多场合还是有自信的,但在某些场合却感到自卑。因此,你需要注意培养在不同场合下的自信心。

26～35 分:比较自信。你对自己的感觉不错。在大多数情况下,你都对自我充满了信心,你不会因为在陌生人或上级面前就感到紧张,也不会因为没有经验就不敢尝试。因此,你只要稳住自己的自信心即可。

36～40 分:非常自信。你对自己的感觉很好。几乎在所有场合,你都充满了自信。但有些情况下,你可能会显得过于自负。因此,你需要学会控制你的自信心,自谦一些。

一、自信及其相关研究

"自信"一词在我国周代就开始出现了,如见于"惟不诚之人,难于自信而易于信物"(关尹子),"虽杂庸民,终无怨心,彼有自信者也(墨子)"……自古以来,自信向来被高度重视,如"吾心信其成,则无坚不摧"就是孔子对自信心重要性的高度肯定。

1. 概念界定

现代对于自信的理解大同小异。有的研究将自信归结为一种意向,即个体对自己能力和精力的信任;也有观点指出,自信是个体是否信任自己;还有观点指出,自信是对自己有多信任。自信的人,相信自己有本领去实现所追求的正确目标。这在某种程度上反映了个体对自身各个方面的肯定程度,因此,也有研究者认为这是一种稳定的性格特征。

英语中的"confidence"一词是指个体信赖自己,或者对自己所处的环境有较强的把握感。自信由马斯洛(1943)首次论及,他在需要层次理论中提到:自信是自尊需要获得满足时产生的一种情感体验。之后相关的研究与论述也不少。

20世纪60年代，研究者对自信的界定是自信是个体对自己的评价，如认为自己是否有能力，是否重要，是否有价值等。在20世纪70年代，更多聚焦于自信的另一种理解，即自信是一种自我效能感，如当自己即将从事或正在从事具体活动时对自己胜任或完成该活动的确信程度。20世纪80年代时，有学者提出了一种新的观点，即认为自信是个体对自己能力的一种感觉和判断，即对自己能力判断的一种经验。20世纪90年代，还有研究者从天赋论的角度提出，自信是人类应对冲突的一种天赋。

2. 理论基础

自信在很多理论中被提到。常见的相关理论主要有进化理论、人格发展理论、积极心理学理论等。

（1）进化理论。达尔文最早提出进化思想。早在1859年，他在《物种起源》一书中用自然选择理论把所有生命变化都归为进化。进化心理学试图用达尔文生物进化论的观点解释人类心理的起源与本质。其代表人物有David Buss、Leda Cosmides、John Tooby、Don Symons等人。从进化的视角看，在复杂的竞争中自信的人更能获得适应，而适应反过来又提高了人的生存和繁殖的可能性，因此自信的人在进化的自然选择中得到了保留。

（2）人格发展理论。弗洛伊德在19世纪末20世纪初提出了人格发展的概念。根据弗洛伊德的理论，人的发展分为五个时期，分别为：① 口腔期(oral stage)，0～2岁；② 肛门期(anal stage)，2～4岁；③ 性器期(phallic stage)，3～6岁；④ 潜伏期(latent stage)，7岁至青春期；⑤ 两性期(genital stage)，青春期以后。在性器期，幼儿已能分辨男女性别，并开始产生男女两种不同的人格特点。弗洛伊德认为，如果这个时期发展不良，就可能出现过于自大、傲慢、过度自信等人格特点。

（3）积极心理学理论。积极心理学以Seligman等人在2000年1月发表的论文《积极心理学导论》为标志，主张研究如何提升人类的积极品质，充分挖掘人的潜在力量，促进个人和社会的和谐发展。从积极心理学视角看，自信的人确信自己能成功做某事，这正是积极心理品质的一个方面。

3. 相关研究

国内外对于自信的相关研究主要集中在几个方面：① 自信的重要性研究；② 自信的结构或成分研究；③ 自信的影响因素研究；④ 自信的两个极端：不够自信与过分自信。

（1）自信的重要性研究

自信在个人成长和成才过程中不可缺少，表现在很多方面。如有研究者（张甜，谢钰涵，2006）采用青少年时间管理倾向问卷和个人评价问卷对279名大学生进行调查，结果发现高自信水平大学生的时间管理水平高于低自信水平大学生。的确，自信对于青年的高效生存和发展很重要。试想，在三国中面对曹孟德百万雄师压境，如果没有周公瑾的自信，怎会有赤壁大战的捷报？再看身患重病的罗斯福，如果没有高度的自信，怎会和斯大林、丘吉尔等领导盟国夺取反法西斯战争的胜利？对自信的研究，很大一部分就是对自信重要性的研究。

（2）自信的结构或成分研究

在这方面的研究中，比较普遍的观点是将自信看作一种人格特征，即在人际过程中，能够坦诚地、自如地表达自己，个体会感到自己在人际交往中比较自如，具有做事追求效率的特点。在这方面的研究中，较具影响力的是毕重增和黄希庭对391名青年学生进行的自信方面的研究，通过探索性因素分析得到了青年学生自信的五因素结构，包括才智自信、人际自信、品质自信、应对自信和成就自信（毕重增、黄希庭，2009）。

也有研究者将自信看作一种倾向性的自信，例如Shrauger和Schohn（1995）将自信（self confidence）定义为自我评价的一种成分。他们认为自信就是人们对于自己能力水平和技能高低的感知，是一种意识，即自己是否能有效解决各种问题。

（3）自信的影响因素研究

自信是有个体差异的。即性别不同，自信的程度也可能不同。有人认为男性比女性更为自信，如 Lundeberg、Fox 和 Puncochar 对自信进行性别差异研究时就得出了这样的结论。研究者认为不同年龄的个体其自信也不同，因此得出了“自信具有年龄差异”的结论（Lundeberg，M.A.，Fox，P.W.，Brown，A.C.，Elbedour，S.，2000）。

自信是有文化差异的。不同文化背景或不同经历的人，其自信也可能不同。如父母的教养方式不同，个体间的自信水平则可能很不相同。有研究者通过调查大学生的自信和父母教育方式之间的关系，发现大学生的自信与他们认知到的父母教养方式有关（谈文娟，2009）。

能力不同，自信也可能不同。在以往的研究中，不少研究者也比较赞同“能力不同的个体其内在的自信也不同”的观点。这在我们日常生活中经常可以看到，在某方面能力比较强的个体，会相信自己能够很好地执行或完成某方面任务。而在这方面能力较差的个体，则不能确定自己是否可以较好地执行或完成该方面任务。

应对方式不同，自信也可能不同。张博凡（2014）在他的研究中就提出，善于用解决问题作为主要应对方式的人拥有更高的自信心，他们以主动的方式面对眼前的事件，并进行着努力与探索，有助于建立自信。而且，经验表明，一个人对自己各方面的评价适当会增强自信。很显然，应对方式在很大程度上对自信有影响。

（4）自信的两个极端：不够自信与过分自信

不够自信就是认为自己不够好，或不如别人，也有的人甚至会怀疑自己的能力，认为自己做不好某事、不会取得什么好成绩。这样的人往往有自卑感，容易感知到自己的缺点而消极。自卑者往往表现为用自己的短处和他人的长处比较。纵观以往的研究发现，人的自卑与心理健康有着显著的正相关关系。

过分自信是行为与决策中最为持久且普遍存在的一种心理偏差（Johnson & Fowler，2011）。对于过分自信，研究者普遍认为，在过分自信者身上有比较明显的不切实际的期望。因此，过分自信者容易出现许多错误的评估，易做出不明智的决定。但也有研究者得出了“过分自信可以让人激进”的结论，如“过分自信在提高个体成功可能性方面发挥了很大的作用”（McKay & Dennett，2009）；研究者认为过分自信者有“高估自己”的特点，这种过分自信往往可以给个体带来很多益处。

二、素养培育

1. 要素结构

从相关研究中可以发现，自信的要素主要包括自我认同、优势挖掘和成功体验等。一个不够自信的人，其根本问题是自我评价过低、忽视自己的闪光点、缺乏成就感。因此，要塑造和提升自信，就需要提高自我认同、学会优势挖掘、获取成功体验。

✧ 自我认同

自我认同是心理学领域常用的词汇，是指个体对自己的一种认同感。自我认同使个体能够清晰理智地看待并接受自己，积极主动、奋发向上。自我认同高的个体在追求目标和接近目标的过程中会体验到自身的价值，并且能感受到社会对自己的承认或者赞许，是自信必不可少的基本要素。

✧ 优势挖掘

优势挖掘是指尽量发挥或发扬自己的优点或有利条件，并克服或回避自己的缺点或不利条件，如一个更喜欢理科的高中生在填写高考志愿时也选理科类专业。优势挖掘是自信必不可少的要素，是一个人实现自信的有效捷径。每个人都有自己的优势点，在这个优势上，是可以轻松地胜过一般人的，只要善于利用自己的优势点，获得成功的可能性就会增加。

✧ 成功体验

注重成功体验是巩固自信的有效途径。成功体验对自我激励有重要的作用，可以唤醒个体潜意识存在的心理体验。成功感可以帮助我们形成自立自强的个性，对于巩固自信有着很大的催化作用，是一个人保持不断前进的动力源泉。一个人有了成功感，就能积极主动地朝着一个更高、更远的目标前进，也能积极主动地迎接挑战。

2. 方法演练

大多数人认为，当自己紧张的时候，周围的所有人都会知道自己紧张。而心理学领域中的“被洞悉错觉”(illusion of transparency)告诉我们事实并非如此。被洞悉错觉是人际互动中的一种普遍现象，通俗地说就是由于高估别人对自己内在心理状态的洞悉水平而产生的被“看透”的错误知觉。很多不自信的人容易出现被洞悉错觉影响而产生紧张感，其实别人未必能知道你很紧张，只要记住这一点便可以让自己神态自如。

而且，经验告诉我们，如果你认为自己能成功，那么你成功的可能性就很大；如果你认为自己不行，那么你成功的可能性就减小很多。自我心态对于自信来说非常重要。林丹是中国第一位在奥运会羽毛球男子单打项目中成功实现卫冕的运动员，他同时也是第一位赢得奥运会、世锦赛、世界杯、亚运会、亚锦赛等多场顶级比赛大满贯的运动员。他在每一次比赛中都能保持最佳的运动状态。2014 年 9 月的仁川亚运会羽毛球男单半决赛是第 33 次林李(林丹 Vs 李宗伟)大战，比赛扣人心弦。第一局比赛林丹曾以 16 比 20 落后，不过他对自己有信心，接着一鼓作气拿下 6 分，使得原本落后的赛局最终以 22 比 20 逆转，最终赢下首局；第二局李宗伟将比分扳成 1 比 1 平；第三局林丹在李宗伟体力有些不足的情况下轻松赢定。赛后接受采访时，林丹说：“很久没遇到强劲对手，赢李宗伟心态很重要。”

让我们回忆一下自己的经历，是否有过成功的时候，当时的情形又是怎样的？你是否有着大多数人都有的感受：当你对自己做成一件事有信心时，你是否调动了尽可能多的资源，寻找能够让你做好这件事情的所有可能的积极因素？相信答案是肯定的。因此，我们要学会提升自信。

✧ *掘优训练法*

从发生认识论的角度看，青年的自信首先是青年对自己的认可。而要认可自己，就需要找到并关注自己的优势特点。优势训练适合看不到自己闪光点的青年朋友，这些朋友不妨尝试在实际生活中训练自己的掘优品质以提升自信。具体做法如下：

（1）拿出一张白纸，尽可能地列出你的优势点（至少七条），哪怕你认为自己没有优势，也要尽可能地列出七条。可以是你的身高体形，也可以是你的个性特点，抑或是你的兴趣爱好等。

（2）将列出的所有优势按照你认为的优势高低进行排序。将每一个优势点与一周的每一天相匹配，如“善解人意——周一”“爱运动——周二”……

（3）每天欣赏自己的优势点。如周一夸自己“善解人意”，并尝试找出最近一周内自己能体谅人、能换位思考之举，一一列在你的“善解人意”优势点之后，同时体验这善解人意之举带给你的快乐感受，也一并将这些快乐感受列出。

（4）三个月为一期，三个月后进入第二期训练，再列自己的优势点。在罗列的时候，尽可能增加一些新的优势点，暂放那些你认为已经被自己内化的优势点。然后按照上面的步骤做。

或许有人说，我看来看去都找不出自己特别像样的优势。却不知，每个人都会有让他人羡慕的那个优势点，只是你站的角度不合适，不容易发现而已。就如图 1－1 所示，视点的位置比较恰当，看到的是图中中间的那个标注点，就能准确判断水杯中的水位。但如果站得太高，容易判断为上面的那个水位标注点，而如果站得太低，容易判断为下面的那个水位标注点，这样就不容易准确地看清水平面的位置，也就很难准确判断杯中水的多少了。

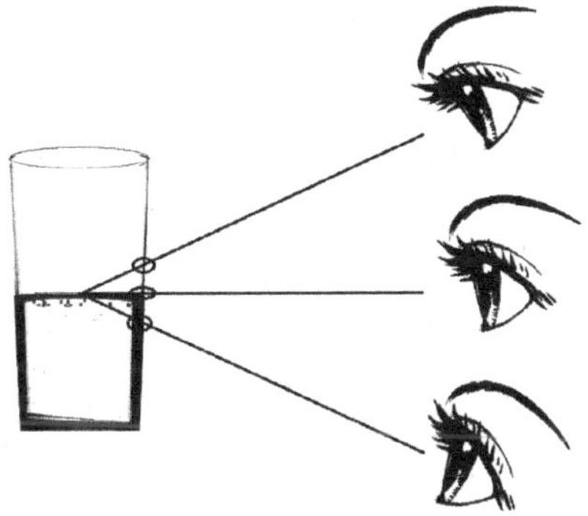

图 1－1　不同视角看到不同结果

✧ 克服自卑害羞法

一个自卑的人往往认为自己在很多方面不如别人，如认为自己的能力比别人弱，环境比别人的差，天赋不如别人的好。这些都是个体对自己思想、愿望、行为和个性特点的判断和评价过低的表现。受这些思维的影响，个体就容易表现出自卑。一个害羞的人往往害怕自己的缺点暴露在别人面前，或者担心别人会看不起自己，如讲话时怕说错会脸红，或者不想和别人提及自己较为贫穷的家庭背景等。这些都是个体不敢表达自己的表现。受到这些因素的影响，个体就容易表现出害羞。

要克服自卑、害羞，就需要拿自己的优势和别人的缺点比，这样就可以看到别人不如自己的一面并有一种优越感。长此以往有助于形成积极正向的心理定势，从正面影响自己的行为和人际关系，使其他人了解并熟悉自己，久而久之，在沟通与交往方面的能力也会得到一定的提升。一个人不再认为自己不如别人，能够找到自己的优势点，不再害怕表达和暴露自我，就敢于与他人沟通和交流，有可能跨出自信的步伐，增强对自己的信心。

✧ 中心练习法

中心练习法指的是要把自己放在人群的中心位置，这样更容易被他人关注，从而在众目睽睽之下克服懒惰退缩的思想和行为，对于发展自信心很有必要。

不妨回忆一下你在大学读书时，进教室上课你会选择最前排的座位吗？听讲座时你会选择最接近主讲者的位置吗？交流研讨时你会选择比较中心的位置吗？很多人不会，因为怕上课时被老师提问或怕看课外书被老师发现等，听讲座时怕主讲者随意点名现场交流，交流研讨时怕自己成为众人瞩目的对象……

中心练习法需要我们有足够的胆量和信心，将自己放在“备受瞩目”的位置上。由于这样的练习需要一定的自信，长期坚持将有助于发展我们的自信。尝试着抓住每次可能的机会，逼迫自己选择“中心”位置，并做好被他人关注的准备。

✧ 近朱训练法

古人云“近朱者赤，近墨者黑”（出自《孟子·滕文公章句下》），孟子的本意是用“近朱者赤，近墨者黑”说明周围环境对人影响的重要性。古人的经验证实，的确靠着朱砂的就变红，靠着墨的就变黑。因此，接近好人可能使人变好，接近坏人可能使人变坏；与自信的人在一起你也会自信起来，与自卑的人在一起你也会受到其消极思想的影响。因此，近朱训练法就是让自己与自信的人多在一起，他们的想法和行为会在潜移默化中对你产生积极的影响，同时尽可能避开那些对你有较大影响的自卑之人。

北宋著名的文学家、政治家欧阳修在颍州当官时，范仲淹到他家中拜访，看到欧阳修的手下吕公著，便对吕公著说："你能在欧阳修身边做事是很好的一件事情，应该多向他请教作文写诗的技巧。"从此以后，吕公著就经常向欧阳修学习讨教，在欧阳修的言传身教下，他的写作技巧得到了很大的提高，从此信心倍增。

近朱训练法适合需要提升自己人际交往自信的青年朋友。

(1) 在自己所熟悉的人中选出你认为最有自信的十人，把他们的自信之处列在其后，搜索你的手机、QQ、微信等，找到这十人的联系方式；

(2) 每周至少和其中一人联系沟通，哪怕只是聊天，但避免连续三次以上找同一个人，以免占用对方太多时间影响其日常生活；

(3) 每一两个月至少要约其中一人见面，可以谈论你们的理想，可以向其咨询问题，也可以一起吃饭喝茶。

✧ 指向训练法

有计划、有步骤地接受某方面的学习和辅导，可以帮助我们习得某方面的技能或具备某种品质，这就是指向训练法。在人的素养培育中，指向训练堪称一种极为有效的手段。

有研究证实指向训练的效果一般都较好。如健美训练 8 周后，体弱男生的力量素质、生理机能等与训练前比较有了明显改善。健美训练 12 周后，体弱男生的整体自信、社交自信、身体自信明显提高，自信总分显著提升。[①]

指向训练法适合那些需要提升某方面自信的青年朋友。

① 刘卫、孙志毅、齐国强："健美训练对体弱大学男生自信及心理健康的影响"，载《中国临床心理学杂志》2012 年第 6 期。

(1) 确定自己想要提升自信的某个方面(以表达自信为例)；

(2) 每天朗读半小时，内容可以源自报纸、图书、网络等，朗读时尽可能声音洪亮；

(3) 每天至少一次，向他人表达自己的所见所闻或所思所想，并在表达前先打好草稿或腹稿，可以是描述一件事情，也可以是表达一种观点，可以对自己的父母表达，也可以对自己的朋友表达。

一个月为一个阶段。每次将自己的朗读和表达内容录音，每个月作对比，一年半载后你会发现自己的表达能力进步很大。

✧ 聚焦训练法

我们每天都有很多事情要做，但我们的精力是有限的。不少青年朋友会纠结于此，觉得自己总不能将计划的事情做完，有时甚至会怀疑自己的能力。那么，如何在有限的时间内用有限的精力去做好事情？这就需要我们分清事情的轻重缓急了。如果我们一味地埋头于所有要做的事情，非但体验不到成就感，还容易因为完不成当天的工作而焦头烂额。与其这样，不如按照事情的轻重缓急，将自己的时间和精力聚焦于几件中心事件上。

(1) 列出当天需要完成的所有任务，并预估每一件事情需要花费的时间，写在每一件事情后面。如：

购物：2 小时

完成一份项目计划书：2 小时

收发邮件：20 分钟

学习：1.5 小时

看一部电影：2 小时

发会议通知：0.5 小时

打球：1 小时

制作一份季度报表：1.5 小时

(2) 在每一件事情后按照轻重缓急程度打分，最重要、最紧急的打 10 分，非常重要、非常紧急的打 9 分，以此类推，最不重要、最不紧急的打 1 分。

购物：2 小时(6 分)

完成一份项目计划书：2 小时(10 分)

收发邮件：20 分钟(7 分)

学习：1.5 小时(8 分)

看一部电影：2 小时(5 分)

发会议通知：0.5 小时(9 分)

打球：1 小时(8 分)

制作一份季度报表：1.5 小时(10 分)

(3) 按照分数高低将这些事情重新排序。

完成一份项目计划书：2 小时(10 分)

制作一份季度报表：1.5 小时(10 分)

发会议通知：0.5 小时(9 分)

学习：1.5 小时(8 分)

打球：1 小时(8 分)

收发邮件：20 分钟(7 分)

购物：2 小时(6 分)

看一部电影：2 小时(5 分)

(4) 根据每件事情所需的时间，7 小时以内的事情是你今天要努力去做的，其他事情就等有余力或者前面的事情提前高效完成时再做。

今天要努力去做的：

完成一份项目计划书：2 小时(10 分)

制作一份季度报表：1.5 小时(10 分)

发会议通知：0.5 小时(9 分)

学习：1.5 小时(8 分)

打球：1 小时(8 分)

收发邮件：20 分钟(7 分)

有余力或者前面的事情提前高效完成时再做：

购物：2 小时(6 分)

看一部电影：2 小时(5 分)

✧ 耐心训练法

柏拉图曾经说过："耐心是一切聪明才智的基础。"爱因斯坦也认为："耐心和恒心总会得到报酬的。"耐心，是不急躁，不厌烦，见于《朱子语类》和《喻世明言》等。耐心自古就被认为是人取得成功的关键因素之一。从心理学角度看，耐心是意志品质的一个方面。每个人在工作、学习、生活中都会遇到种种困难，耐心的人可以克服很多困难，成长的过程其实就是一个检验耐心、树立信心的过程。但耐心训练也是颇有难度的。

年轻时候的齐白石特别喜爱篆刻，但他一直对自己的篆刻技术不满意。当他向一位老篆刻艺人虚心求教时，被告知："你去挑一担础石回家，要刻了磨，磨了刻，等到这一担石头都变成了泥浆，那时你的印就刻好了。"齐白石听取了老人家的指点，耐着性子刻了磨，磨了刻，终于培养出了耐心，功夫也练出来了，自信也随之而来。

耐心训练适合那些有能力却急于求成而往往失败的青年朋友。

(1) 下载太极拳教学视频，每天花 20 分钟学习打太极拳；

(2) 每周为自己安排一次垂钓活动，每次至少 3 小时；

(3) 每天为自己腾出几分钟练习"找不同"，如图 1－2[①] 所示。

图 1－2　找不同图例

① 图片源自百度，http://image. baidu. com/i? tn = baiduimage&ct = 201326592&lm =-1&cl = 2&word=%D5%D2%B2%BB%CD%AC&fr=ala&ori_query=%E6%89%BE%E4%B8%8D%E5%90%8C&ala=0&alatpl=sp&pos=0。

3. 评价

建议青年朋友先梳理自己的优缺点，哪些是自己的核心优点，哪些是自己最需改进的缺点。要敢于面对自己的缺点，并根据急需改进的程度，将梳理出来的缺点一一排序。对于最急需改进的也最难改进的，制订长期计划。对于比较容易改进的，需要制订短期计划。

当然，自信的建立是一个长期的过程，自信的形成过程远远难于自卑的形成过程。它需要个体在较长的时期持续保持对自己的足够信心。所以，在增强自信的阶段要有一定的恒心。如果不能持之以恒，而是半途而废、急功近利，那么就算已经树立的自信也很容易被磨灭。当然，也不要因为一两次的失败而认定自己无药可救了，只要坚持不懈，不断挑战自我，就能将自信收于囊中。

青年朋友也要注意避免因过度自信带来的负面影响。过度自信往往会夸大自己的本领，总是认为自己的见解高瞻远瞩，不采纳别人意见中合理正确的部分，不愿意吸取别人的经验，甚至总认为凭一己之力就能做好所有的事情，这些认知上的偏差可能导致更多的失败，从而影响自信。

三、应用及注意事项

拥有了自信，还需要巩固自信，才能让自信常驻。青年朋友要时刻注意别让自信溜走。巩固自信的技巧有定期学习积累、不断挑战自我、寻找更优秀的榜样等。

定期学习积累是巩固自信的基本保证。著名作家王蒙有句关于学习的名言：一个人的实力绝大部分来自学习。的确，我们头脑中的知识是需要学习的，我们掌握技能是需要学习的，我们与他人的和谐交往也是需要学习的。定期学习可以让我们探索人生中很多的未知领域，可以看见更为精彩的世界，也可以帮助我们解决成长之路上的很多困惑和迷惘。

不断挑战自我是巩固自信的有效手段。一个人要敢于挑战自我，就是要努力战胜自我、超越自我。挑战自我强调的是一种主观能动性，是自我完善的过程。敢于给自己提出新的目标和更高的要求，才可以把握时代的特征，不断与时俱进。

寻找更优秀的榜样是巩固自信的上升通道。社会学习理论认为，人的行为可以通过观察学习的方式在学习过程中获得，而榜样将一定程度上决定个体获得什么样的行为。好的榜样，可以通过其典范的优秀品质去影响其他人的思想、感情和行为。对于需要提升自信的个体，自信的榜样个体或群体将会对其产生教育和引领作用。个体通过对榜样的“注意”来聚焦榜样个体或榜样群体所表现的自信，如沟通时声音洪亮，行走时抬头挺胸等。在此基础上个体再通过向榜样学习来形成自身的自信元素，如在与人沟通时学习如何让声音洪亮，在行走时如何抬头挺胸等。

素养二　抗逆力的素养

人在身处逆境时，适应环境的能力实在惊人。人可以忍受不幸，也可以战胜不幸，因为人有着惊人的潜力，只要立志发挥它，就一定能渡过难关。

——卡耐基

桑德斯上校退休后，以在高速公路旁开的小饭店为生，饭店很小，但是颇具特色。其中最受欢迎的一道菜是他自己发明烹饪的香酥可口的炸鸡，客人对这一道菜赞不绝口，吸引了更多客人前来品尝。几年后，由于高速公路改道别处，严重影响了饭店的生意，最后只好关门歇业。为了生计，桑德斯上校决定向其他饭店出售他的炸鸡烹饪配方。在推销的过程中，没有一家饭店愿意购买他的配方，还不时有人嘲笑他。接连不断地吃闭门羹、被嘲笑，可想而知一个年近花甲的老人经历这些时内心会产生怎样的挫败感。然而他始终没有放弃，在未找到买主之前，他开着车走遍了全国。就在被别人拒绝了 1 009 次之后，终于有人同意购买他的配方，从此他的连锁店——肯德基遍布全世界，也被载入了商业史册。人们为了纪念桑德斯上校，在所有的肯德基店前树立了一尊他的塑像，以此作为肯德基的品牌形象。

这位被拒绝了1 009次的肯德基创始人可谓是拥有极强的抗逆力。你的抗逆力如何呢？不妨来做个测试，测试题如表2－1所示。

表2－1　抗逆力测试[①]

指导语：下表是用于评估抗逆力水平的自我评定量表。请根据过去一个月您的情况，从下面每条阐述中选出最符合您的一项。这些问题的答案没有对错之分。

维度	题目	从来不	很少	有时	经常	一直如此	评分标准（总分）
乐观	我有亲密、安全的关系	0	1	2	3	4	0～5弱 6～11中 12～16强
	有时，命运或上帝能帮忙	0	1	2	3	4	
	无论发生什么我都能应付	0	1	2	3	4	
	我能看到事情幽默的一面	0	1	2	3	4	
坚韧	我能实现自己的目标	0	1	2	3	4	0～17弱 18～35中 36～52强
	当事情看起来没什么希望时，我不会轻易放弃	0	1	2	3	4	
	我知道去哪里寻求帮助	0	1	2	3	4	
	在压力下，我能够集中注意力并清晰思考	0	1	2	3	4	
	我喜欢在解决问题时起带头作用	0	1	2	3	4	
	我不会因失败而气馁	0	1	2	3	4	
	我认为自己是个强有力的人	0	1	2	3	4	
	我能做出不寻常的或艰难的决定	0	1	2	3	4	
	我能处理不快乐的情绪	0	1	2	3	4	
	我不得不按照预感行事	0	1	2	3	4	
	我有强烈的目的感	0	1	2	3	4	
	我感觉能掌控自己的生活	0	1	2	3	4	
	我喜欢挑战	0	1	2	3	4	

① 参照心理弹性量表(CD－RISC)拟制此测试表。

续　表

维度	题　目	从来不	很少	有时	经常	一直如此	评分标准（总分）
自强	我能适应变化	0	1	2	3	4	0～10 弱 11～21 中 22～32 强
	应对压力使我感到有力量	0	1	2	3	4	
	经历艰难或疾病后，我往往会很快恢复	0	1	2	3	4	
	事情发生总是有原因的	0	1	2	3	4	
	无论结果怎样，我都会尽自己最大努力	0	1	2	3	4	
	过去的成功让我有信心面对挑战	0	1	2	3	4	
	我努力工作以达到目标	0	1	2	3	4	
	我对自己的成绩感到骄傲	0	1	2	3	4	

将每个维度的得分相加，对照总和与评分标准，检验自身的抗逆力水平。若三个维度的分值普遍偏上，则说明抗逆力较好。得分越高，抗逆力水平越高；得分越低，抗逆力水平越低。

一、抗逆力及其相关研究

1. 概念界定

抗逆力（resilience），有学者称之为“心理弹性”“韧性”，类似于“挫折承受力”“耐挫力”等概念，是指一个人处于困难、挫折、失败等逆境时的心理协调和适应能力。[①] 有学者指出，目前对抗逆力的界定有的是将抗逆力作为个体品质，有的是将抗逆力作为一种适应过程，有的是将抗逆力作为一种适应结果。也有很多研究将抗逆力看成一个由多种因素组成的集合体。[②] 抗逆力最早被描述为一种用来保护个人免受危险和挫折的负面影响的特征和能

① 钟宇慧：“香港抗逆力辅导工作及其启示——以‘成长的天空’计划为例”，载《广东青年干部学院学报》2009 年第 8 期。

② 王君健、薛小勇、董凌芳：“社会工作视阈下的抗逆力解读”，载《社会工作》2010 年第 5 期。

力。抗逆力的形成往往与正面的结果相联系，如健康的精神状态、社会竞争能力、积极的自我概念和自我评价。研究者认为抗逆力不仅仅是一种固定的特征和具体的结果，更重要的是一种动态的过程。它不是被看作个人拥有或者从来不曾拥有的特征，而是被当作人的生命周期中可以得到提升的健康发展的正常部分。① 抗逆力是个人的一种资源和资产，能够引领个人身处恶劣环境时懂得如何处理不利的条件，从而产生正面的结果。同时抗逆力也是一个过程，可以通过学习而获得。

2. 理论基础

当个人面对逆境时能够理性地做出建设性、正向的选择，并找到合适的处理方法。常见的相关理论主要有优势视角、增能理论、积极心理学理论等。以下对前两种理论做一简单介绍。

(1) 优势视角。优势视角是区别于问题视角的一种正向的思维模式。问题视角是以问题为核心，聚焦于问题和偏差，强调人的脆弱性。优势视角则认为人是积极主动的，聚焦于人的优势和能量，认为人自身有着无限的潜能和力量，可以通过改变认知等方式化解危机，解决问题。优势视角强调要发现人身上的“闪光点”，通过进一步地呈现已经具有的能力和充分挖掘还未开发出的潜质，发现、鼓励、培育、激发、释放人们内在的优势力量来整合个人、完善人际和解决问题。

(2) 增能理论。“增能”(empowerment)一词是社会福利界的用语，又可称为“充权”或“赋权”，是指个人在与他人及环境的积极互动过程中，获得更大的自我信心和对生活空间的掌控能力。“增能”一词的使用可以追溯到20世纪70年代，当时美国哥伦比亚大学学者Solomon提出对被歧视的美国非洲裔黑人增能，从而把增能注入了社区社会工作的议程。20世纪90年代以来，增能已成为社会工作领域提倡的重要价值观念和工作模式之一。增能观点有以下几点基本假设：① 个人的无力感是由于环境的排挤和压迫而产

① 乔倩倩、贾志科：“‘抗逆力’研究现状述评与展望”，载《社会工作》2014年第5期。

生的。社会中的弱势群体之所以会处于弱势地位，主要是由于他们长期缺乏参与机会所导致，并非他们自身有缺陷。② 造成失能感的根源有三个：一是个人层面，受压迫群体的自我负向评价；二是人际层面，受压迫群体与外在环境互动过程中形成的负面经验；三是环境层面，宏观环境的障碍使他们难以有效地在社会中行动。③ 社会环境中存在着直接和间接的障碍，使人无法发挥自己的能力，但是这种障碍是可以改变的。④ 每个人都不缺少能力，个人的能力是可以通过社会互动不断增加的。⑤ 服务对象是有能力、有价值的。可以通过共同的活动帮助服务对象去除环境的压制，减轻甚至消除他们的无力感，使他们获得能力，并能正常发挥其社会功能。

3. 相关研究

对于抗逆力，可从不同的学科角度展开研究。

从心理学的视角来看，抗逆力是20世纪50年代以来欧美各国心理学领域的一个热点问题，它注重从积极心理学视角出发，不再单纯关注问题的负面效应，而是侧重挖掘服务对象的内在潜能，强调人在面对压力、身处逆境时的潜能激发和自我超越。抗逆力研究发现，每个人都有抗击逆境的潜质，人在面对危机和困境时，潜质被唤醒，生成为应对困难的力量。力量的表现形式多样，有的积极、有的消极，有的符合常规、有的违背常规，有的甚至表现为问题。心理咨询工作者如果能够采取这种视角，透过问题看到抗逆力，从优势视角挖掘并扶持服务对象的抗逆力，将对服务对象产生积极的推动作用。在抗逆力提升技巧上，心理咨询领域的专家侧重于在咨询的过程中关注服务对象的优势，杜绝消极示意，给予服务对象足够的心理支持和鼓励。

从社会工作的视角来看，抗逆力的应用表现为在优势视角的指引下，相信服务对象的价值与潜能，在社会工作者与服务对象同行的过程中，通过增能赋权帮助服务对象发现自身优势、激发自身潜能，来改善其认知和行为，帮助服务对象悦纳自己、更好地适应周围的环境。在抗逆力提升技巧上，社会工作者在面对抗逆力提升的训练中，除了训练个人的品质，还要改善服务对象周围的社会支持环境，内外结合地提升服务对象的抗逆力。

二、素养培育

1. 要素结构

抗逆力的要素包括效能感、归属感和乐观感等。

✧ 效能感

自我效能感这一概念是由美国著名心理学家班杜拉首次提出的。它是指个体对自身完成特定任务所具有的行为能力的自信程度。自我效能感高的人往往有较高的自信心，且对自己有较高的评价，相信自己具备完成某件事或某项任务的能力。在此基础上，往往设立较高的目标，并勇于尝试承担更具挑战的工作或任务，在实现的过程中表现出较高的努力程度。自我效能感高的人往往能给予自身更积极的暗示和评价，在积极认知的基础上努力程度较高，往往最终的工作绩效也较高。与之相反，自我效能感较低的人对具有挑战性的工作往往采取回避态度，目标设定也较低，对目标的承诺也不高，从而影响到他们的工作绩效，且他们对自己的能力持怀疑态度，对生活的自控能力也很弱。

具备良好效能感的人，在日常行为上表现为：能够对自身有合理且正向的评价和认知；能够对自身的情绪和冲动等进行合理的控制；在与人交往中，沟通得当，不过于谦卑，也不狂妄自大，平等地对待他人，讲出自己内心的感受；在遇到困难时，善于请教别人，且能具感恩之心和合作能力；为自己设定合理且合宜的目标并努力实现。

培育效能感的关键在于一个“信”字，一个人失去自信，也会失去处理自己生命和待人接物的能力。对于低效能的人，可以从认知和人际互动等方面加以训练，具体可以采取介绍成功的经验、榜样示范效应、社会劝说、成立互助小组、调动积极情绪等方式来提高其自我效能感。

✧ 归属感

归属感，又称为隶属感，一般说来属于文化心理层面的概念。它是指一个个体或集体对一件事物或一种现象的认同程度，并与这件事物或这种现象发生关联的密切程度。对于不同的对象，归属感的维度往往是不同的，这有以下几种含义：① 指个人自己感觉被别人或被团体认可与接纳时的一种感受；② 意指心理上的安全感与落实感。美国著名心理学家马斯洛在 1943 年提出了需要层次理论，其中“归属和爱的需要”是人的重要心理需要，这一需要的满足对于个体的发展至关重要，是走向自我实现的关键环节。

大量心理学的研究表明，缺乏归属感的人往往对自己的约束力差，容易放纵自我；对工作缺乏热情和责任心；交往圈子和朋友有限；业余生活单调枯燥，缺乏兴趣爱好。反之，具有良好归属感的人，能够与他人建立良好的、正向的关系，且能给予周边的人温暖和关爱；能制订明确的规则并执行，自我约束力强；有独立自主的判断力和生活能力，且能在遇到困难时寻求帮助，能够找到助力自己的人和组织。

建构归属感的关键在于一个“爱”字，只有在爱与被爱、信与被信的关系中，一个人的生命力才会得到正向提升。对于缺乏归属感的人，应该注重建设与之息息相关的社会支持系统，在家庭、学校、工作单位、社区等各个场域中建立良好互动，给予其积极支持。

✧ 乐观感

乐观是积极心理学研究中的核心概念之一。乐观是一种人格特质，其理论核心是个人对未来事件的积极期望，相信事件更有可能产生好的结果，表现为一种积极的解释风格，在压力情境下，乐观是调节心理健康和身体健康的一种重要的内部资源。[①] 乐观感直接反映出一个人的生活态度。

具有高乐观感的人，相信自己是值得别人喜爱的人；感觉到自己懂得关心别人，也有能力帮助别人；懂得尊重自己，也懂得尊重别人；认为有能力为自己的行为负责；积极思维为主，有积极信念，相信凡事总有出路，不消极厌世，不抱怨环境，相信“山重水复疑无路，柳暗花明又一村”。

建立乐观感的关键在于一个“望”字，这基于对人性和世界的信念——

---

① 温娟娟、郑雪、张灵：“国外乐观研究述评”，载《心理科学进展》2007 年第 1 期。

虽然人性有阴暗的一面，环境变幻莫测，但人间仍然有“信”有“爱”，世界仍有“希望”，在逆境中仍然可以看见光芒！对于缺乏乐观感的人应该帮助其减轻消极认知、调动积极情绪、扩大生活空间、增加生活乐趣等。

2. 方法演练

抗逆力就是抵御风险、化解危机、克服逆境的能力。它的前提假设是所有人都具有内在的学习、成长和改变的能力。人类的精神中包含着令人难以置信的抗逆力。人们不光是从顺境和成功中获取经验，还会从苦难和失望中获得成长的动力。当人在痛苦中挣扎时，人的抗逆力也在与逆境做斗争的过程中被感悟和打造出来。如何才能训练并展示出卓越的抗逆力，树立良好的效能感、归属感和乐观感呢？

抗逆力的技能训练包括内外两个方面。对内进行自我认知和成长训练，达到自我认知、自我悦纳和自我完善，获得积极的个人品质；对外进行社会支持网络塑造，增强良性社会链接，提升个人与环境的协调性发展和适应性平衡。

技能一：自我认知训练——自我表白

通过技能训练，促使自我思考和自我对话，明晰自己的所思所想、价值观和认知水平。同时，认识人际关系中的“我”，从中映射出自己如何看待与周围不同人的关系，从而达到帮助个体分析自己人际关系模式的目标。

✧ 生命树绘画

回顾自己的生命历程，将一张纸划分为过去、现在和将来三个绘画区域，用五颜六色的彩笔画出一幅画，这幅画将呈现你的过去、现在和将来的状态，画完后思考自己在绘画的整个过程中的所思所想，并解释这幅作品。

✧ 镜中我测验

认真考虑后，在纸上写下自己在以下人物眼中的样子，可以用文字也可以用图画，形式不限，但要能充分地解释其含义：丈夫/妻子眼中的我、孩子眼中的我、父母眼中的我、邻居眼中的我、同事眼中的我、兄弟姐妹眼中的我、现实中的我、理想中的我。认真思考后解释含义，并思考为什么会形成不同的印象。重点分析自己眼中的我和其他人眼中的我有什么不同，差异在哪里，为什么会出现不同；现实中的我与理想中的我有什么不同，为什么会出现不同。

通过训练，思考周围人眼中的自己的形象如何，从中映射出自己是如何评价与周围人的关系的；思考与周围人关系的密切度以及需要改进的地方；思考别人眼中的自己与自己眼中的自己是否一致；思考现实中的我与理想中的我是否一致。通过自我追问与反思，促使自己改善目前的生活状态，塑造更好的自我形象。

技能二：个人品质的完善——自我悦纳

在对自我进行了反观和认识后，还需发现自己身上的美德和闪光点，进行积极的自我评价，从而更好地了解自我、悦纳自我，不断挖掘自身潜力，开发自身潜能。

✧ 兴趣爱好培养

兴趣是指一个人经常趋向于认识、掌握某种事物，力求参与某项活动，并且有积极情绪色彩的心理倾向。爱好是指一个人在兴趣的引导下，经常参与某项活动，并且有积极的活动倾向。拥有并投身兴趣爱好会使人精神振奋、情绪愉悦，因而表现得既自觉又积极。投身兴趣爱好是丰富生活、悦纳自己、享受生活的一个很好的方式。一个人在对生活充满期待和憧憬的状态下，才能更好地面对生活中遇到的困难和挫折。同时，兴趣爱好的存在也是在痛苦迷茫之时的一方良药，可以抚慰心灵，增加化解危机、战胜困难的勇气和力量。青年培养一些兴趣和爱好，对其健康成长，乃至一生发展，都会产生重要影响。青年拥有一些兴趣和爱好，可以使他们热爱生活，适应环境。青年的兴趣和爱好可以成为他们积极向上的精神支柱，在这种精神支柱的陪伴下，他们更能体会到生活的充实与美好。

找到自己喜欢的领域，通过自学、报学习班、参加集体活动等方式融入该圈子中。定期参与活动，并记录兴趣爱好的成果和带给你的改变。

技能三：社会支持网络的夯实——自我拓展

一个具备良好的社会支持网络的人，往往有更强大的抗逆力。当遇到困难或者困境时，良好的社会支持网络可以为其提供心理支持、资源链接和方法引导等，能给予实质上或者精神上的帮助。一个人的社会支持系统涵盖内容广泛，具体的构成因人而异，其中家庭系统是最基本的社会支持系统。与家人保持良好的关系，更能有效增强个人的内心能量和抗逆力。除了家庭系统以外，其他社会支持系统的建立和维护也相当重要。

✧ 设置定期的家庭团聚时间，多和家人培养感情、交流心声

全家人不妨每隔一段时间，坐下来谈论一下各自的希望、目标和各种喜怒哀乐。这样可以加深家庭成员之间的了解，增进亲密感。家庭成员间的心灵互动可以从互相提问入手，如询问：你最美好的回忆是什么？最让你烦恼的事情是什么？你有什么信念？为什么会产生这种信念？等等。交谈时，应当保证有足够的时间，并且不得有外人在场，同时，家庭成员间也要注重同理心下的换位思考。在此过程中，要尊重家人，务必专心致志地倾听，切不可随意下结论或冷嘲热讽。

每周最好挤出一些时间，全家人一起享受一两次轻松愉快、丰盛可口的晚餐。一般说来，吃饭时间通常是一家人谈兴最浓的时候。怎样利用吃饭时间，争辩还是恳谈，训斥还是夸奖，可以作为衡量家人之间关系亲密与否的绝妙的温度计。

除了对话交流外，还可以开展挑战性的活动。最好是选择一些人人都喜欢、能参加的活动，以便调动大家的积极性，使之各显身手，共享欢乐。不妨试试种植菜园、布置影集，或是学着烙饼等。

✧ 结交不同的朋友，真诚待人，有来有往

朋友是有效的支持力量，可发挥多种功能。友谊使我们的生活更加有乐趣，使我们感到快乐；友谊是我们受伤时的避风港，给予我们心灵的慰藉；友谊是两颗心之间的交流，是我们感情组成的一部分；结交朋友可以使我们进步，互相学习对方的长处；当我们成功时，可以和朋友分享我们的喜悦，当

我们难过时，可以从朋友那里获得安慰；友谊是我们生活中不可或缺的东西，是我们抒发情感的桥梁，是我们成长的一部分。拥有值得信赖且志同道合的朋友，真诚相待，且行且珍惜。

技能四：社会交往能力的训练——自我实践

具备良好的社会交往能力，可以在社会互动中保持主动地位。顺畅的人际沟通是对自信心的极大促进，在面对困难时能有效地帮助我们找到解决问题之道。社会交往能力的训练可以通过小组的方式进行，设计一些互动活动，召集六人以上的群体完成相关社会交往能力训练，在其中参与活动，分享感悟，总结收获。

✧ “默契双应答”活动

此活动可促使参与者思考消极话语带来的感受，以及不同的应答方式所带来的不同的沟通效果，使得成员反思沟通的技巧性，增进彼此理解。将成员分为 A、B 两组，每组内部每两人为一组（两人中所有站在左边的为 a，站在右边的为 b），让两组中所有站在左边者（a）在白纸上写出他们最讨厌做的事情，或者他们最讨厌的人。同时，给两组中站在右边者（b）发材料，看材料上给出的两份不同的指令（不让 a 知道指令）。

A 组中所有 b 得到的指令为：当 a 描述他最讨厌的事情和人时，一定不要用语言回答同意或不同意，最多只能以点头表示你已经听到了他所讲的，或者说“嗯”“我明白了”。其主要工作是注意观察 a 的非言语表现，并映射其中比较普遍的动作，例如头向某边倾斜、一些面部表情、交叉手臂等。注意：不要立即映射他的行为，在他陈述半分钟后开始映射；不要完全复制，而是做相似的动作，如他交叉手臂，你将手臂叠放在一起。B 组中所有 b 的指令是让其映射与 a 的非言语表现相反的动作，其余与 A 组一致。

彼此做好各自的准备工作后，a 向 b 做一个 3 分钟的陈述，同时 A 组中的 b 开始同化 a 的行为，B 组中的 b 开始异化 a 的行为。3 分钟后，让 a 对 b 说：“能对你发点牢骚，我很高兴，谢谢。”彼此分享自己在诉说时和倾听时的感受，以及在看到对方的肢体回应时的感受。

活动中尽量使参与者的动作表情自然、生活化，注意控制和把握时间，注意客观因素的影响。活动目标是在参与中，使参与者领悟到消极话语带给周围人的主观体验，从而改变消极、唠叨、抱怨等不良习惯；使参与者领悟到不同的回应方式带给倾诉者的不同感受与倾诉欲望，促使其反思如何去倾听别人的倾诉，如何有效地回应沟通；理解周围人的抱怨和牢骚，善于发现和维护好的宣泄途径。

技能五：正确看待逆境

✧ 遇到困难时的 SWOT 分析法

SWOT 分析法是用来确定企业自身的竞争优势、竞争劣势、机会和威胁，从而将公司的战略与公司内部资源、外部环境有机地结合起来的一种科学的分析方法。对于个人而言也可以借用 SWOT 分析原理，对困境中的困难劣势和资源优势进行客观全面的分析，如图 2－1 所示。

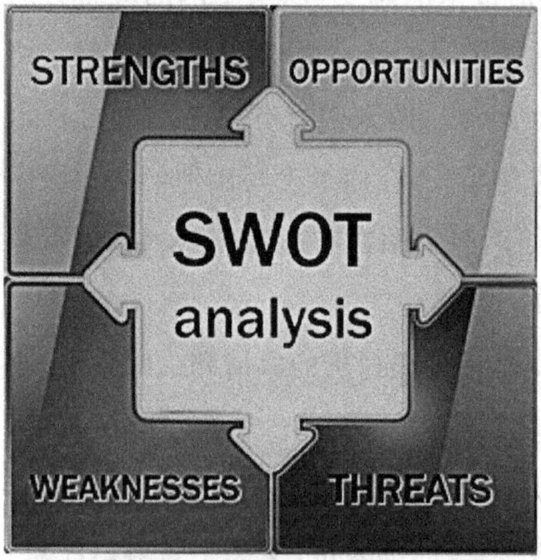

图 2－1　SWOT 分析模型

当你必须面对无数的挑战时，你是怎样设法生存下去的？你如何看待困境？当面对这些困难的时候，你心里在想什么？在你同这些困难做斗争时，你从自己身上和周围的世界中了解到什么？哪些困难给了你特殊的力量、远见或者技能？你需要依赖哪些特殊的品质才能战胜困难？你所追求的未来的生活是怎样的？从外界获得支持，什么人给了你特殊的理解、支持和指导？哪些人是你所能依靠的？这些人给了你哪些不寻常的启发？

✧ 多使用积极词汇，进行积极的自我暗示

自我暗示又称自我肯定，这是一种我们通过想象来坚定自我的表达方式。进行肯定的练习，能让我们开始用一些更积极的思想和概念来替代过去陈旧的、否定性的思维模式。这是一种强有力的技巧，一种能在短时间内改变我们对生活的态度和期望的技巧。自我暗示可以默不作声地进行，也可以大声地说出来，还可以在纸上写下来，更可以歌唱或吟诵，每天只要十分钟有效的肯定练习，就能改变我们多年的思维习惯。我们越经常性地意识到我们正在告诉自己的一切，选择积极、夸张的语言和概念，我们就越发能够创造出一个积极的现实。肯定可以是任何积极的叙述，它可以涉及我们愿意改善的任何方面。如"我是一个聪明、漂亮（或者其他能呈现自己优势的词）的人""在我所从事的专业领域，我是能出类拔萃的""我是很棒的""我可以具有强大的行动力""我能实现自己的美好愿望"等。

技能六：历奇训练

历奇训练（adventure training）是一种较为专业的训练方式，能够有效提升个人的抗逆力。在此向大家简要介绍这一独特的抗逆力辅导方式。

说到历奇的起源，先要介绍有"外展训练之父"之称的韩建德（Kurt Hahn）。他 1886 年生于德国柏林一个犹太家庭，毕业于牛津大学。他认为，一切知识都源于实践，就如同学游泳和骑自行车，因为经验来自亲身体验，所以会深刻得终生不忘。他首先提出外展训练（也称拓展训练）的理念。"外展"是一个航海术语，意思是一艘船驶离熟悉的港口，引申为人们离开熟悉的事物，勇于尝试，并随着挑战自己的能力而成长。其教育哲学的主旨是"你拥有的超过你意识到的"。他相信每个人都有更多的勇气、力量、潜能和善良。他希望创造一种环境，让人们不必通过真实的艰险、自我怀疑、厌倦、受嘲笑、失败等经历，就能领悟和发现真理，并认识自己、了解别人。

历奇训练属于体验式学习（experiential learning）的范畴，指通过一系列精心设计的历奇活动和导师循序渐进的介入，让学员处于一个既陌生新奇又充满合作气氛的环境中，经历各种不同的困难和挑战，体验解决问题、战胜挑战的成功感，并将经验整理、升华、转移、应用到日常的生活实践中，达到教学与辅导目标的一套特定手法。研究表明，人们通过阅读和听只能学习到 10%和 15%的信息，而通过亲身经历和体验则能学习到 80%的信息。

历奇训练通过导师的有效引导，能激发个人潜能，增强团队的活力、凝聚力和创造力，使参与者达到磨炼意志、陶冶情操、完善人格、熔炼团队的目的，从而更好地帮助其面对挑战、解决问题。历奇训练是一种现代人和现代组织全新的学习方法，更有利于被参与者所接受，有利于培养参加者的自信能力、逻辑思维、领导力，团队精神、人际关系等。[①]

通过历奇训练的方式可以有效增强抗逆力。一般的历奇训练可以自学相关理念，在日常生活中践行。对于更为专业的历奇训练，需要在专业导师的指导之下完成。

3. 评价

“人在环境中”的理念告诉我们要提升抗逆力，个体要素和环境要素缺一不可。对于个体而言，要正确认识自我，树立正向积极的自我认知，悦纳自己，从而提升自我效能感，为此可以使用自我表白、自我悦纳、自信心提升等训练方法。对于环境而言，要与外界环境建立起正向连接，要建立自己的社会支持网络，帮助自己建立良好的社会归属感，这需要正确认识周边环境，整合周边资源，通过 SWOT 分析法、构建社会支持网络、参与支持小组等方法可以助益达到此目标。抗逆力的训练可以使我们变得更加自信、积极、乐观，抗逆力的提升是一种生活态度的转变。

三、应用及注意事项

抗逆力是一种个人品质。抗逆力的培育和塑造需要在日常生活中不断积累和践行。只有将训练之后的技能应用到日常生活中才能有效增强个人的抗逆力，且实实在在地从内到外提升自己的素质能力。

在训练提升抗逆力时，应认识到压力、困境、挫折在所难免，遇到不顺乃世间常事，要以积极的心态面对，同时考虑向他人求助，在独立自我和寻求帮助间找到平衡点。

① 百度百科，http://baike.baidu.com/link? url=Hktip8upjE7vYi9GDjaYjFS6xo1jcStwg3vQ66Qqui_so-k7ZKMBwjzPHag5-2856FQXIoOSRcg9D6Dxs9H0a。

抗逆力的培养和塑造不是孤立的，应该和其他的个人优秀品质一起发展，相得益彰。抗逆力品质养成的效果与自信心、毅力、协作力等优秀品质的维护和发展都是息息相关的。应在各方面努力做一个积极向上、传递正能量的人，实现自己的人生价值和社会价值，也给予周围的人温暖和快乐，为社会做出自己的贡献。

素养三　压力管理的素养

人的生命似洪水在奔流，不遇着岛屿、暗礁，难以激起美丽的浪花。

——奥斯特洛夫斯基

有一个关于压力的心理学实验：要求一群实验者在星期天的晚上，把预想中下一个星期要发生的所有烦恼的事情都记录下来，然后投入到一个大型的“烦恼箱”中。到了第三周的星期天，实验员在所有参与实验者面前打开这个箱子，逐一与他们核对每项“烦恼”，结果发现其中有九成的“烦恼”并没有真正发生，那些烦恼也就不再是烦恼了。由此可见，压力本身其实没什么，关键是看一个人对这份压力能承受多少。日本棋坛高手吴清源曾多次登上棋坛霸主的宝座，竟然有一次败给了一名新手。吴清源在寻找失败原因时发现自己参战时压力过大，当时简直就是为了保住棋坛霸主的名誉而战，因此十分担心被新人打败。之后吴清源开始调整自己的状态，释放压力，以一个普通棋手的姿态向那名对手“挑战”，结果轻易地就转败为胜。很显然，只要合理处理好压力带来的不良情绪和感受，就可以很好地渡过难关。

那么，你能承受多少压力呢？下面的测试可以帮助你更好地了解自己承受压力的状况。

压力自我测试

以下是一组有关心理压力的句子，请按你的实际情况在四个选项中选择一个最适合你的。1＝从不这样，2＝偶尔这样，3＝较多这样，4＝总是这样。

1. 每当要做一件重要事情时，会紧张得出汗。　1 2 3 4
2. 与陌生人在一起时会手足无措。　1 2 3 4
3. 感到自己长期处于高警觉的状态。　1 2 3 4
4. 觉得自己每天都消耗很多精神。　1 2 3 4
5. 很在意自己的所思所想是否与周围的人一致。　1 2 3 4
6. 觉得自己拼命工作、学习，还是不能得到他人的理解。　1 2 3 4
7. 家庭和工作的关系不协调。　1 2 3 4
8. 对工作和学习有很强的责任感。　1 2 3 4
9. 容易忘记事情。　1 2 3 4
10. 出现头痛、牙痛、睡眠差、做噩梦等问题。　1 2 3 4

评分标准：

选择 1 的记 1 分，选择 2 的记 2 分，以此类推。计算上述 10 个测试题目的平均分。

结果与分析：

3 分＜得分≤4 分，表明你的压力状况很不好，你所承受的压力很大。从情绪方面看，你容易出现愤怒、急躁，经常忧虑、紧张、焦虑不安；从行为方面看，容易出现失眠、拖延、厌食等情况；从精神方面看，容易出现注意力难以集中、表达能力和记忆力下降的情况。

2分<得分≤3分，表明你的压力状况不太好，你所承受的压力比较大。从情绪方面看，你可能会出现担心、紧张、焦虑；从行为方面看，有时会失眠、食欲不振；从精神方面看，注意力会出现短暂的不集中。

1分<得分≤2分，表明你的压力状况还好，你所承受的压力很小。无论从情绪、行为方面看，还是从精神方面看，都还不错。

一、压力及其相关研究

随着社会的快速发展，心理压力成了现代社会中普遍存在的一种心理现象，各类人群中产生心理压力过大甚至出现心理障碍的人数也在不断上升。尤其是青年人群，处在工作的攀升期，面临更多挑战和需要突破之处，尤其可能面临过大的压力，这就需要青年人熟悉压力，熟练掌握压力的管理与应对方法。

1. 概念界定

压力（stress）是个体在与环境互动时，为了适应或熟悉周围环境，个体所产生的躯体或者心理上的反应。“压力”这一概念最早于1936年由加拿大著名的生理心理学家汉斯·塞里（Hans Selye）提出，他将“压力”引入社会科学领域研究中，同时指出压力是一种反应，是表现某种特殊症状的状态，这种状态是由生理系统中为应对刺激的反应所引发的非特定性变化所形成的。由于各学科的研究侧重点有所不同，因此“压力”一词在心理学、医学、社会学、教育学等相关学科中的界定也都各不相同。从心理学角度看，压力是由心理压力源和心理压力反应共同作用于个体而构成的一种认知和行为的体验过程，是个体面对具有威胁性刺激情境（stimuli-events）时，伴有躯体机能以及心理活动改变的一种身心紧张的状态，也称应激状态。

压力源（stressor）是指能使人体紧张、感受到威胁性而产生压力反应的内外环境的刺激、情景、活动或事件。压力源是由任何与个体原有的生理及心理状态相异的因素所构成的。压力源主要来自环境、他人和自身。来自环境的压力源一般是社会的竞争、噪声、空气质量差、气温变化等;来自他人的压力源一般是父母、老师的期望等;来自自身的压力源包括躯体方面的和精神方面的,躯体方面的如创伤或疾病、不良的睡眠或饮食状况等,精神方面的如错误的认知、创伤性的体验等。

压力管理(stress management)是指个体采用有效方法去应对面临的压力。当一个人尝试去适应环境引起的刺激时,可能会由于自己的努力达不到环境的要求或他人的要求而产生消极的反应。面对这些不良反应,个体需要调动各种可能条件去积极应对。个体自我调控的能力越强,适应压力的能力越强,心理的承受能力也就越强,就能很好地处理和缓解压力带来的不良体验。而心理调适能力相对较弱的个体,在遇到压力时则不能及时进行自我调控,导致不良体验无法释放,给个体带来困扰。

2. 理论基础

(1) 心理健康学理论。心理健康的主要特征包括几个方面:个体是否适应环境的连续状态;是否具有心理体验的积极性水平;行为模式与社会规则是否适应,在适应时是否快速适应并在适应过程中不断变化。压力管理的理论基础之一就是心理健康学理论。当个体不能满足以上这些方面时,容易长时间出现焦虑、紧张、迷茫的情况,甚至会有头痛、注意力不能集中等问题。

(2) 管理学理论。个体在面对压力时,心理上或情绪上的表现与正常状态下的表现是有显著差异的。个体在自我管理中,为了让自己处于更好的状态,要设法消除压力源或者改变对压力源的回应,做好自我管理,使其成为压力缓解中的技术性手段。

(3) 人力资源管理理论。该理论强调以人为中心,在鼓励人的积极性上下工夫。它认为人是处于整个环境中的“社会人”,因此除了物质需要以外,还有社会和心理等多方面的需要。而且生产率的上升和下降在很大程度上取决于员工的态度、士气,而良好的态度和高昂的士气势必是在较好的压力管理的基础上才可实现的。

3. 相关研究

关于压力的研究包括几个方面：压力取向的研究、压力与心理健康关系的研究、压力源的研究、压力应对的研究、压力源与压力应对测量的研究。

(1) 压力取向的研究。压力取向的研究包括刺激取向和反应取向两个方面。刺激取向的研究主要将压力界定在刺激上，大多数时候被定义为某些正在体验中的特定类型的刺激，如个体所遇到的威胁性情境、来自外在的过高的要求等。反应取向的研究主要将压力界定在反应上，关注个体面临压力情境或刺激时的生理或心理的反应。

(2) 压力与心理健康关系的研究。在压力与心理健康关系的研究中，大部分研究者认同“压力与心理健康关系密切”的观点。如有研究者（井世洁，2001）探析并证实了同学关系、生活环境、学习压力和教师关系等因素对初中生心理健康有着较大的影响。边保旗和樊富珉也曾探讨了教师的压力与心理健康的关系，研究结果发现97%的教师承受着巨大的压力，严重影响了他们的心理健康（边保旗、樊富珉，2006）。

(3) 压力源的研究。对于压力源的研究，有两种不同的模式：第一种模式主要集中在四个方面，即躯体的、心理的、社会的、文化的，如长期生病给个体造成极大的困扰。第二种模式主要集中在两个方面，即个体与环境，如不少研究者关注引发青少年压力的因素，将压力源聚焦在个体和环境上，个体包括自身和他人，环境包括家庭、学校和社会。如楼韦群和齐全衣（2000）对高中生压力源进行调查，发现最大的五个压力源分别为考试成绩不够理想、在学习上落后于其他同学、能否考上大学、考试要争取好名次及父母的期望。

(4) 压力应对的研究。压力应对方面的研究主要集中在压力应对对于缓解压力的积极作用上。如有研究者探索了小学生压力应对的方式与生活满意度之间的关系，发现积极应对和生活满意度呈显著正相关（邸妙词、刘儒德、高钦等，2015）。在压力应对与睡眠关系的研究（严由伟、刘明艳、唐向东等，2006）中，认知调节、情绪调节、应对方式、社会支持和人格倾向等压力应对因素能够改变压力与睡眠之间相互作用的强度、持续时间以及最终结果。

(5) 压力源与压力应对测量的研究。国内外关于压力源与压力应对测量的研究主要集中于量表的编制与使用上，其中较多见于中学生、青少年群体。如学生生活应激问卷(Gadzella,1991)、青少年自评生活事件量表(刘贤臣等,1987)、中学生应激源量表(郑全全、陈树林,1999)、中国青少年生活事件检查表(江光荣等,2000)等。也有针对大学生的量表，如大学生压力源量表(张睿,2011)、就业压力应对方式问卷(罗锡莉,2008)等。

二、素养培育

1. 要素结构

压力的要素主要包括内心冲突反应和不良情绪体验。

✧ 内心冲突反应

内心冲突反应是压力的基本要素，是在个体接触到与个体冲突的刺激或给自己施加过多的任务或要求时所产生的反应。当遇到的情境或刺激不同于个体所期望的那样，个体内心就会产生冲突，冲突越大，所引起的反应就越大，个体的压力也就越大。要了解这种内心冲突反应及其程度，就需要对引起冲突反应的情境或刺激进行准确的评估，如在哪方面与个体的期望相背离，怎样的情境或刺激可以减小相应的冲突等。

✧ 不良情绪体验

不良情绪体验是压力的另一个基本要素，是指个体面对客观刺激或给自己施加过多任务或要求后所产生的过度体验，这种体验往往是消极的，如焦虑、愤怒、悲伤、难过、忧郁等。情绪体验的程度取决于客观刺激与个体的冲突程度以及个体期望与现实之间的差距。要处理压力，就需要考虑如何减少或消除这些不良情绪体验。

2. 方法演练

纵观以往研究，我们知道一定的压力是有价值的，可以激发个体的潜力，但过度的压力则可能将人压得喘不过气来，造成躯体和心理上的伤害。因此，必要的压力管理与应对的技巧显得尤其重要。青年朋友可以通过学习认知调整、行为放松和自我管理等方面的技巧处理好压力给自己带来的困惑。

(1) 认知调整的技巧

对于压力的认知调整包括改善认知结构和调整认知方式。处在压力状态下的个体，往往对压力的认识和评价不太合理，从而不能从有利于个体身心健康的方向去合理思维。因此，个体需要从改善认知结构和调整认知方式两个方面做好认知调整。

✧ 改善认知结构

人的认知结构是指人关于现实世界(自己、他人、周围环境)的内在的编码系统，是个体在理解和加工外界信息、进行内在的推理活动时所需要的参照框架。这种参照框架依赖于人的知识结构，即个体经过专门的学习或培训后所具备的知识体系的构成情况与结合方式。

心理学认知流派的观点认为，人的头脑在接受外界信息的输入后，经过头脑的加工处理，转换成内在的心理活动，而这种心理活动对人的行为起支配作用。认知结构的合理与否及知识结构的完善与否将决定一个人的内部语言是否合理，从而决定行为处事的方式是否合理。

而压力是一个人面对信息(包括外在刺激和个人期望)时所反映出来的内部语言与这些信息共同作用的结果。当一个人处在高度压力状态时，就需要调整这些内部语言，以缓解所引起的过度压力。一个有着完善的知识结构的人，一定是具备精深的专门知识和广博的知识面的，其认知结构就相对全面、完整。在面对压力源以及认识与评价压力时，所参考的知识框架就相对比较完备。因此，青年朋友一方面要精通自己专业领域的知识内容并熟练掌握自己专业领域内的各项技能；另一方面要博览群书，努力使自己具有更高的文化修养。

✧ 调整认知方式

认知方式是指一个人习惯于采取某类特定的方式对外界事物进行认知。埃利斯在 ABC 认知理论中提到，很多情况下并不是人、事或场景让我们有开心或悲伤的体验与感受，而是我们对这些人、这些事或这些场景的认知决定了我们在这些特定情况下的感受。可以说，怎样认知这些人、事或场景，就会有怎样的感受。

如果一个人采用的是不合理的认知方式，那势必会导致他在面对压力源时做出歪曲错误的决定。如常见的“非此即彼”认知方式，个体会用“不是1就是2”的思维方式去认定一个人或一件事情，从而导致极端性错误。再如“过分自责”的认知方式，个体经常将不该归于自身的错误归结在自己身上，导致自身压力过大。

通过改善认知方式，可以缓解压力。首先要发现不合理的认知方式。要归纳总结自己的认知方式，并找到自己的认知方式中不合理、不恰当甚至错误的地方。如前面提到的“过分自责”的不合理认知，如果用这样的认知去判断一件事，那么这个人往往形成“都是我的错”“我真没用”之类的结论，其实事情绝不是他所想的这么绝对。其次，要寻找一种更为合理的认知方式。针对“都是我的错”“我真没用”这样的错误认知，要找到一种与之对抗的认知方式，即“两个人都有错”“我起了一些作用”之类的认知。最后，要逐步用合理的认知方式替代不合理的认知方式。尝试用合理的认知方式去思考、判断，逐步淡化、模糊不合理的容易产生压力的认知方式。

(2) 行为放松的技巧

美国心理学家约翰·华生创立了行为主义心理学。行为主义的观点认为，心理学应该研究行为，即要研究所观察到的、能客观地加以测量的刺激与反应。从行为主义的角度看，这种行为放松的方法对于缓解压力是非常有效的。放松技能是个体按一定的练习程序，有意识地控制或调节自身的心理、生理活动的技巧，以达到降低机体唤醒水平，调整那些因紧张刺激而紊乱了的功能的目的。常用的放松方法有呼吸放松、肌肉放松、想象放松等。

✧ 呼吸放松技巧

众所周知，人体有一套植物神经系统，能够自主调节人体内脏活动，在呼吸系统、循环系统、消化系统中发挥调节作用。这个系统包含两个部分：交感神经系统与副交感神经系统。

交感神经系统由中枢部、交感干、神经节、神经和神经丛组成，当机体处于紧张活动的状态时，交感神经系统会起着主要的作用。副交感神经系统可保持身体在安静状态下的生理平衡，人体在正常情况下，功能相反的交感神经和副交感神经处于相互平衡制约状态。

激活交感神经系统时，会促进机体的能量消耗，使呼吸与心率加快、肝脏释放葡萄糖，使个体感受到压力状态，时间长了，个体就会觉得疲劳。激活副交感神经系统时，会促使机体进行能量保护，呼吸平缓，身体得到放松。

呼吸放松是指采用稳定的、缓慢的、交替的深深吸气和深深呼气的方式达到放松，以此缓解压力的一种方法。建议采用腹式呼吸而非胸式呼吸的方式，因为腹式呼吸是以膈肌运动为主的，在吸气时胸廓的上径和下径会增大，更容易达到放松的状态。

呼吸放松可以采用卧姿方式、站姿方式或坐姿方式。采用卧姿方式做呼吸放松时，建议仰卧，脸朝上平躺，双手自然平放在身体两侧，双腿平直外伸。采用站姿方式做呼吸放松时，腰板笔直、表情自然、两肩放松、两臂下垂、两脚跟并拢、两脚尖微张，如图 3－1 中的(a)所示。采取这种站姿，可以

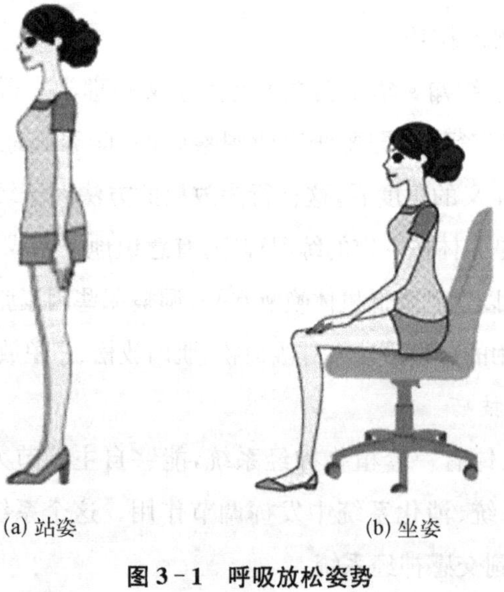

(a) 站姿　　　(b) 坐姿

图 3－1　呼吸放松姿势

帮助呼吸，改善血液循环，更有助于人达到放松。采用坐姿方式做呼吸放松时，至少坐满椅子的三分之二，脊背可以轻靠椅背也可以不靠，不可前倾后仰或是歪歪扭扭，如图 3－1 中的(b)所示。

呼吸放松时的呼吸频率是每分钟约 10～15 个呼吸回合。呼吸时越深越好，避免浅短而急促的呼吸。吸(呼)气时，使腹部最大限度地向外扩张(向内收缩)，胸部、肩膀保持不动。保证每次的换气量足够多，这样体内的二氧化碳就不会累积，有助于放松。

✧ 渐进式肌肉放松技巧

渐进式肌肉放松训练最早由埃德蒙·雅各布森(Edmund Jacobson)提出。他将人的全身肌肉分成十几组肌肉群，通过这些肌肉群的一紧一松达到肌肉的放松，并带动心理放松。因为正在放松的肌肉对中枢神经系统有一定的反作用，随着肌肉的逐步放松，人的心率减慢，血压下降，大脑活动也逐渐减慢，从而对人的神经起到放松的作用。

按照顺序，从手、手臂、额头、脸、下巴、头颈、胸、肩、背、腿、脚的顺序做渐进式肌肉放松。右利手的从右手开始做，左利手的从左手开始做。

手：紧握右手拳头，不断握紧、握紧、再握紧……持续几秒钟后，慢慢放开右手拳头，不断放松、放松、再放松……休息 10 秒钟后，再一次握紧右手拳头，不断握紧、握紧，感受右手肌肉紧绷的状态……持续几秒钟后，慢慢放开右手拳头，不断放松、放松，感受右手肌肉松弛的状态……休息 10 秒钟后，换左手，放松程序同右手。

手臂：双手握拳，前臂向肩部靠近弯曲，靠近、再靠近……持续几秒钟后，慢慢伸直双手并不断放松、放松、再放松……休息 10 秒钟后，再一次双手握拳，前臂向肩部靠近弯曲，不断靠近、靠近，感受手臂肌肉紧绷的状态……持续几秒钟后，慢慢伸直双手并不断放松、放松，感受手臂肌肉松弛的状态……休息 10 秒钟后，换左手，放松程序同右手。

额头：抬高眉毛，不断抬高、抬高、再抬高……持续几秒钟后，慢慢放松额头，不断放松、放松、再放松……休息 10 秒钟后，再一次抬高眉毛，不断抬高、抬高，感受额头肌肉紧绷的状态……持续几秒钟后，慢慢放松额头，不断放松、放松，感受额头肌肉松弛的状态……

脸：紧皱鼻子，不断紧皱、紧皱、再紧皱……持续几秒钟后，慢慢放松鼻子，不断放松、放松、再放松……休息10秒钟后，再一次紧皱鼻子，不断紧皱、紧皱，感受脸部肌肉紧绷的状态……持续几秒钟后，慢慢放松鼻子，不断放松、放松，感受脸部肌肉松弛的状态……

下巴：咬紧牙关，不断咬紧、咬紧、再咬紧……持续几秒钟后，慢慢放松牙关，不断放松、放松、再放松……休息10秒钟后，再一次咬紧牙关，不断咬紧、咬紧，感受下巴肌肉紧绷的状态……持续几秒钟后，慢慢放松牙关，不断放松、放松，感受下巴肌肉松弛的状态……

头颈：将头尽量往下低，不断低头、低头、再低头……持续几秒钟后，慢慢抬头，不断抬头、抬头、再抬头……持续几秒钟后回到平视状态……休息10秒钟后，再一次将头尽量往下低，不断低头、低头……持续几秒钟后，抬头，不断抬头、抬头，感受头颈肌肉紧绷的状态……持续几秒钟后回到平视状态，感受头颈肌肉松弛的状态……

胸、肩、背：深吸一口气，屏住呼吸，两侧肩膀往后拉，不断后拉、后拉、再后拉……持续几秒钟后，慢慢呼气放松，肩膀回位，不断放松、放松、再放松……休息10秒钟后，再一次深吸一口气，屏住呼吸，两侧肩膀往后拉，不断后拉、后拉，感受胸、肩、背部肌肉紧绷的状态……持续几秒钟后，慢慢呼气放松，肩膀回位，不断放松、放松，感受胸、肩、背部肌肉松弛的状态……

腿：平直往外伸出右腿，与地面平行，尽量外伸、外伸、再外伸……持续几秒钟后，收回右腿，尽量放松、放松、再放松……休息10秒钟后，再一次伸出右腿，尽量外伸、外伸，并感受右大腿肌肉紧绷的状态……持续几秒钟后，收回右腿，尽量放松、放松，并感受右大腿肌肉松弛的状态……休息10秒钟后，换左腿，放松程序同右腿。

脚：伸出右脚，与地面成45°，右脚脚尖尽量往上翘，上翘、上翘、再上翘……持续几秒钟后，收回右脚，尽量放松、放松、再放松……休息10秒钟后，再一次伸出右脚，与地面成 45°，右脚脚尖尽量往上翘，不断上翘、上翘，并感受右小腿肌肉紧绷的状态……持续几秒钟后，收回右脚，尽量放松、放松，并感受右小腿肌肉松弛的状态……休息 10 秒钟后，换左脚，放松程序同右脚。

渐进式肌肉放松的目的是使个体比较肌肉收缩和放松后的状态，关注正在进行的过程，细心体验每个肌肉群所产生的放松感。

✧ 想象放松技巧

想象放松，就是通过想象能令自己感到舒适的场景，以达到放松的方法。可以想象自己躺在和煦的阳光下，也可以想象自己在海边聆听大海的波涛声，或者想象自己在美丽的大森林里充分享受大自然的美景和情趣，还可以想象自己在环境幽雅、景色迷人的公园里休憩。

在进行想象放松前，最好准备一段背景音乐，可以根据自己的喜好选择需要的音乐。如按照地域，可以有中国、英美、日韩等不同地域特色的音乐；按照风格，可以有爵士、蓝调、民乐、流行音乐等；按照语言，可以选择汉语、英语、日语等。

打开音乐，选择自己感到最舒适的姿势坐好，一边听音乐一边逐渐放慢自己的呼吸，缓慢地吸气和呼气。放慢呼吸，逐渐放慢、加深，放慢、加深，慢慢吸气，慢慢呼气。闭上双眼，开始想象。想象时用内部语言描述想象的情境，如：

现在我站立起来，缓缓走到窗前，慢慢打开窗户，映入眼帘的是一大片草原，无边无际，绿得青翠欲滴。远处，一群马儿在草原上散步，还有几群羊儿在悠闲地吃草。草原就像一床碧绿的地毯一样，伸展出去，一直铺到天边。我慢慢地走出房间，踩在柔软的草地上，感觉到微风拂面，深吸一口气，青草花香伴着悠扬的笛声扑鼻而入。舒展全身，躺在草地上，慢慢地放松肌肉，放松紧绷的神经。感觉全身都充满了阳光的温暖，无比舒适。四周的声音慢慢变得遥远，越来越远。隐隐约约，听到远处传来牛羊的叫声，悠忽缥缈。

就用这样的方式让自己想象最能感到放松的情景，时间可以是几分钟或者十几分钟。

(3) 自我管理的技巧

良好的自我管理可以有效缓解压力带来的紧张焦虑感。自我管理是指对自身的管理，包括对自己未来目标的设定、对自己行为的调节与控制、对自己心理状态的调整与促进。自我管理主要通过自身内在的力量来激励自己、约束自己。面对压力，个体需要通过多种自我管理方式来缓解压力带来的影响。这里介绍常见和有效的自我管理技巧：时间管理和情绪管理。

✧ 时间管理

时间管理是指个体事先对完成一件事所需的时间有比较灵活的规划和运用，通过一定的技巧、方法来实现对时间的有效运用，从而高效实现自己的目标。每个人每天都平等地享有 24 小时，但人们对于时间的感受却是主观的：有的人感觉这一天漫长无比，有的人感觉这一天飞逝如烟。就算是同一个人，对于这不同的 24 小时也会有不同的体会：有的人感觉昨天一晃而过，今天却度日如年……

"盛年不重来，一日难再晨"，对于不善于管理时间的人而言的确是再现实不过了。这些人经常将要做的事情拖到最后一刻才去完成，不能很好地安排每天要做的事情，其结果是给自己增加更大的心理压力。时间管理技巧比较适合因诸多烦事来不及完成而产生压力感后，影响工作、学习、生活效率的青年朋友。

可以按照事情的紧急程度和重要程度来安排时间先后，如象限规划法。一般成功的人往往把焦点放在第一象限"重要不紧急"上(参见图 3 - 2)，如准备工作、制订计划、维持人际关系、学习等。

时间安排表是最为有效的时间管理手段。建议选择一个较好的时间管理工具，如印象笔记、有道云笔记等日志类工具和四象限原理规划、二八原理规划等时间分配类工具。除了晚上睡觉之外的时间，其余时间都需要合理安排。建议清晰划分工作和个人的时间。无论在工作单位还是在家里的

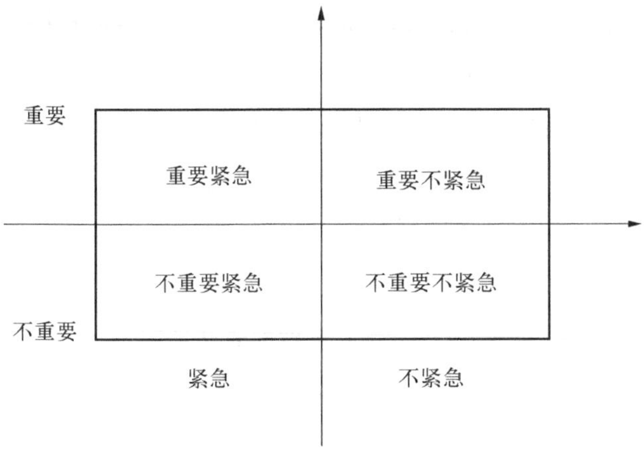

图 3 - 2　象限规划法

时间，都建议有日常事务的时间和灵活处理事务的时间之分。在工作时间中可以安排 50%的时间用于处理每天的常规事务，如会议、制作报表等，像电子邮件、未接来电等可以批量处理的就尽量批量处理；30%的时间可用于灵活处理不同的事务，如做一份创新性计划、尝试开拓一个新的领域等；10%的时间用于自己每天必需的学习，如新的政策、前沿技术等；剩余 10%的时间需要留给自己，什么都不做，只是思考。在家里的时间也需要有一定的管理。因为有效的时间管理会提高做事的效率，没有管理好时间，就会极大地降低效率。正如帕金森在《帕金森法则》中所说的："你有多少时间完成工作，工作就会自动变成需要那么多时间。"

✧ 情绪管理

情绪管理是指在认识自身和他人情绪的基础上，学会用科学的方法有意识地调适、缓解压力所带来的不良情绪。要知道，积极正向的情绪可以使我们产生积极向上的力量，如喜悦、愉快；消极负向的情绪容易使我们消极、不思进取，甚至颓废，如生气、愤怒。面对压力，如何管理好自己的情绪，显得非常关键。我们可以从正确认识情绪、合理表达情绪和有效调控情绪等方面做好自我情绪管理。

正确认识情绪：情绪是心理学中的一个专业术语，是指伴随着人的认知和意识过程所产生的对于外界事物的体验。情绪是当客观外界事物不同程度地满足人的主观需求时，人的心理所产生的反应，属于人的一种心理活动，一般有喜、怒、哀、惊、惧、厌等几种基本情绪。人的情绪可以通过表情、声音、行为等加以判断。但情绪是随着人的成长不断发展的，一般而言，幼儿的情绪表达比较直接，容易判断，而成年人的情绪相对比较复杂，不像幼儿的情绪那样容易判断。

合理表达情绪和有效调控情绪：合理地表达情绪，有助于让自身的压力释放出来。由于一个人的情绪状态经常会影响周围其他人，因此，需要学会在合适的场合、用合理的方式发泄自己的不良情绪。被压力缠绕后不免产生不良情绪，处理这些不良情绪的方式有很多，比如：音乐放松法——找个安静舒适的地方，选择一曲自己喜欢的音乐，悠闲地欣赏一番；积极暗示法——抓住自己的优势点，为遇到的困境或心境寻找解决的突破口；运动宣泄法——约上一两个知己，跑步、打球，彻底地宣泄一番。这些方式能够有效缓解或消除不良情绪。

3. 评价

现代生活中，几乎每个人都对心理压力有所体验，因此心理压力历来被各界重视。适当的压力有助于提升青年的表现力。俗话说，没有压力就没有动力。适度的压力可以让人有一定的动力，很多时候还能给人带来不少创新的力量。若没有压力，生活工作就会如同死水一般，缺乏波动，人就会因此失去做事的动力。但是过度的压力却会使人吃不下睡不着，严重的会导致人的身心健康出现问题。青年朋友要充分了解压力及其产生的原因，并掌握适当的压力管理的方法，有效调整自己，做好压力管理的主人。

三、应用及注意事项

生活中的压力无处不在，小时候老师、家长盯着我们要好好学习，长大了要面对工作和生活中的压力……压力来源于很多方面，以往有学者研究了压力源，包括来自环境的、他人的、自身的。的确，压力似乎贯穿了人的一生。但我们需要清楚两点：(1) 有压力未必是坏事，只有压力过大才会产生消极影响，因此我们首先要判断哪些压力是需要去处理的，然后再判断用哪些方法去处理；(2) 压力是一种主观感受，要学会心理调节，不同的人对相同的情境可能会产生不同的感受，对压力也一样。

有压力未必是坏事，压力过大才会产生消极影响。对于压力的管理无须时时处处，只选必要。有时候，适度的压力可以帮助我们调整自己，把外界给予我们的压力转化为前进的动力。一个人若没有足够的压力，就无法全力以赴。如果我们完全处于平静或放松的状态，就不懂得去努力，头脑也不会有创新。但太大的压力也会削弱创造力，甚至还会牺牲我们的精力和效率。

压力是一种主观感受，青年要学会心理调节。压力其实不是那些难以处理的事情或者人本身，而是我们对这些事情或人的理解和反应。心理弹性和共情能力在其中发挥着不可忽视的中介作用。心理弹性好的人，在感觉到压力时，依然能够良好地表现一种能力或个人特性。有较强共情能力的人能够站在他人的角度去理解、认同、接受他人的想法和感受。如果我们可以做到共情，我们就能对他人有更多的理解和接纳，由他人引起的心理压力也就随之减弱甚至消失。

素养四　自我学习的素养

任何一个人，都必须养成自学的习惯，即使是今天在校的学生，也要养成自学的习惯，因为迟早总要离开学校！自学，就是一种独立学习、独立思考的能力。行路，还是要靠行路人自己。

——华罗庚

1992年秋，每一年都被评为"三好学生"的张立勇刚刚升入高二便辍学了。因为家境不太好，作为长子的他毅然承担起家庭的重担，开启了南下打工生涯。因为工作单位物品的包装标识均为外文，看得一头雾水的张立勇开始感觉到了英语对工作的重要性。但因为周边学习氛围的缺乏，最终，他离开了夜生活丰富的广州。

1996年夏初时分，作为清华大学食堂的一名切菜工，清华对此时的张立勇而言无疑是一个如鱼得水的佳地，尽管待遇比起在广州打工时低，但正如他所说："只要能维持我的学习和生活，有一个氛围和环境让我学习，就OK了，That's enough(足够了)。"清华大学校内一间4平方米的小居室便是张立勇的住所。他每天凌晨起床，每天自学七八个小时。无论寒冬还是酷暑，张立勇从未间断对英语的学习。在床头，张立勇悬挂着自书的“克己”和清华的校训“行胜于言”条幅，用以时时告诫自己勤奋学习、不许偷懒。食堂规定，员工必须在给学生卖饭之前先用餐，且用餐时间只有一刻钟，但张立勇每次仅用 7 分钟的时间吃饭，余下 8 分钟便躲到食堂放碗柜的地方背英文。

在清华大学食堂工作的这段时间，张立勇坚持自学英语 10 年，获得了令人惊讶的成就：取得国家英语四、六级证书，托福考了 630 分，被清华大学在校生称为“馒头神”。2007 年，这位自学成才的打工者又顺利通过硕士学位答辩，获得了“传播学硕士”学位。同年 6 月，因为学业上的成就以及对知识的孜孜不倦的追求，“馒头神”张立勇已不在食堂卖馒头了，而是被清华大学特招入后勤部门担负行政工作。

学习方法自测题①

以下 10 个问题，按您的实际所做所想回答。每个问题的答案有三个选择：是、不一定、否。请将答案写在题目后面。

1. 我平时学习除了书本还是书本。（　　）
2. 我对书本的观点、内容从来不加怀疑和批评。（　　）
3. 除了小说等一些有趣的书外，我对其他理论书根本不看。（　　）
4. 我读书从来不做笔记。（　　）
5. 除了学会运用公式定理，我还知道它们是如何推导的。（　　）
6. 我认为课堂上的基础知识没啥好学的，只有看高深的著作才过瘾。（　　）
7. 我能够经常使用各种工具书。（　　）
8. 上课或自学时我都能聚精会神。（　　）

① 刘卫、孙志毅、齐国强：“健美训练对体弱大学男生自信及心理健康的影响”，载《中国临床心理学杂志》2012 年第 6 期。

9. 我能够见缝插针，利用点滴时间学习。（ ）

10. 我经常找同学或同事讨论学习上的问题。（ ）

评分标准：

第1、2、3、4、6题回答“否”表示正确，其他问题回答“是”表示正确。正确的给10分，错误的不给分，回答“不一定”的题目都给5分。最后计算总分。

结果与分析：

总分80分以上，学习方法很好；总分61～80分，学习方法好；总分41～60分，学习方法一般；总分40分以下，学习方法较差。

一、自我学习及其相关研究

“自我学习”(self-study)这一术语是随着研究型学习的引导而出现的，是美国教育教学改革不断深入的产物。“自我学习”以终身学习为主要特点，以各种学习方法和良好的学习习惯为手段，以学会学习为最终目的。

现代社会，随着知识总量的不断扩张和知识更新的加快，学会学习已经成为现代社会职业生涯的一种生存的必备能力。古人云：授之以鱼，只供一饭之需；授之以渔，则终身受益无穷。联合国教科文组织在《学会生存》中也指出：“教育应该较少致力于传递和储备知识，而更应该努力寻找获得知识的方法，即学会怎样学习。”自我学习是现代青年的一种核心能力，目前国家积极建设学习型社会，以适应现代社会的需要，十分强调学会认知，学会学习，强调自我学习提高。[①]

1. 概念界定

“学习”，从广义上来说主要是指人在生活过程中，通过获得经验而产生的行为或行为潜能的相对持久的行为方式。概括起来，学习有以下内涵：一是个体的学习表现为他们行为或是行为潜能上的变化，这种变化主要体现

① 联合国教科文组织国际发展委员会：《学会生存——教育世界的今天和明天》，教育科学出版社1996年版。

在内隐和外显两个方面;二是学习对个体行为或是行为潜能所引起的相对变化具有一定的持久性;三是这种行为或行为潜能的变化通常是在个体经验获得的基础上产生的。从狭义上来讲,学习即指学生的学习。具体来说是指在教师的指导下所进行的学习活动,它的优势在于对前人的文化积累和经验,用较短的时间形成系统的认知与深化知识技能并塑造合乎社会价值观的道德品质。学习就是个体在认知和实践过程中获取知识的过程,并且在此过程中使身心也获得发展,其本质便是社会成员的自我意识和自我超越。

"自我学习",即是一种自觉性的修习方法,无须他人帮助或督促,其学习方式与目标均由学习者自我掌控。它是区别于学校教育的另一种学习方式,是一种强调个体在学习中独立学习、确定目标、制订计划、实施步骤到最终达成目标的学习过程。该过程具有两个显著特征:一是学习过程中的自主性,由个体独立界定与完成学习方法、学习计划、学习目标;二是学习的灵活性以及普遍性,这种学习不受个体的水平、职业、年龄以及学习场所的限制。此外,灵活性还体现在学习个体可以在学习过程中对学习目标、学习方式及实施步骤进行灵活的调整与增减。

2. 理论基础

自我学习的相关理论主要有班杜拉自我效能理论、动机激励理论及社会合作意识和能力。

(1) 班杜拉自我效能理论

该理论认为个人的行为、环境和认知因素之间高度关联。自我效能广义上是指能有效处理压力环境的能力。自我效能决定了学习者努力的程度和坚韧度。拥有较强自我效能的人面对挑战会更努力,反之,拥有较弱自我效能的人遭遇挫折会自暴自弃。无助、沮丧、忧虑是自我效能低的表现,而愿意从事具有挑战性的任务,则是自我效能高的显著特征。

(2) 动机激励理论

考诺(Corno)和加里森(Garrison)认为动机激励参与自我学习的决定,

意志维持人们实现自我学习目标的愿望。泰勒(Taylor)认为自我学习者能自我激励,并能独立、自信、守纪律、持之以恒和以目标为导向。它强调了学习者动机的重要性。

(3) 社会合作意识和能力

强调知识的社会结构和自我学习的社会内容是一种获得广泛认同的观点。相关的研究分析绝大部分是从社会环境的角度关注自我学习的。自我学习并不是注重个人、孤立学习而忽视社会内容。坦普尔和罗德若(Tein-ple 和 Rodero)等学者分析认为,自我学习者与教师和同伴互助及合作是非常重要且必要的,即自我学习并非封闭式的,而是需要且能够合作的学习。

3. 相关研究

(1) 国外关于自我学习的相关研究

1975 年,诺利斯对自我学习进行了概念界定,认为自我学习就是在没有他人帮助之下的个体主动的学习,着重强调的是个体与主动,同时对自我学习的需求、目的、资源以及选择进行了研究与界定。莫克(Mocker)和斯皮尔(Spear)在 1982 年设计出了自我学习理论模式,认为由正式学习、非正式学习、不正式学习和自我学习四个方面构成了终身学习。

(2) 国内关于自我学习的相关理论

我国学者对于自我学习的研究主要集中在学生自我学习能力培养和学习方法的探讨上。如刘文明认为,培养大学生自我学习能力要从培养正确的学习观、激发学生的学习乐趣以及建立高校自主学习的环境等方面入手。[①] 张兴认为,要提高学生自我学习能力可以从认知、兴趣和实践三个方面着手。[②] 宋丽敏等从问题出发,分析高中学生自我学习能力的障碍是自我学习能力的培养被忽视,并提出从兴趣出发、分组学习等方法来激发学生自

① 刘文明:“浅谈当代大学生的学习观与自主学习”,载《学周刊》2015 年第 2 期。
② 张兴:“关于学生自我学习能力培养的研究”,载《教育与职业》2007 年第 12 期。

我学习的能力。[①] 陈静认为成人自我学习可以从培养学习习惯、确定个性化学习内容、掌握有效的学习方法以及结伴结对或组成合作学习小组等几方面进行。[②]

综上所述，国外对自我学习的研究更侧重于理论、模型的宏观研究；国内研究更侧重于自我学习在各个领域的应用，更倾向具体化的微观研究。

二、素养培育

1. 要素结构

根据自我学习的整个过程，自我学习可以分为三个要素，分别是制订学习目标和计划、实施学习计划以及检测与评估学习效果。

✧ 制订学习目标和计划

制订学习目标和计划包括两个能力要素，即明确目标途径并进行细化和制订学习计划。

✧ 实施学习计划

实施学习计划包括四个能力要素，即按时落实计划、选择自我学习的方式、掌握自我学习的方法、高效利用网络学习。

✧ 检测与评估学习效果

学习效果评估包括原因分析和全面评估。

2. 方法演练

✧ 明确目标途径，并进行细化

动机是行为的内在驱动力。只有动机明确了，行动才具有积极性，清晰目标的制订能激发出动机的创造力。“目标设置理论”的创始者美国心理学家洛克认为，目标能把需要转为动机，使人的行为努力于同一方向，并将结果与目标进行对照，及时修正与调整，最终实现既定目标。因此，明确学习

---

① 宋丽敏、王儒林、宋丽萍：“学生自我学习能力的培养”，载《网络财富》2010 年第 22 期。
② 陈静：“终身学习理念下的成人自我学习”，山西大学 2013 年硕士论文。

的动机目标是提高学习效果的重要前提。而明确学习目标、制订学习任务，则是明确学习动机目标的关键。自我学习目标的确定，要考虑多种因素并遵循一定的原则。

第一个原则是明确具体。目标要做到明确具体，就要将其细化，将总目标层层分解成多级分目标。通过层层分解，得到最具体明确的自学目标。如小王是个酷爱文学的女生，尤其喜欢中国古典诗词，上学时因为学习紧张，很少有时间去读文学作品，现在上班了有不少空闲时间可以好好阅读中国的古典诗词。她先分解了总目标，把古诗词分解为三个分目标，即掌握唐宋格律诗、汉魏古体诗、宋元词曲。

第二个原则是定性定量结合。通过定量，可以使目标更加具体；通过定性，可以使目标更加明确。小王定的量化目标为：格律诗 20 首（基本掌握），古体诗 10 首（基本掌握），词 15 首（会背诵），曲 5 首（会背诵）。

第三个原则是大小适当。自我学习的目标必须是经过一定努力可以实现的，并且切合实际，同时目标设定还要综合考虑各方面的因素，既要考虑主观因素，分析自身条件，还要考虑客观因素，分析实际情况，最后确定大小适中的自我学习目标。

第四个原则是规定时间期限。目标的确定必须有明确的时间限制，合理安排时间，科学利用时间，这样才可以约束自己。小王定的完成时间为 9 月至 10 月两个月，每日一首，每天的学习时间为 19:00—20:00，用 1 个小时的时间完成每天的任务。

第五个原则是考虑相互关系。确定自我学习目标时要充分考虑该目标与其他相关目标的关系，不可顾此失彼。因为在一定时间内，要实现的自我学习目标可能不止一个，而这些目标之间可能存在某种关系，因此在确定一个自我学习目标时，要适当考虑本目标与其他相关目标的联系。

材料：李小童的自学目标

正在上大专三年级的李小童，利用双休日在某房产中介打工，这样既可以为以后走上工作岗位积累工作经验，还可以为自己挣得部分学费。她工作卖力，可是销售业绩不理想。领班告诉她，做销售光靠卖力气是不行的，还需要其他相关知识，于是她制订了一个学习营销知识的目标，具体如图4-1所示。

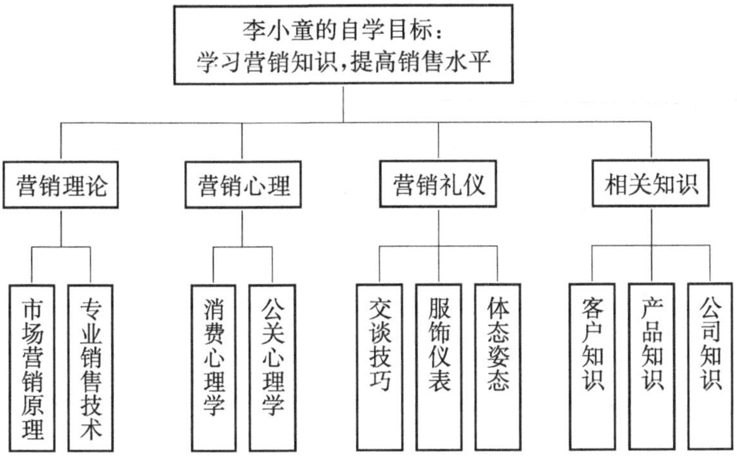

图4-1　李小童的自学目标

✧ 制订自学计划

明确了为什么学，紧接着要弄清学什么，这就是制订自学计划。一份好的计划应当明确回答三个问题，即：做什么？怎么做？何时做？通常人们把这三个问题定为计划的三要素，即自学的具体任务、措施方法和时间安排。

制订自学计划的基本要求：① 符合自身的实际情况；② 目标任务的确定要具体，尽可能量化；③ 目标任务的确定要从实际出发，切实可行；④ 学习任务的安排，既要全面周到，又要突出重点；⑤ 时间的安排要科学合理；⑥ 长计划与短安排结合；⑦ 寻求支持，请人指导；⑧ 注重行动。从时间管理的角度而言，制订计划必须抓好时间计划的起点，即年计划、月计划、周计划和日计划。

由于自学计划有大有小，所以制订的步骤也就不太一样，通常制订大计划的步骤较复杂，而制订小计划的步骤较简单。一般步骤如下：第一步，情况分析，包括你的理想与目标，你的长处与不足，对自己有利的条件和不利的条件等。这些情况是你制订自学计划的前提条件。第二步，确定学习任务与内容，并进行时间安排，使两方面的情况相平衡，即任务量不能超出时间的可能性。第三步，制订完成学习任务的条件、策略、方法和具体措施。

材料：小彦的暑期自学计划

小彦是一名大三学生，她希望读完本科继续攻读硕士学位，同时能够冲击英语六级，但是明显觉得自己的英语学习时间不足，所以根据自己的具体情况，制订了暑期英语学习计划。她首先确定了自学目标：掌握有关语法知识、熟记常用单词、了解对译技巧；其次对时间和具体措施做了安排。她的自学计划如下：

一、分析优劣

1. 英语学习上的长处；

2. 英语学习上的短处。

二、确定目标

切实掌握10种常用语法规范，熟记200个单词，努力提高听说会话能力。通过40天的强化学习，加上下学期的努力，争取使自己的英语成绩由原来的90分提高到110分，名次由原来的班级前30名提高到班级前20名。

三、明确任务

1. 熟练掌握10种常用语法的使用规范，平均每4天一种。具体是：(略)。

2. 熟记200个单词，平均每天5个。这些单词从下学期的英语课本中以及六级词汇手册中选取。

3. 听读、跟读20篇课文，平均每两天1篇。这些课文从上学期及下学期的英语课本中选取。

四、时间安排

从7月12日到8月20日共40天时间，到8月20日完成全部学习任务。具体时间安排如下：

早晨6:30—7:30　读、记单词

上午8:30—10:30　听读、跟读课文

下午3:30—5:30　学习语法知识

五、具体措施

1. 根据学习内容和自己的特点采用相应的学习方法。记单词采用诵读记忆与书写记忆相结合的方法，边读边写边记；语法学习采用例句分析与规则记忆相结合的方法，通过例句分析掌握相关语法规范；听说会话采取听读、跟读同步录音的方法，边听边读。

2. 坚决执行计划。如果没有非常特殊的原因，必须完成每天的学习任务。为保证计划的落实，此计划一式两份，自己保留一份，交父母一份，请父母严格监督。

3. 合理安排作息，充分休息，加强体育锻炼，保证有充足的精力投入学习。

年　月　日

✧ 分步实施学习计划

计划实施是整个自学过程中最核心的技能，包括四个能力要素：按时落实任务、选择自我学习的方式、掌握自我学习的方法、高效利用网络学习。

要素一：按时落实任务

在日常生活中经常看到这样的人，计划制订得很好，但却总是不能坚持按计划执行，看似目标明确，计划周密，但行动上总是磨磨蹭蹭。所以在这个过程中，专注与排除外界干扰是按时落实任务的关键。

(1) 专注

专注就是把意识集中在某个特定欲望上的行为，并要一直集中到已经找出实现这些欲望的方法，而且成功地将之付诸实际行动时为止。把“意识”集中在一个特定“欲望”上的行为，有两个重要的法则，这便是拿破仑·希尔

所说的“自我暗示”和“习惯”。

第一，积极的自我暗示。自我暗示是依靠思想、言语和符号，自己向自己发出刺激，以影响自己的情绪、意志和行动的暗示。自我暗示分为积极自我暗示和消极自我暗示，前者是指受暗示者的行为达到暗示者预期目的的暗示，后者则是受暗示者对暗示产生的一种抵触或逆反心理。

材料：(拿破仑·希尔)的自我暗示法①

成功学家拿破仑·希尔曾揭示了六个实现目标的步骤，也就是通过自我暗示使自己活得成功的方法，这六个步骤分别为：

◇在心里先确定自己所要达到的具体目标；

◇应牢牢记住“天下没有免费的午餐”；

◇不要只停留于想象和空谈；

◇要将目标写下来；

◇现实地在行动中修订你的计划，但不要轻易改变时间表，更不要随意转换你的目标；

◇每天起床前、临睡前两次默念你的目标。

第二，养成良好的学习习惯。良好的习惯是成功的金钥匙。在目标实现的道路上，良好的学习习惯能够帮助你专注于自己的工作。卡耐基提出，按时落实任务必须具备如下四种工作习惯：首先，拿走桌上所有的纸张，只留下与你正要处理的事务有关的东西；其次，按事情的重要程度来做事；再次，当碰到问题时，如果必须做决定，就及时解决，不要迟疑不决；最后学会如何组织、分层负责和监督。

(2) 学会排除外界干扰

及时排除外界干扰，也是落实任务、实现目标的关键。首先，要避开浪

---

① http://yuedu.163.com/book_reader/d66a1dea96f5471391a1150fd0b454d4_4/d1844f432da7bd55b34ed699b39342d4_4,《成功学全书》，拿破仑·希尔。

费时间的聚会或会议；其次，不要随便接手别人想给你的问题或责任；再次，懂得说“不”；最后，掌握一些提醒时间的技巧等。

材料：一份自己过去一周的反思日记

就你自己过去一周的工作和生活情况写一份反思日志。要求写出你做了哪些事情，这些事情的效果如何，出现的主要问题是什么。

请想想：

◇过去一周自己都做了哪些事情？其中哪些是该做的，哪些是不该做的？

◇分析自己为什么做了许多不该做的事情，症结到底在哪里？

◇今后应该从哪些方面改变自己？应该树立一种什么信念才能让自己向着预定的目标前进？

提示：分清主次，坚定目标，排除干扰。

要素二：选择自我学习的方式

（1）养成学习习惯

自我学习要从良好的学习习惯开始，良好的学习习惯主要包括预习的习惯、复习的习惯和使用工具书的习惯。

预习的三个层次依次为：课前看课本，解决生字词（语文、外语）；做练习（数学、物理、化学）；查找资料，做深入研究。

复习最重要的是要进行整理归纳，梳理学过的知识，使其系统化、结构化。复习也有三种情况：第一种，先复习后做作业；第二种，先做作业，有时间再复习；第三种，安排专门的时间复习。

学习中，必须准备必要的工具书，如《现代汉语词典》《新华字典》等，以便在学习过程中及时解决遇到的问题，并长期坚持，养成好的习惯。同时还应该学会到图书馆或利用互联网查找资料，独立解决疑难问题。

（2）培养学习兴趣

自我寻找学习的乐趣，首先要在心理上有所准备，坚信学习是件有趣的事情，然后通过一些特定的方法进行训练。

材料：阅读工具书

学习前激励自己：可以自言自语，也可以在心里默念如“我喜爱工具书，工具书可以让我学到更多的知识”。

在不想阅读时，回忆自己在学习上的优点，如“我是一个持之以恒的人”“我的记忆力是好的”“我的学习思路是正确的”等。淡忘自己的缺点，增强自信心。如果坚持这样的训练，会使你感受到学习的乐趣。

培养学习兴趣还要具有好奇心，学习的兴趣会在不断的探究之中变得越来越强烈。平时学习过程中要用心观察身边一切美好的事物，多问几个“为什么”；与身边的朋友、同学一起讨论研究学习中的问题，感受知识的魅力。学业上的长进往往是遵循“好奇—有疑—思考—释疑—有得—产生兴趣”的轨迹发展。

(3) 学会自我调控

自我调控是对自己学习进程的评估，它有助于把主要精力和时间用在学习上，提高学习效率和学习成绩。自我调控的方法主要有自我监控、自我提问和自我评价。

自我监控主要包括自我记录技巧和自我提问技巧。自我记录是为了增强对自己学习过程的监督、控制，是一种在学习完成后填写学习记录的方法。

材料：作业自我监控表

A. 要完成的作业全都记下了吗？　　　　　　是　　　　　　否

B. 课外必须完成的作业有：

a) ____

b) ____

c) ____

C. 做课外作业的时间是________。

D. 课外作业完成了吗？　　　　　　　是　　　　　　否

E. 有哪些地方还没有理解？

a) ____

b) ____

自我提问是一种常用的促进理解的技巧。通过这种方法，可以及时了解哪些内容掌握了，哪些内容没有掌握，在此基础上，检查学习质量，并及时调整。

材料：如何提高阅读能力的自我提问

……的主要观点是什么？

……与……是一种什么样的关系？

……与……之间的差异是什么？

说明这一观点的例子有……

……的理由是……

……如何影响……

自我评价是依据一定的标准对学习进行评判的过程。许多心理学家都认为，学习成效如何，在很大程度上取决于通过对自己的评价来获取。下面是一组自我评价问题，你可以对自己的学习效果进行评价。

材料：学习自我评价问题

今天的课上得怎么样？（好、中、差分别记分 3、2、1）

◇课前预习得怎么样？

◇课外作业完成得怎么样？

◇上课注意力是否集中？

◇课堂发言是否积极？

◇是否主动请教过他人？

◇课堂练习完成得怎么样？

◇每节课的学习任务都完成了吗？

◇学习方法的使用情况如何？

◇对学习的内容都感兴趣吗？

◇课外学习时间合理利用了吗？

◇与昨天相比，今天学习得怎么样？

◇其他。请写下自己的感想和意见：

____

自我调控是学习的保证。在学习过程中，有时会尝到成功的喜悦，有时也会遇到困难与挫折，甚至因屡次失败而影响情绪。这就要求学习者能调整好心态，控制好自己的情绪，并能客观地评价自己，既要了解自身的长处，也要看到自身的不足，并对不足的地方采取相应的改进措施，使自己的学习效率更高。

要素三：掌握自我学习的方法

完成一项学习任务，有了较强的学习动机，也有了明确的学习计划，学习效果如何，就要看学习方法是否正确。首先，学习方法必须适合自己的实际情况；其次，在许多不同的学习方式中找到适合自己的学习方法，只有这样才会有更好的学习效果。

虽然古今中外的学习方法有很多，但基本方法主要有以下几种，即阅读的方法、记笔记的方法、摘要的方法、记忆的方法以及自我提问的方法。

(1) 阅读的方法

① 合—分—合三步阅读法，就是“鸟瞰、解剖、会通”三步。鸟瞰，即粗略地了解大概，明确重点；解剖，即将各部分仔细钻研，重要点仔细解剖，疑难

处仔细研究，有所得则记下来；会通，即上下左右贯通，将相关知识全面彻底了解。

② SQ3R 五步读书法，这是用 5 个英文单词组成的学习方法。

第一步：S(Survey，浏览)，对前言、简要、目录、标题等内容做个浏览，以对全书的内容有粗略的了解；

第二步：Q(Question，提问)，结合标题和关键词，根据需要和兴趣提出问题，使学习更具针对性；

第三步：R(Reading，阅读)，将阅读、批语、笔记与问题结合起来，抓住关键和重点；

第四步：R(Recite，复述)，放下书本，对阅读前的问题进行回忆与解答，以检验阅读效果；

第五步：R(Review，复习)，过段时间后，再进行复习，以巩固阅读效果。

(2) 做笔记的方法

筛选出笔记中应该记录的内容：① 只记下主要内容和例证；② 列线形提纲，即列出具有提纲挈领性的主题和次级主题，当然要为以后进一步完善笔记留出一定空间；③ 画图做提纲，即用图表形式形象地标出内容之间的关系，比如树形图、流程图、概念网络图以及二维表格等；④ 划分区域，在笔记中间用尺子画一条竖线，将整个笔记本分成两部分，一部分记录上课所讲内容，另一部分用来进行一次或者多次修改工作。①

(3) 摘要的方法

摘要的过程就是阅读理解的过程，应遵循以下技巧：① 明确所遇到的困难，放慢速度以求精读；② 自我质询，加深理解，问自己诸如"为什么是这样"等问题；③ 寻找主要内容，分析文章，比如分析某一段的文意，识别讨论的主要内容是什么；④ 预测后续内容，在阅读下一段之前，先暂时停顿一下，猜测作者将要说什么，或将得出怎样的结局；⑤ 将文章与先前经验相联系，

① [美] Barry J.Zimmerman, Sebastian Bonner, Robert Kovach:《自我调节学习》，姚梅林、徐守森译，中国轻工业出版社 2001 年版。

以类比、举例、延伸以及比较等形式，将文章中的观点与先前储存的信息联系起来；⑥ 摘要，删除文章的细枝末节或冗长信息，用较高层次的术语代替各个项目的简单罗列，用较高层次的动词来整合一系列事件，并用自己的语言写出主题句。

(4) 记忆的方法

记忆方法主要有：① 提纲记忆法，把要记忆的材料列出提纲，再根据提纲进行联想和扩展；② 图标记忆法，把知识整理成图标；③ 比较记忆法，通过比较将相近内容归为一类，利用接近联想和相似联想进行记忆；④ 形象联想法，通过人为的联想，把无意义的材料和头脑中鲜明生动的形象结合起来，利用形象的东西和易记的特点，记忆效果更好；⑤ 谐音记忆法，把无意义的材料编成语音相近的材料进行记忆；⑥ 串子头记忆法，把一句话压缩成一个字(一般指开头的字)，再把这一个个字串起来形成一句话或几句话，即把许多记忆组成块压缩成一个组块。

(5) 自我提问的方法

这是一种常见的促进理解的技术，即通过自己不断提出一些问题来引导学习过程或检查学习质量，自我提问在学习开始前就要实行且贯穿于整个学习过程。通过这种不断的自我提问，及时了解学习内容的掌握程度。

要素四：高效利用网络学习

网络是信息的海洋、知识的海洋。在信息化时代，学会使用信息化工具帮助自己学习和工作是现代人的必备技能。而有效利用网络来学习新的知识和技能，可以使自己的学习事半功倍。

网络学习的三个关键点是了解网络知识、掌握网络学习技能和熟悉网络学习环境。网络学习的基本方法主要有资源搜索，如利用百度、谷歌等门户网站，搜索你需要学习的资料。另外还可以利用博客分享知识与思想。

✧ 检测与评估学习效果

要想实现自我学习的目标，就要通过自我学习效果的检测和评价来不断调整、改进。如果发现这段时间学习效果很好，就要坚持下去；如果学习效果不好，就要找到问题，解决问题，最后提高效率，所以进行学习效果的检测和评估是学习之路上必不可少的重要一步。

学习效果的评估主要有形成性评估和终结性评估两类。形成性评估也称进度评估，即对学习过程进行评估：终结性评估，即活动结束后的评估，是对整个学习活动进行的评价与反思，如图 4－2 所示。

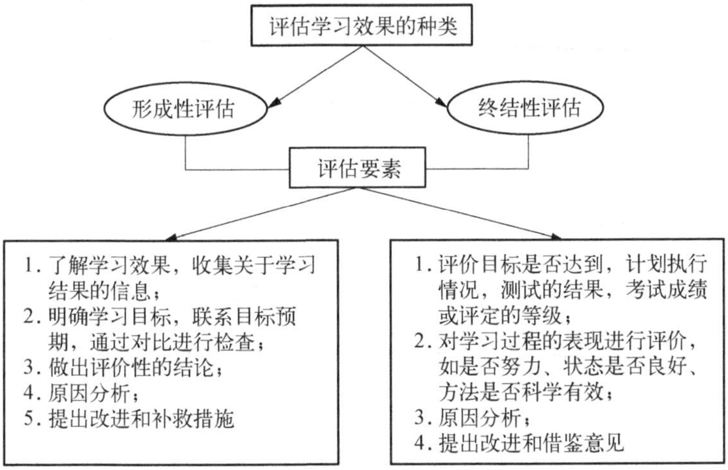

图 4－2　评估学习效果的种类

最后还要进行归因分析，主要是对学习结果和原因进行分析。考试成绩不能作为学习的唯一结果，还要对学习者自我的学习能力、学习态度、思想品德等诸方面进行综合评价。

3. 评价

从目标确定到效果评价，自我学习涵盖了这一系列的活动。对学习效果的评价与学习目标和内容确定同等重要。评价不仅能让自我学习者了解这一阶段来的学习成果，更能对下一阶段的学习目标和内容制订提供参考，并且对学习者自我反思学习方法提供帮助以寻找更为高效的学习方法。对学习效果的评价手段繁多，既有学习者主体的自我反思与自评，也有利用外部因素进行考核，比如各种形式的考试。

具体来说，先根据前阶段的学习成果的展现，从总体上对学习效果进行描述与评估，然后，进一步分析习得的知识、技能、对问题的解决程度，由此了解对知识、技能掌握有否以及掌握的程度。下一步进行反馈与修改，包括目标设计环节的反馈与目标的反馈。与学习计划中设定的目标进行对比，找出哪些完成了，哪些完成得不好或哪些没有完成；反思整个设计过程，找出恰当的学习环节设计与需要修改和完善的环节。从中可以看出，评价是一种促进能力培养的重要手段。因此，对于自我学习而言，必须转变唯学历的价值观，应将评价的侧重点转向关注是否有利于增强学习能力，并通过多元的评价体系来准确评估学习成果，这样才能真正促进自我学习者能力的全面提升。

三、应用及注意事项

哈佛大学第二十六任校长鲁登斯坦说："从来没有一个时代，像今天这样需要不断地、随时随地地、快速高效地学习。那种依靠在学校学到的知识就可以应付一切的时代，已经一去不复返了！"

学习，尤其是终身学习，在当今的竞争时代已经成为人们生活的必需，成为现代社会任何团队、企业、地区乃至国家竞争制胜的必然。"学习化生存""学习型组织""学习型社会"正成为知识经济社会的一种社会生态。活到老、学到老，无论是人生的哪个阶段，学会学习、学会认知、高效学习已然成为现代人必须掌握的重要技能。

在自我学习的三个实施步骤中，每一个环节都不可或缺。缺了其中任何一个环节，学习的效果将大打折扣。第一个步骤，确定学习目标、制订学习计划是基础，需要自我学习者在充分了解自己的基础上，结合实际情况来制订，切忌把目标定得太大，也不要为计划而计划，计划必须是可以操作的。第二个步骤，计划实施过程，需要把握重点，坚持落实计划；同时要注意多种方法的运用，不同的学习内容运用不同的学习方法，但要注意方法再好，也必须是适合自己的。在计划实施过程中需要听取他人的意见，我们常说旁观者清，能听取他人的建议，可以让我们对计划做出及时调整。第三个步骤，检测评估，不仅要对学习效果进行评估，还要根据实际情况对学习方法等进行适当调整。总之，对每一阶段的任务完成情况要及时评估，总结成绩，分析问题，以利再学。

自我学习过程中切忌半途而废。在自我学习初期，许多年轻人意气风发，抱着“天生我才必有用”的心态孜孜以求地投入到自我学习中。但是经过一段艰苦的学习之后，发现并没有获得想象中的结果，于是开始厌倦、懊恼甚至满腹牢骚，最终决定放弃。

自我学习过程中需要树立四个学习观念，即终身学习的观念、全面学习的观念、全脑学习的观念以及全面评估的观念，只有这样才可以走在时代的前列。

素养五　形体塑造的素养

健康的身体乃是灵魂的客厅，有病的身体则是灵魂的禁闭室。

——培根

从体型和相貌上来看，俄罗斯总统普京无论如何也不能归类到美男子的行列，但他却凭借其独特的男性魅力在一项民意调查中成为俄罗斯女性眼中最有魅力的男士。这一切都得益于他每天坚持体育锻炼，以至于他每日容光焕发，精力充沛，阳刚之气十足。

幼时普京体弱多病，从11岁开始才与体育结缘。因为身体较弱，训练水平一般。但他坚持不懈地训练，从不偷懒，正是靠着这种坚强的毅力，不仅练就了他健康完美的体型、卓尔不群的气质，更磨炼了他坚忍不拔的意志品质，使他成为同行中的佼佼者。20世纪70年代，普京在柔道项目上获得无数殊荣。

当选俄罗斯总统后，普京也依然没有放弃对体育运动的执着和热爱。每天早上的30分钟体操、20分钟游泳训练雷打不动。尽管日理万机，但他总能忙里偷闲不放松体育运动。难怪普京的教练曾感慨道，缺少了一位运动健将，却造就了一位魅力总统。

形体训练知识和训练方法自测题

以下是一组有关形体训练知识和方法的测试题，请按您的情况回答，每一题在以下三个答案中选一个："是""不一定""否"。请将答案填在题目后面。

1. 形体美主要体现在骨骼、肌肉、肤色上。（　）
2. 我认为骨感美就是形体美。（　）
3. 以肚脐为界，标准人体上下身的比例一般为 5∶8。（　）
4. 我觉得形体芭蕾只适合芭蕾舞演员。（　）
5. 我认为形体训练的内容要多种多样、丰富多彩。（　）
6. 肥胖的人才需要形体训练。（　）
7. 我认为每周形体训练 3 次以上，是比较好的训练频率。（　）
8. 形体训练应该男女有别，不能一刀切。（　）
9. 我认为每天做 50～100 个仰卧起坐就可以保持体形。（　）
10. 为了形体好，不能吃高蛋白、高脂肪的东西，应以蔬菜和水果为主。（　）

评分标准：

第 2、4、6、9、10 题答案为"否"的是正确的，其他问题答案为"是"的是正确的。得分标准：正确的得 10 分，错误的不得分，回答"不一定"的均得 5 分。

结果与分析：

总分 80 分以上，很好；总分 61～80 分，较好；总分 41～60 分，一般；总分 40 分及以下，较差。

"形体健康"是一个世界性问题，虽然肥胖之于健康的影响早为大众所知，但体重超标者却是日益增多，饮食过量与缺乏运动正在威胁着人们的身体健康。形体训练因为能够塑造优雅的体形而受到人们广泛的欢迎，参与的人越来越多，形体训练的方式也向着多样化的方向发展。

人们日常工作和生活中的各种姿态正确与否，会影响人们的工作效率和生活质量。而随着人类社会文明程度的不断提高，对人的姿态的要求并不是简单的正确与否，社会文明呼唤着人们姿态美的不断提高。所有这些，只有通过量力而行而又持之以恒的形体训练才可成就。

一、形体塑造及其相关研究

1. 概念界定

形体即身体姿态，是指人的身体形态上相对稳定的特征，是包括表情、姿态、体形在内的外在形象的总和。

形体美是指通过由手、臂、肩、胸、颈、头发、五官、腿、足、臀构成的躯体线条，结合人的情感品质，通过形象、姿态等方式展现给欣赏者的一种美，是具体活跃的心理感受诞生在人们对自己身体的审美感受，并物化为具体的存在形式。

形体塑造（训练），主要目的是塑造人体的体态匀称和谐，以徒手或器械训练为基本手段，操持正确的动作姿态，塑造优美的身体形态，促进优雅气质形成的一项健身运动。它是以人体科学为基础，以改善练习者形体动作的状态，提高身体灵活性、协调性，增强可塑性为目的的形体素质训练，又是以提高形体外在的表现力为目的的形体技巧训练，是一个有目的、有计划、有组织的塑造过程。

2. 理论基础

我国对形体研究最早的张美江对形体美做了内涵与外延的辨析，认为形体美训练与健美训练是有差异的。[①] 形体美训练注重形体塑造，着重静态的整

① 张美江等："对'形体美'若干理论之辨析"，载《北京体育大学学报》2006年第6期。

体形象；健美训练注重肌肉训练，强调动态的力量。因此，普通形体美与专业形体美是有差异的。普通形体美是一种大众美、生活美，它在不同的范围有不同的标准。专业形体美是一种小众美、竞技美，它以专业技术来塑造形体。

3. 相关研究

（1）国外关于形体训练的相关研究

形体训练在西方的发展时间非常长，且分类比较细致，主要有芭蕾、拉丁、瑜伽、舍宾等。

相关的研究如 Thomas F. Cash 和 Thomas Pruzinsky 等在《身体形态》(*Body Image*)一书中指出：外表与体重只是形体的一方面，社会心理学、自身认知和行为能力等是组成形体的主要方面。Gregg J. Carb 在《正确坐姿》(*Sitting Pretty*)一书中阐述了不良坐姿对人体健康的影响，从人的脊柱生理角度，规范出坐、站、走的正确姿态。① 相关文献资料显示，形体训练在西方国家非常受欢迎，训练模式、课程内容丰富多彩、形式多样，课程形式分单独与集体学习。在一些欧美国家，形体训练已作为中小学生的必修课程，培养学习好的训练习惯，矫正与培育优美的体姿。俄罗斯、英国等国家在青少年形体训练方面都取得了不俗的成绩。

（2）国内形体训练相关研究现状

最早关于形体训练的著作是《形体训练》一书，作者主要针对体操运动员，从形体训练的原则出发，对于体操运动员的形体美进行详细分析论证。张梵在《艺术形体训练》一书中介绍了人体美和运动科学的理论，阐述了形体训练的基本要求，设计了形体训练的内容及训练集锦，是形体训练的一本重要的教学与参考用书。

关于形体训练的课程方面，1988 年，国内学者张美江将形体训练课程作为真正意义上的独立学科而加以研究，并以“普通形体美”与“专业形体美”为主要研究对象。

---

① Gregg J. Carb. Sitting Pretty. Posture Press, 2002.

国内关于形体训练课程的研究主要集中在学校，如“试论大学生形体美教育的必要性、可塑性及目的性”“从形体美的概念看我国大学生形体课的开设”等文献，从问题出发针对大学生在形体方面存在的诸多问题，多角度、多方面展开讨论，认为形体与遗传有一定关联，但更多需要在日常生活之中训练养成，并要持之以恒。“形体训练对于矫治青少年不良体态的理论依据以及方法”“浅析中小学体育中加强形体美教育的意义和方法”“形体训练对于促进中学生身心发展的有益影响”等文献，主要从中学生的角度，认为形体训练需要从改善不良身体习惯做起，塑造健康体态。“在中学开设女生形体课的必要性以及教学内容设置的研究”“在中小学体育课教学中增设形体训练内容的研究”等文献，是通过问卷、实地考察等手段，从现状出发，对中小学生形体课从课程内容、教学方法、教学效果等进行探讨。

综上所述，国内关于形体训练主要针对不同的年龄，在开展形体课的必要性、重要性及对影响因素等诸方面进行研究，认为形体训练的意义在于形体美的塑造。而较之健康形体训练方法与未来探索的研究却不多。国外主要是从对身体姿态的形成原因、正确身体姿态的养成方面，从心理角度、人格培养等方向上进行研究。在内容上，国外的形体研究更宏观、更广泛，国内对于形体的研究相对微观。

二、素养培育

1. 要素结构

✧ 基本形态训练

身体基本形态训练主要是指在音乐伴奏下的徒手练习、地面练习、把杆练习，目的是培养练习者正确的身体姿态及完成动作的协调性和准确性，从原始的身体形态状态，逐步过渡并形成正确的站姿、坐姿、走姿和优雅的举止，提高形体的灵活性、表达力和整体美。

✧ 形体素质训练

形体素质训练主要包括力量训练，柔韧性练习，平衡控制，协调性、灵活性和耐力训练等，其中力量和柔韧性最重要。训练目的是提高人体的控制力和表现力。

✧ 形体综合训练

形体综合训练主要是指以有节奏的形体动作为主要练习手段，采用基本舞步、舞蹈组合、健身操、交际舞、瑜伽、普拉提等多种项目对形体进行训练，以增强学习者的有氧代谢能力、节奏感、音乐表现力、形体表达力，促进身体均衡发展，陶冶情操，培养优雅的气质和风度，增强对美的感悟与欣赏力，丰富学习者的创造力与想象力，塑造健美形体。

2. 方法演练

✧ 把杆训练

人从整体上来看，由头部、上肢、躯干、下肢等各部分组成。为了使练习者的身体比例适度，体态更优美、体形更健美、线条更修长、肌肉更有弹性、关节更灵活，可根据练习者的实际情况，对身体各部位进行有针对性的锻炼，塑造完美体形。

把杆训练是以芭蕾舞的基本动作为训练内容，通过"开、绷、直、立"四要素的练习方法，使身体各部位均衡发展，姿态优美挺拔，同时在优美的音乐伴奏下，提高乐感、陶冶情操。通过芭蕾舞中立腰、提臀等基本动作训练，提高人体的柔韧度，"雕塑"体形，美化练习者的体态、举止，以此提升练习者的气质。把杆训练主要包括手位训练、脚位训练、身体姿态训练和基本舞步训练等。通过手位和脚位训练，矫正不良姿态；通过单腿蹲和小弹腿、压前腿、压旁腿、压后腿等动作的训练可以使脊柱、臀、脚踝、臂充满活力。总之把杆训练是塑造体形的有效手段，通过练习过程中对躯干的控制，提高平衡能力，使身体的姿态更规范。

练习一：手位训练

准备姿势：

要求肩部下沉，从而突出胸部和颈部的优美线条，腿部收紧、腰部直立，以使姿态挺拔、仪态端庄。

学习手的位置之前必须学好手的形态：大拇指的指尖要轻碰中指的指根处，其他的手指稍弯挨在一起放好。对于初学者动作要求尽量做到规范，等熟练后，手的形态变得比较自然，大拇指可以不碰中指，朝向手心即可。

具体步骤如图 5－1 所示。

结束位：双手从七位（手心朝前）划一个小半圈，手心朝下，向两边伸长后，胳膊肘先弯曲下垂，逐渐收回到一位。结束。

动作要领：手臂弧形，两肩自然下垂，眼动手动，自然匀速。

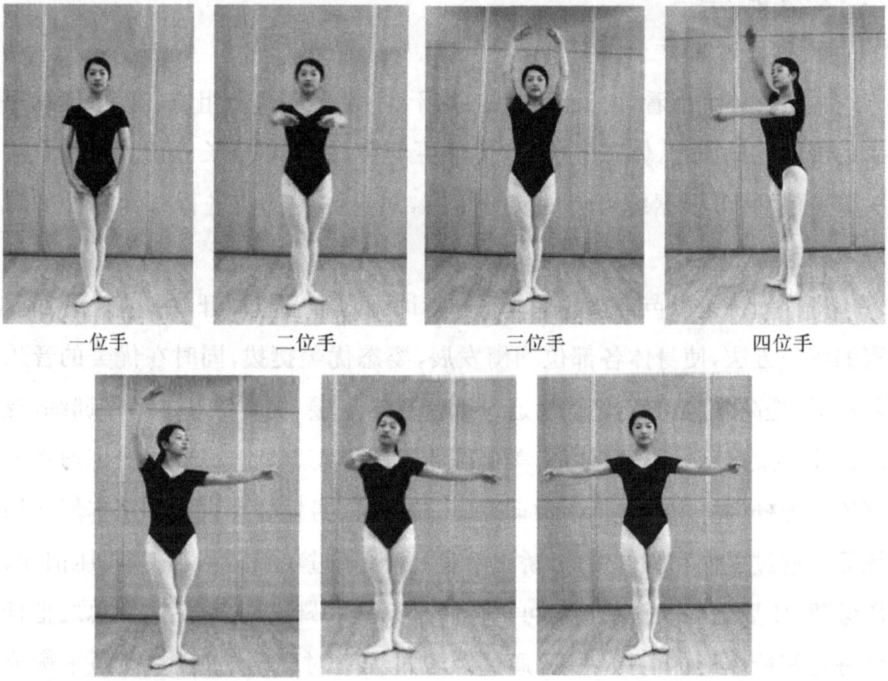

一位手　二位手　三位手　四位手

五位手　六位手　七位手

图 5－1　手位训练

练习二： 脚位训练

具体步骤如图 5－2 所示。

动作要领：外开，身体平衡，身体不摇晃。

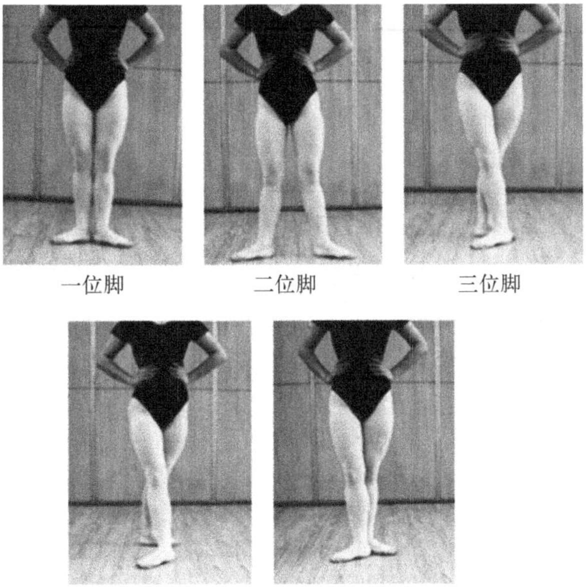

图 5－2　脚位训练图

练习三： 擦地

向前做：腿脚保持外开，擦地到前方最远点，绷脚尖，小脚趾一侧点地，动力脚尖与支撑脚跟呈一条直线；收回时脚跟留住脚尖先行。

向旁做：腿脚保持外开，擦出到正旁的最远点，使动力脚尖和支撑脚在一条直线上；收回至原位。

向后做：腿脚保持外开，留住脚跟脚尖先行，擦出至正后方的最远点，使动力脚尖与支撑脚跟成一条直线；收回时脚尖留住脚跟先行。

动作要领：后背及两腿的膝盖始终保持挺直，收紧腿部肌肉，重心在支撑腿上，擦地时脚尖不能离开地面，并与地面有力地摩擦。绷脚的力量要从脚尖一直贯穿到大腿，胯打开并保持胯骨不起伏、不出胯、不掀胯。

组合：2/4 音乐

准备：双手扶把，一位站立

音乐：不动

1－2　右脚向前擦出点地

3－4　右脚保持前点地不动

5－6　右脚尖收回一位

1－8　一位上直立不动

1－8　向旁做同样的动作、节拍

1－8　向后做同样的动作、节拍

1－8　向旁做同样的动作、节拍

此组合是8小节做一次擦地，适合初学者。等动作熟练后可变成中速练习，即一个8小节每个方向做2次擦地，或一个8小节每个方向做4次，即一小节擦出，一小节收回。等动作要领全都掌握后可以练习一小节一个擦地来回地快速练习。

练习四：蹲

动作方法：后背直，脚尖膝盖外开，慢下慢起；先从双手扶把开始，然后再做单手扶把的练习；蹲的训练先从半蹲开始，再到全蹲；训练节奏从慢速到中速。做蹲的时候，要求脚尖、膝盖、胯、肩在一个平面上，同时双腿尽量有180°的外开度。下蹲时，上体垂直地面，后背挺直，两脚平稳打开，动作匀速，同时需把握好呼吸，动作和呼吸配合好才会更加流畅和舒展。

动作要领：蹲和起的过程要有被迫下蹲和往上顶的感觉，但是蹲和起之间不停顿，力量必须是均匀、连贯的，且具有柔韧性，缓慢地蹲要起伏平稳，快速地蹲要快中有控制。蹲的过程中，后背一定要保持挺直不动。

组合：2/4音乐

准备：左手扶把，右手一位，一位脚站立

音乐：右手经二位打开到七位

1－4　一位半蹲下

5－8　一位半蹲起

1－8　同样的动作

1－8　一位全蹲下

1－8　一位全蹲起

1－4　一位下前腰

5－8　还原

1－8　一位下后腰

5－8　还原

7－8　一脚打开成二位脚

1－4　二位半蹲下

5－8　二位半蹲起

1－8　同样的动作

1－8　二位全蹲下

1－8　二位全蹲起

1－8　由外向里下旁腰

1－8　反方向做

7－8　一脚收回成五位脚

1－4　五位半蹲下

5－8　五位半蹲起

1－8　同样的动作

1－8　五位全蹲下

1－8　五位全蹲起

7－8　一脚向前擦地成四位脚

1－4　四位半蹲下

5－8　四位半蹲起

1－8　同样的动作

1－8　四位全蹲下

1－8　四位全蹲起

1－8　四位立半脚尖

1－8　四位脱手立半脚尖

练习五：小踢腿

动力腿经擦地向前向上抬 30°左右，空中稍作停顿，前点地，收回五位。动作过程中，支撑腿不能晃动，踢出去的腿要短促有力，并保持稳定。

动作要领：脚踢出和收回要有擦地的过程，空中踢起迅速有力，支撑腿和胯部保持稳定。

组合：2/4 音乐

准备：左手扶把，右前五位，一位手

音乐：右手经二位打开到七位

1－2　小踢腿向前踢出

3－4　收回 2

5－6　小踢腿向前踢出

7－8　点地 1 次，收回前五位

1－8　向旁动作相同，最后收回右后五位

1－8　向后动作相同

1－8　向旁动作相同，最后收回右前五位

练习六：画圈

按动作幅度可以分为画半圈（1/4 圈）和大圈（1/2 圈），画圈动作依照支撑腿为轴，动力腿顺时针运动为开放式，逆时针运动为闭合式。以向前画半圈为例，动作时，动力脚向前擦地至前点地，慢慢动力腿小腿主动向旁转开，脚尖紧贴地面画圈至旁点地，经过擦地收回一位。过程中，重心需要保持稳定。

画圈主要训练髋关节的开度、松弛和稳定性，通过脚尖在地面最大限度地画圈训练，使脚腕、脚背、脚弓等部位的柔韧性得到锻炼，为腿在地面与空中大幅度的画圈动作做好方法和能力上的准备，同时还能够增强腰背肌的控制能力。

动作要领：胯部保持一个平面，动力腿向上提起保持胯部的稳定，过程中腿保持外开，脚尖不离开地面并使动力腿脚尖向外划到最远点，动力脚脚跟紧贴地面收回至一位脚。

组合：3/4音乐

准备：左手扶把，一位脚站立，一位手

音乐：手经二位打开到七位

1-3　向前擦地

2-3　由前向旁画圈收回一位

3-3　向旁擦地

4-3　由旁向后画圈收回一位

5-3　向前擦地

6-3　画圈至旁

7-3　画圈至后

8-3　画圈收回一位

1-8　由后开始，动作同前

练习七：单腿蹲

当支撑腿做最大限度下蹲时，动力腿能够同时弯曲，收回到规定的小吸腿或小掖腿位置；当动力腿向外伸直时，支撑腿也能够逐渐升起并拉直（两腿成45°角）。整个运动过程像是弹簧被不断地压缩和伸展，是一个连续曲、伸膝关节的过程，动作连绵不断，平稳悠长。

动作要领：后背和腰保持直立，动作时两腿外开同时弯曲伸直，伸直时动力腿要绷直脚尖并有延伸的感觉。动作幅度做到最大，蹲要蹲到底，立要立到头。整个动作过程要匀速而缓慢。

组合：2/4音乐

准备：左手扶把，右前五位，一位手

音乐：手经二位打开到七位

1-2　屈膝半蹲

3-4　右腿向前踢出

5-6　屈膝半蹲

7－8　右腿向旁踢出

1－2　屈膝半蹲

3－4　右腿向后踢出

5－6　屈膝半蹲

7－8　右腿向旁踢出

1－8　动作相同，立半脚尖做

1－8　动作同前

练习八：控制

动作时支撑腿保持直立，动作腿最大限度外开向前伸直绷脚尖。同样动作向旁、向后做。

动作要领：动作过程中要保持重心稳定，上体挺直，动力腿吸腿时，保持膝盖的高度，向外伸展时保持高度还需要有平稳延伸之感。

组合：2/4 音乐

准备：左手扶把，右前五位，一位手

音乐：手经二位打开到七位

1－4　旁吸腿

5－8　向前伸直控腿

1－4　前点地

5－8　收回前五位

1－8　向旁动作相同，最后收回右后五位

1－8　向后动作相同

1－8　向旁动作相同，最后收回右前五位

练习九：大踢腿

左手扶把，右前五位，七位手准备。右腿用力向前向上踢出，经过前点地，经擦地收回五位。同样动作向旁、向后做。

动作要领：动作过程中保持身体的垂直，胯部保持平稳，动力脚经擦地踢起、擦地收回的要领。

组合：2/4 音乐

准备：左手扶把，右前五位，一位手

音乐：手经二位打开到七位

1－2　大踢腿向前一次

3－4　前点地，收回

5－8　同 1－4

1－4　同前

5－8　脚保持不动

1－8　向旁动作相同，最后收回右后五位

1－8　向后动作相同

1－8　向旁动作相同，最后收回右前五位

✧ 身体各部位练习

这部分练习可以徒手，也可以用哑铃或者书籍代替，增加负重感。目的是对身体各个部位进行针对性的训练，以使身体各个部分匀称发展，塑造完美体形。

练习一：头部

1. 坐式，头部最大限度地前屈、后屈、左倒、右倒，并顺、逆时针画圆。

2. 双手交叉置于脑后，先下巴尽量贴于胸上部 5 秒钟，然后双手脱住下巴尽量仰头 5 秒钟。

3. 坐式，左腿屈膝，右腿屈膝搁左腿上，头慢慢转向后，尽量做到极限 5 秒钟后还原。

练习二：肩部

1. 屈臂回环：双腿自然站立，双手置于两肩。做肩部前后绕环运动，直到感觉疲劳为止。每分钟环绕 40 次以上。

2. 双臂交叉侧平举：两手臂向前伸直，于胸前做快速交叉动作(可左右手上下交替)，重复至疲劳为止。每分钟 40 次为宜。

3. 手持哑铃举：手持哑铃，前平举，还原；侧平举，还原。动作不宜过快，每分钟重复10～20次。

练习三：臂部

1. 臂屈伸：直立，双手各持一哑铃，向前伸直手臂，屈小臂至胸前，还原，每分钟20～30次。

2. 直臂伸：直立，双手各持一哑铃，由体侧慢慢向旁再向上举，停留片刻，此动作不需要太快，然后慢慢还原。

3. 屈体后伸：双膝微屈，上体向前弯曲与地面平行，屈臂持哑铃；然后伸直膝盖，直臂后举哑铃，重复进行。

练习四：胸部

1. 俯卧撑：每分钟10～20次。

2. 仰卧，双手置于体侧，慢慢直起身体，挺胸。每分钟10～20次。

3. 卧推：仰卧，双手握哑铃置于体侧。双臂交替举哑铃于头前上方。每分钟20～30次。

练习五：腰腹部

1. 仰卧起坐：每组8～15次，做3组。每组起坐的角度可以是30°、45°和90°，让腹部不同部位得到锻炼。屈腿做效果更好。

2. 仰卧举腿，双腿伸直，双臂上举。然后抬双腿30°，还原；45°，还原；90°，还原。

3. 仰卧，双手抱头，收腹屈膝抬左腿，抬起上体，坚持不动3秒钟，换右腿做。

练习六：臀部

1. 仰卧，双手置于体侧，臀部用力上抬至最高点停顿片刻，慢慢落下。每分钟上抬20次左右。

2. 跪撑举腿：双手撑地，一条腿跪地，另一条腿先弯曲至胸前，然后快速并最大限度地向后上方展直。感到疲劳时，再换另一条腿。

3. 仰卧，头偏向右侧，双腿伸直尽量向左上方上举，抬至90°，慢慢还原。

每分钟 20 次左右。

练习七：大腿部

1. 直立，双手扶墙壁或固定物，一腿用力后踢和侧踢，还原；后踢和侧踢时尽量绷脚尖。

2. 双手握椅背或支撑物，慢慢下蹲，然后起立，立半脚尖。每分钟 20～25 次。

3. 直立，双手叉腰，屈膝抬左腿于胸前，还原；换右腿做。每分钟 25～30 次。

练习八：小腿部

1. 直立，单手扶墙壁或固定物，慢慢立半脚尖保持 5 秒钟，还原。

2. 背靠椅子坐下，抬大腿同时绷脚尖上举小腿，控制 5 秒钟，还原。

3. 头顶书本，踮脚走路，注意提臀收腹。

✧ 地面练习

地面练习可以在地板或床上完成。下面五个动作可分别对背部、腰腹、臀、手臂等起到很好的效果，但必须经过反复训练，才能达到消耗脂肪、塑造完美体形的目的。背推式练习法主要训练的是背部的肌肉线条，此练习可以迅速消除肩背部多余脂肪，打造背部曲线和肩部轮廓。下沉式练习法可以在最短时间内减掉臀部多余脂肪，提升紧致臀线，塑造腿部线条。扭转式练习法可以消耗腹部和腰侧的多余脂肪，收紧腹部肌肉，塑造小蛮腰。天鹅伸展式练习法可以有效减掉小臂多余脂肪，打造双臂线条。自行车式练习法可以迅速燃烧腿部及腰腹部脂肪，打造腿部线条，使腰背部线条更优美。

练习一：背推式练习法

屈膝坐在垫子或地上，上身挺直，平视前方，双手略弯曲置于臀部两侧，双脚着地绷脚尖。动作过程中，两肩打开并向后伸直手臂，如图 5-3 所示，维持动作 3 秒钟。重复动作 20 次。在练习过程中，两肩都要保持向后打开挺胸的状态。此练习可以在最短时间内消除肩背部多余脂肪，打造背部曲线和肩部轮廓。

图 5－3　背推式练习法

练习二：下沉式练习法

屈膝平躺在垫子或地板上，手肘弯曲置于身体两侧，动作过程中，抬起身体，同时绷脚尖伸直右脚向上方抬起 45°，头部转向左边，维持 5 秒钟后回到起始动作，如图 5－4 所示。等动作熟练后可以踮起左脚脚尖，效果更好。重复动作 20 次。此练习可以在最短时间内减掉臀部多余脂肪，提升紧致臀部线条，塑造腿部线条。

图 5－4　下沉式练习法

练习三：扭转式练习法

屈膝坐在垫子或地板上，踮脚尖，绷脚背。左手手肘弯曲置于身体左侧，右手置于腹前，保持腿部动作不变，腹部收紧，身体转向左侧达到极限，头部随之转动，保持5秒钟，身体回到原位，然后向右侧做，如图5－5所示。重复动作20次。此练习可以很好地消耗腹部和腰侧的多余脂肪，收紧腹部肌肉，塑造小蛮腰。

图5－5　扭转式练习法

练习四：天鹅伸展式练习法

坐在地板或垫子上，屈膝向两旁，上身挺直，下颚微微抬起，眼睛注视前方。双手向两侧侧平举（伸直），掌心向下；接着微微弯曲手肘，掌心相对（感觉像抱一棵大树），形成天鹅伸展状，如图5－6所示。重复动作20次，整个

图5－6　天鹅伸展式练习法

过程中保持两肩尽量打开。此练习可以有效减掉小臂多余脂肪，打造双臂线条。

练习五：自行车式练习法

仰卧，双腿伸直，双手置于体侧。屈右膝向胸前靠，绷脚尖，同时上身离开地面向右膝靠拢。双手手肘做芭蕾舞姿置于右腿两侧，眼睛看向左脚尖。保持此动作 5 秒钟后，回到原位，换左腿做，如图 5－7 所示。等动作熟练后可以在抬右腿的同时，让左腿离开地面，增加难度。重复动作 20 次。此练习可以迅速燃烧腿部及腰腹部脂肪，打造腿部线条，使腰背部线条更优美。

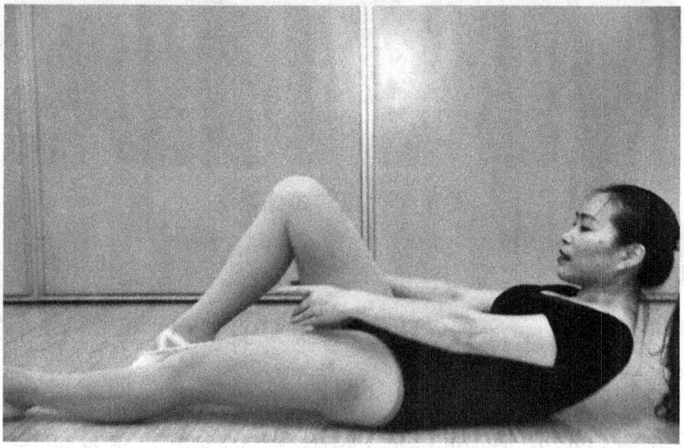

图 5－7　自行车式练习法

3. 评价

三个技能中，形体芭蕾训练相对较难，可以在专业人员的指导下或相关视频的介绍下来完成，因为形体芭蕾训练更讲究动作的准确性，只有把每个动作都做到位，才能起到较好的训练效果。

身体各部位练习，是针对身体各个部位的局部练习，针对性强，可以根据需要选择动作。同时因动作难度不大，可以在健身房或者在家里练习，等动作熟练之后，可以运用哑铃增加负重感。

地面练习由五个动作构成，针对手臂、背部、腹部、臀部和腿部的地面练习，主要讲究动作的准确性和到位度，较技能二略有难度，但针对性更强。同时受场地限制少，在健身场所和家里都可以练习。

无论你选择技能一、技能二还是技能三进行练习，首先需要控制好时间，形体训练一般以 45 分钟以上为好，只有达到这个时间，才可以收到消耗脂肪、纠正不良姿态、塑造健康体形的最佳效果。其次需要持之以恒，健康标准的完美体形不是靠一天两天的练习就可以造就，而是一个长期训练的结果，经过一周 2～3 次的形体训练，一定能取得比较好的效果。

三、应用及注意事项

形体训练适合的人群比较广泛，涉及各个年龄层次，甚至对幼儿的成长发育也能起到重要的作用。

青少年正处于身心迅速成长的时期，形体训练能促进身心健康，使青少年的形体得到全面、良好的发育，并能促进其大脑、智力的开发。形体训练一般配有音乐，有助于培养对音乐、舞蹈和体操活动的兴趣，同时也有利于培养青少年的注意力、表现力、模仿能力等，带动青少年德、智、体、美的全面发展。

青年阶段的人都处于学业和事业压力最大的阶段，同时消耗也大，甚至还可能出现体力透支、供需不平衡等亚健康状况。形体训练可以调整身体状况，改变亚健康的恶性循环。同时通过形体训练能改善青年人的形体、姿态和精神状态，培养良好的气质，拥有令人羡慕的健康体魄。

中年阶段的人不仅有工作压力，还有生活压力，同时由于疏于锻炼，新陈代谢减慢，容易使体形改变，甚至还会出现比较严重的健康问题，有些还会出现高血脂、高血压、高血糖“三高”症状。通过形体训练，不仅可以增强新陈代谢，消耗多余的脂肪和热量，改善体形，还可以缓解来自工作和生活上的压力。

形体训练时需要注意：

1. 形体训练前的身体检查与评定检查

(1) 身体形态检查。了解身体在生长发育的程度上还需要进行哪些改进，并对一段时间的训练效果进行对照检查。常用的形态测量指标主要有身高、体重、坐高、肩宽、腰围、臀围、上臂围、腿长等。

(2) 身体成分检查。检查人体脂肪的含量与分布，按照胖瘦程度，确定训练方案。

(3) 生理机能检查。了解身体机能处在何种程度，为锻炼计划的制订提供依据，也可以作为评定训练效果、检测训练疲劳和恢复程度的有效手段。通常以训练前后的血压、心率和肺活量为评定指标。

2. 形体训练的时间和运动负荷安排

每一次的练习时间以1～1.5小时较为适宜，每一周的练习次数不少于2次。准备活动时间一般以10～15分钟为宜，强度由弱到强，运动心率保持在70％～80％最为合适，训练结束后需做适当的恢复调整。

3. 形体训练应遵循的原则

(1) 循序渐进的原则。要遵循人体发展和适应环境的基本规律，根据实际情况确定训练内容、训练强度，循序渐进地提高，不可急于求成。

(2) 全面锻炼的原则。要根据自己的身体条件，通过对身体各个部位有目的、有意识的训练之后，使身体机能、形态等身体素质及心理素质得到全面和谐的发展。

素养六　形象整饰的素养

外貌是天生的，仪表却是后天的，它或者可以同时理解为魅力、风度。

——程乃珊

小李是某重点大学的应届毕业生，为了寻找一份合适的工作，他做了精心的准备，制作了丰富而详细的简历投向各个他心仪的公司。经过笔试等层层考验，他终于收到了某世界500强公司的面试通知。面试那天他顶着酷暑，换了三辆车到达面试地点，当他满头大汗、信心满满地回答完考官的所有问题后，却被告知由于他仪态不佳因而不被公司录用。他感到非常诧异和伤心，明明他做了充分的准备，为什么会仅仅因为他的不修边幅和站姿不佳而被拒绝录用呢？良好的形象有这么重要吗？事实上，对于公司来说，应聘者是否注重求职形象的整饰除了是个人修养和品位的体现，同时也是求职者对本次应聘重视程度的体现。

每个人对自我形象的认可与个人的成功息息相关。我们平时是否注重自己在他人眼中的形象？其实这个问题通过别人对自己的反应即可获知。

下面的问题就是着眼于帮助我们发现别人对自己的看法而设的，我们可以通过这些问题基本上测试出自己在别人眼中的形象。

我们不妨先来做个有关形象的自我测试。

1. 别人总说我看起来比实际年龄大；

2. 我穿着时髦，经常听到别人用时尚、新潮等词语来评价我的穿着打扮；

3. 我关于服饰色彩的搭配常受到好评；

4. 聚会或其他重要场合，总感觉自己穿得不够得体，不如别人好；

5. 人们常常用性感来评价我；

6. 对于我从事的职业，不熟悉的人知道后都表示感到很意外；

7. 在工作岗位上经常有力不从心之感，总觉得没有机会充分地发挥自己的能力；

8. 遇到不熟悉的人很害羞，说话时不敢和别人直视；

9. 别人总是喜欢嘲笑我或模仿我的行为习惯；

10. 我的亲和力很强，和陌生人也能很好沟通；

11. 常感到别人会对我皱眉头或者眼神异样；

12. 时常对叫我名字的人感到陌生或不知道如何称呼对方；

13. 别人经常会因为我无意间说的话而感到不快；

14. 经常会发生身边人不认真听我讲话，而且经常反问我“你刚才说什么？”的情况；

15. 别人会因为我感到说的是称赞的话而觉得不开心；

16. 在公共场所，经常会有人提醒我说话小声点；

17. 与我通过多次电话的人，在初次见我本人时也会反问我是否真的是那个与其通过电话的人；

18. 通电话时经常忘了自报家门，而要等到对方的追问；

19. 经常有人会因为我说了不合时宜的话而责备我；

20. 与他人约会时经常会迟到。

评分标准：每个题目的答案有以下四个选择：经常—0分；偶尔—1分；几乎不—2分；从不—3分。

结果与分析：

0～20分：说明个人形象状态差，人际关系的处理能力不强；测试者要及时梳理个人的现状并予以改正。

21～40分：及时重视对自我形象的整饰功能，具备增强修饰外在美的意识；这类人往往会认为只要用专业知识和技能来表现自己就可以了，外在形象并不是很重要的。

41～50分：个人形象较好，对人友善；可以咨询专家或通过专业的学习来追求更完美的形象。

51分以上：个人形象完美。

从以上测试我们可以看到，个人形象都是一些我们生活中的细小行为。随着社会的发展，形象意识越来越被人们所重视。每个人都渴望拥有高品位的形象，使自己高尚的品德和爱美的天性得以充分的表现。健康潇洒的身姿、端庄姣好的仪容、美丽得体的着装、优雅宜人的风度，成了千百万人孜孜以求的“自我整饰”标准。当然，个人形象不仅仅是指外表，更是人的内在品质的表现。当代人更应注重个人内在修养的提升，全面提高自我素质，使美的心灵、仪表、举止能形成一个有机的整体，从而在人生舞台上展示出健康、良好的自我形象。

一、个人形象及其相关研究

1. 概念界定

在当代社会，个人形象整饰具有十分重要的意义。个人形象是由外在形象和内在形象两方面构成的，因而个人形象设计要从内到外全面考虑。

提起“个人形象”一词，很多人理解是指人的形体相貌等外在的特征，事实上人的形体相貌仅仅是形象的一个构成部分。目前我们对一个人形象的理解和评价，往往不仅限于外观的形体相貌，还涉及个人的文化内涵、素质和修养、道德品质、性格特征、仪容仪态和行为举止等，因而这种形象的认知指的是对个人的综合认识和评价。个人形象指的就是内在与外在的统一。外在形象是指人的外观感觉，主要包括形体相貌、举止行为、语言谈吐，它可分为天然形象、外饰形象和行为形象。天然形象指的是人的自然资源，包括相貌、身材、头发、皮肤等，它主要是由遗传因素决定的。外饰形象是一个人通过服饰搭配和美容化妆等人为的修饰所形成的一种外观形象。天然形象和外饰形象的有机结合形成一个人的仪容。仪容是一个人的外表在空间上的静态展现，它构成个人形象美的表层魅力。行为形象是由表情、举止、谈吐等要素构成的，动态地展现个人形象，它构成个人形象美的内层魅力。①

内在形象是指人的内在素养，主要包括道德情操、理想追求、性格特征、心理状态、文化修养、审美情趣等，这些素养通过人的风度、神韵表现出来，它构成个人形象的深层魅力。② 内在修养是外在形象美的基础，而外在形象则是内在的外化。相对于无法轻易改变的天然形象外表，人的外在形象和内在素养却有极大的可塑性，一般可以通过后天的学习、实践而获得改变和提升，使其趋向于完美。每个人的形象表现就是伴随着成长中个人自身修养的提高和社会经验的累积，使其从幼稚到成熟、从单纯到复杂。每个人在社会中的形象表现是多面的，也是在变化的，如有人的职业形象，从办事拖拖拉拉、毛草无章到精明能干、有条不紊的变化；有人的社交形象，从浮躁浅薄到沉稳得体的变化。这都说明一个人的形象是可变的，同时也是可塑的。

2. 理论基础

形象整饰相对于其他传统学科来说，是一门比较年轻的学科。它是一门整合性学科，涵盖传播学、行销学、社会学、心理学和美学等多门学科的概念。其中比较突出的是传播学和市场营销学。

从传播学的角度我们可以看出，形象是主体对客体的一种综合印象和感受，要科学准确地理解事物形象，应该从主体（客观存在的人或事物本

① 李荣启："当代人的个人形象设计——在国家图书馆的讲演"，载《美与时代》2008 年第 3 期。
② 郭东："论个人形象设计中的色彩设计与性格的关系"，载《美与时代》2009 年第 3 期。

身)、客体(人或事物的观察者、反映者、思想者)、主客体关系来进行界定。因此主客体的关系在决定人或事物形象方面非常重要。主客体的关系按接触方式来分,可划分为直接和间接两种形式,即主客体是直接接触还是间接接触。当传播对象面对的是无法亲身经历或接触到的人或事物时,主客体就会发生间接接触行为,这时作为传播形象的最重要的载体——传播媒介就显得尤为重要。综合来看,传播学视野下的"形象"应当是受众通过直接或间接方式对某一特定的客体或客体的媒介呈现所做出的综合印象和总体表现。[①]

从市场营销学的角度我们看出,形象整饰即是个人品牌塑造的过程。"品牌"(brand)一词来源于古挪威文字"brand",意思是"打上烙印",它非常形象地表达了品牌的含义。个体在人际交往的过程中要塑造良好的形象,创造良好的人际关系,争取他人的理解和支持。简而言之,品牌形象就是人们私下里对个体的总体评价,也就是通过这种评价实现品牌的溢价。这种形象和感受就是一种无形资产。

3. 相关研究

"形"与"象"最初在我国是分开存在的。例如在《周易·系辞上》就有"在天成象,在地成形,变化见矣",两者在什么时候成为一体没有得到过确切的考证,但是据研究最迟在西汉孔安国的《尚书注疏》中就有实例:"审所梦之人,刻其形象,四方旁求之于民间。"由此可知,"形象"一词在中国自古就有之。[②]随着社会的发展,"形象"一词被广泛地应用,因而它的内涵和外延也随之不断丰富起来。不同的学科研究者都从各自的视角对其进行了重新研究和界定。例如从哲学角度来看,科学范畴的形象是对社会物、自然物和人体自身等具有实在性的形象与意识形态的一种抽象后的一般性或共同性;心理学则认为形象是个人对事物的观念、判断、喜好和态度的综合体(《简明心理词典》)等。

在其他相关研究中,学者们也从不同的学科角度来阐述形象研究的概

①② 李馨:"传播学视野下的形象研究",载《今传媒》2010年第9期。

念和意义。我国台湾文化大学大众传播系的方兰生教授在《形象魅力》(1995）这本书中就提到了形象的概念，他告诉我们形象是对某一特定目标（比如国家、机构、团体、个人或事物等）的内涵、外貌及言行活动所做出的一种反应、感受和评价的综合印象。而传播学者尼莫和萨凡奇通过研究认为“形象”是“心理的建构”，或者可以是一组“可见的物品、主体或者是人”对受众所感知的“计划”或“传达”。他们的研究中曾提出形象研究最主要的一个困难就是形象的操作性定义很难获得。因而在梳理和整合各家意见后，他们对“形象”做出相对完整的定义，即形象是一种主观的心智构想，不仅指事情如何被认知，也包含人们的情感被其他事物投射信息后的影响。

众所周知，形象塑造中非常重要的一个要素就是“第一印象”。心理学家在这方面做过很多研究，例如两人遇到的前四分钟的印象会影响到以后交往的一个相当长的时期和彼此的关系状况，这也就是我们通常说的“晕轮效应”。这告诉我们在当今信息快速传播的阶段，在社交过程中双方交往时的第一印象是相当重要的。不管是代表组织面对生意场上的谈判对象，还是作为应聘者在面对考官时，第一印象都会成为成功或失败的一个潜在因素。

二、素养培育

1. 要素结构

个人形象整饰包括外在形象和内在修养，外在形象包括仪容仪表、服饰装扮等，内在修养指的是气质、行为举止、谈吐习惯等。对于外在的整饰可以在较短的时间内完成，但是内在修养的提升并非一朝一夕之事，需要长期的积累才能实现。

✧ 仪容

仪容指的是人的神态表情。心理学家经过研究指出，双方初次见面时，有效的信息沟通是通过7％的词语＋38％的语言＋55％的神态表情来实现的。同样，当两个人初见时三秒钟形成的印象取决于60％的举止仪容表情＋40％的声音语气内容。可见人的神态表情比有声语言更能打动人心。在人的仪态中微笑和眼神的准确运用是最能传递感情和表现个人修养的方式。

✧ 仪表

仪表指人的外表，包括容貌修饰、服饰装扮和个人卫生等方面，它是展现人的精神面貌的外观。一般来说我们要求个人仪表整洁就是做到整体干净、整洁、协调和美观。仪表表现的是个人的外在整体形象。

✧ 行为举止

古人云“腹有诗书气自华”，个人在社会中与人相处时的举止动作表现的是这个人的家庭教养、风度和魅力的展示。行为举止包括良好的站姿、坐姿、蹲姿、鞠躬、手势等行为。所谓细节决定成败，现代社会非常注重文明礼仪和人际交往能力。一个成功人士往往是受人欢迎之人，而这类人都有共同的特质，就是与人交往时能善于运用有效的肢体语言增强自身的人格魅力，使其成为受欢迎的人。

✧ 服饰装扮

服装是一种无声的交流方式，它除了保暖遮体功能外还是一个人年龄、社会地位的外在表现，它能准确地传递一个人的背景信息。英国著名作家和诗人莎士比亚就曾说过：“一个人的穿着打扮就是他的教养、品位、地位的最真实的写照。”在日常的社交生活中，尤其是正规的场合，一个人的穿着打扮是否得体越来越引起现代人的重视。

2. 方法演练

✧ 微笑训练

我们通常称阳光灿烂的微笑是社交的通行证，它是能让人先入为主的专业形象。微笑是能赋予人好感的重要表情，它代表了友善，能使人心情愉悦。一个善于微笑的人，往往能展现他的热情、修养和魅力，同时他也会是一个受人尊重和信任的人。

阳光灿烂的微笑可以通过在家对着镜子反复练习而成。它的技能操作步骤是先放松脸部肌肉，然后嘴角微微上翘，嘴唇略呈弧形，如图 6－1 所示。这里要注意的是微笑不能发出声音，也不要露出牙龈。

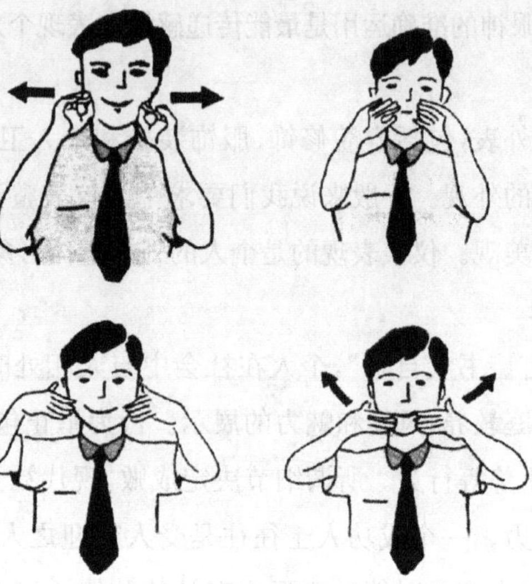

图 6-1[①] 微笑训练

✧ 眼神训练

俗话说眼睛是人类的心灵之窗。眼神指的是人眼睛的活动，它是人心理活动的自然而真实的反映。经研究者测试得出，在与一个人交往时，与其交往所得信息的 87%来自视觉，而来自听觉的信息则仅占 10%左右。因而在人的五种感觉器官中，眼睛最为敏感，它通常占有人类总体感觉的 70%左右。伟大的诗人泰戈尔曾经这样形容眼神的重要性："一旦学会了眼睛的语言，表情的变化将是无穷无尽的。"同时我国古代的思想家孟子也用"听其言也，观其眸子"这句话概括眼神运用的精妙之处。

我们在训练眼神表达情感的同时，也要注意在人际交往中目光所及之处即注视的部位要恰当，因为它反映了人对于沟通者的态度。在一般情况下，不可"目中无人"，也就是在和他人相处时不要注视其头顶及四肢部位。面对异性时这一点尤其重要，其肩部以下都是禁止范围。下面具体介绍不同关系的注视区间。

公务场合的注视区间：以前额上部为顶点、两眼为底线连接成的区域，如图 6-2 所示。

① 图片源自百度：jingyan.baidu.com.

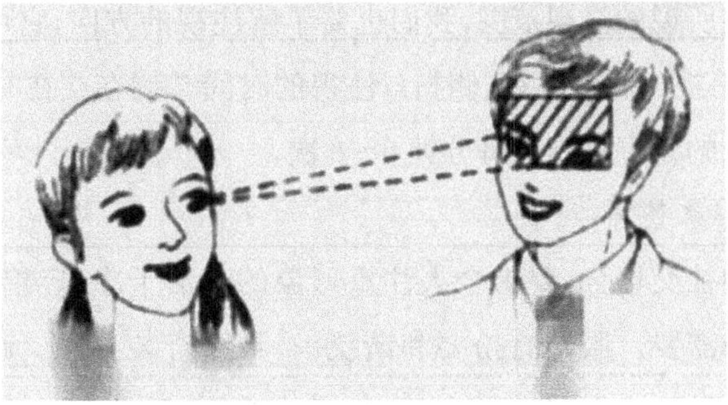

图 6-2　公务场合的注视区间

社交场合的注视区间：这一区间的范围以下颚为顶点、两眼为上线连接成的倒三角区域，如图 6-3 所示。

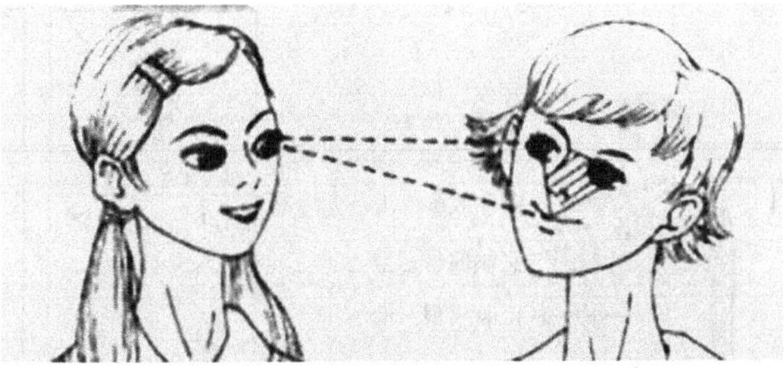

图 6-3　社交场合的注视区间

关系亲密的人的注视区间：这个范围比较宽松，可注视对方的双眼、嘴部和胸部，如图 6-4 所示。

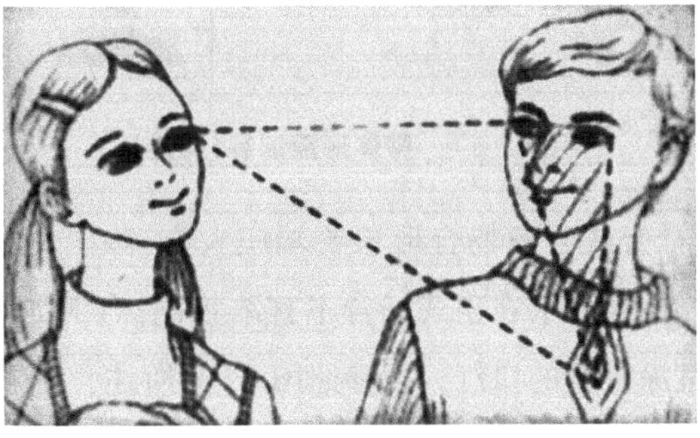

图 6-4　关系亲密的人的注视区间

除了上述所说的注视范围，我们也要了解注视的方向，它可以分为以下几种：俯视、平视、仰视、斜视、侧扫。注视的时间掌握在交往时间的30%～60%。而眨眼的频率控制在每分钟5～8次。

✧ 仪表形象整饰

在公务和社交场合，要求个人注重形象的整洁干净，容貌修饰要适当，要适应场合的需要。服饰打扮要和谐统一，不穿奇装异服。通常情况下要求做到：男性不留长发，前发不遮额，侧发不遮耳，后发不及领；眼睛没有眼屎和充血；耳朵没有耳屎且内外看上去都很干净；鼻子不流鼻涕，男士鼻毛不外露；男士要注意每天把胡子刮干净，不可以留胡子，尤其是八字胡；牙齿整齐洁白，口中无异味。可参照图6－5所述。

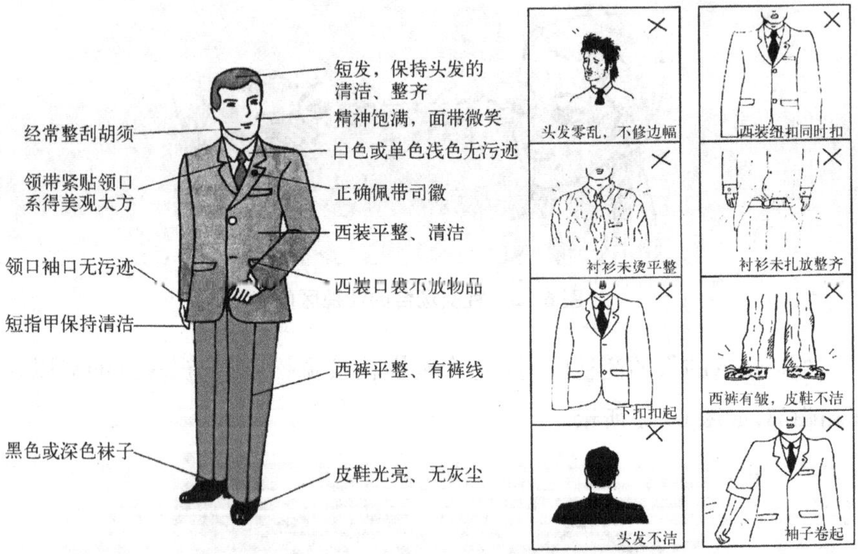

图6－5①　整体形象训练(男性)

女性在一般社交或公务场合形象要端庄大方，除了以上所述保持仪容整洁的诸多要素外，还要求在正式场合不宜浓妆艳抹，例如画深色眼影或粘贴假睫毛，也不宜涂艳丽的口红。可参照图6－6所述。

① 图片源自人文网：www.renwen.com。

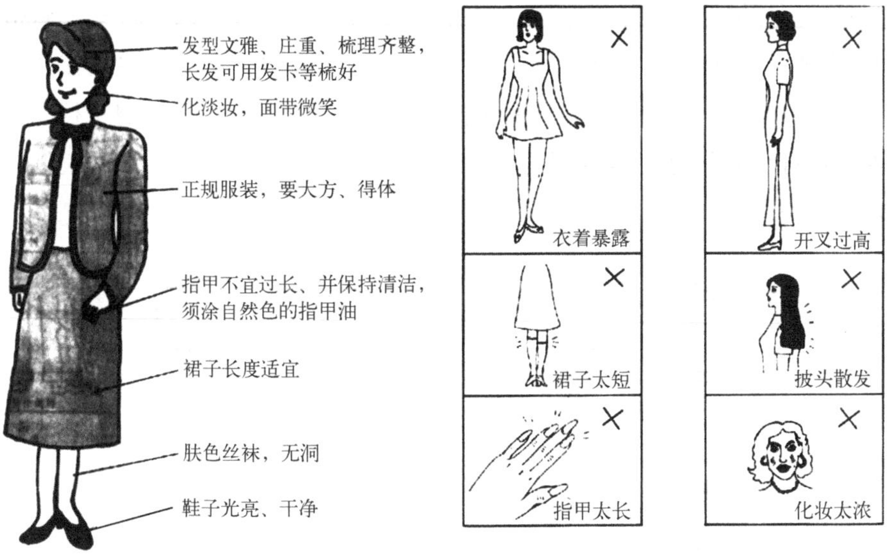

图 6－6[①]　整体形象训练(女性)

✧ 化妆技巧训练

在形象整饰中，化妆是必不可少的。而化妆技巧中色彩的选择十分重要，由于人的肤色有差异，因此化妆品的颜色要根据肤色进行合理的搭配。一般来说，皮肤偏白的可选择淡粉色的粉底修饰，皮肤偏黄的可选择淡紫色的粉底修饰，皮肤偏红的可选择淡绿色的粉底修饰，妆容的色彩选对了才会使个人的形象锦上添花。[②]

对于女性来说，发型的塑造也是至关重要的。根据脸形选择合适的发型，可以使人的形象美更为和谐。例如长脸形的人要注重发型的层次感，可以考虑两侧蓬松，前额处留刘海以缩短脸的长度；方脸形的人要尽量使头顶发型蓬松，两侧的头发向内收拢，发梢自然弯曲，使整个脸形看起来变窄。

✧ 站姿训练

站姿的基本要求是背部挺直，线条优美，看上去让人感到精神焕发。也

① 图片源自人文网：www.renwen.com。
② 韦伊纳："色彩在个人形象设计中的应用"，载《大众文艺》2010 年第 3 期。

就是我们俗话说的“站如松”——双肩放松，保持水平，腰部直立；头微微抬起，面朝正前方，双眼平视，下颌微内收，颈部挺直；身体的重心要放在两脚之间。男性双手相握或自然下垂，或者相握于身后，双脚交叉与肩平行。女性双臂自然下垂，双手交叉贴在腹部，两腿呈“丁”字形站立，右脚后跟靠在左足弓处，如图 6－7、图 6－8 所示。

图 6－7① **站姿训练**

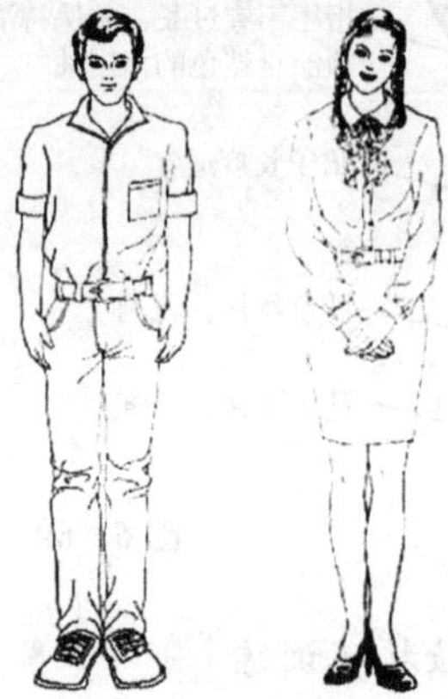

图 6－8② **站姿训练**

✧ 坐姿训练

坐姿也是有讲究的。入座时要轻，先坐满椅子的 2/3，坐好后再占椅面 3/4 左右。双膝自然并拢（男性可略分）。在与人沟通时身体要面向对方前倾，以表示尊重和谦虚。女士若着裙装，要注意入座前要稍作整理。

男性入座后可将双腿分开略向前伸，如长时间端坐，也可双腿交叉。交叉时要注意脚尖向下。

女性入座后两腿必须并拢，同时向左或向右放，双手叠放。如长时间端坐也可将两腿交叉且脚尖向下。如图 6－9 所示。

① 图片源自新浪博客：blog.sina.com.cn。
② 图片源自礼仪教育社团——《站姿》mingxiaozhang-yant….com368＊437

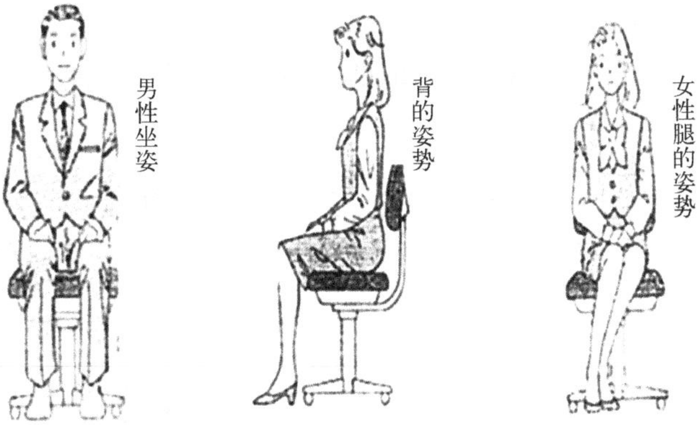

图 6－9① 坐姿训练

✧ 蹲姿训练

蹲姿适用于整理环境、给予别人帮助或捡拾地面物品，有时也适用于自我整理装扮。正确的姿势如图 6－10 所示。

图 6－10② 蹲姿训练

注意事项：蹲的时候要找隐蔽处，不要对着别人，要注意蹲的方位，不要蹲着休息。

✧ 鞠躬训练

鞠躬是遇到客人或表示感谢、回礼时的礼节。一般是 15°鞠躬，但是如果遇到尊贵客人或面对尊长时也可使用 30°鞠躬。

正确的姿势是在距受礼者约两三步时，双手放在身体两侧或在体前搭好，面带微笑，注视对方表达问候语后，上身挺直地向前倾斜 15°或 30°。鞠躬起身时，恢复站姿，目光再回到对方脸上。

注意事项：忌鞠躬前后不正视客人；忌鞠躬时只点头，不倾身；忌眼睛不往下看，而是翻起看着对方；忌鞠躬时嘴里有东西；忌鞠躬时不脱帽。

① 图片源自百度：jingyan.baidu.com。
② 图片源自百度：2010expo.youth.cn。

✧ 手势训练

手势是表达情感必不可少的辅助。手势有很多，这里介绍几种生活中常用的手势。

垂手：掌心向内，双手指尖朝下，在手臂伸直后分别紧贴于两腿裤线之处；或双手伸直后自然相交于小腹处，两只手上下叠放或相握在一起，如图6－11所示。

图6－11　垂手

图6－12　指引

递物：双手为宜，文字面正面朝向对方；如有带尖或其他易于伤人的物品，不可将它们直指对方。不方便双手并用时，要使用右手，用左手通常被视为无礼。

指引：右手五指并拢，掌心向上，指尖朝向所指方向。这个手势通常表示请、邀请的含义，如图6－12所示。

✧ 走姿训练

俗话说“走如风”。正确的动作为抬头挺胸、收腹立腰，保持肩平，双臂自然前后摆动。在行走时还要注意步子不要过大，步速适中。

✧ 着装训练

着装应该与当时的时间、所处的场合和地点相协调，通常我们说要符合TPO原则。TPO是三个英语单词的缩写，分别代表时间（Time）、场合

(Place)和对象目的(Object)。

(1) 时间原则。男士通常准备一套质地上乘的深色西装或是深色中山装就可以应付各种场合,而女士的着装尤其要注意不同时段的着装规则。白天工作时,女士应穿着正式套装,体现职业化和专业性;晚上在出席宴会或鸡尾酒会时,就可通过佩戴精致的佩饰或用漂亮的丝巾作点缀达到盛装出席的要求,注意要根据衣服搭配高跟鞋。

(2) 场合原则。服装要看场合选择适当的类型。职场中应穿职业套装,显得专业、正式;社交场合例如在家里接待客人,就可以穿相对舒适但整洁的休闲服;外出时要顾及当地的传统和风俗习惯,例如去教堂或寺庙等场所,就不能穿过于暴露的服装。

(3) 对象原则。衣着要看交往对象,这里是指活动目的。出席正式宴会时,应穿传统的中国旗袍或西方的长晚礼服;如果参加正式会议等,衣着应符合身份和场合,尽可能体现庄重与职业;如果是和朋友听音乐会或看芭蕾舞等高雅活动,也应按惯例穿着合适的衣服;如果是和朋友聚会、郊游等场合,着装就该考虑轻便舒适。试想一下,如果以便装出席公司谈判会议,会让对方感到不被尊重,同时破坏了公司的专业形象。同样,如果大家都穿便装参加社交活动,而你却穿礼服就会感觉浑身不自在。

✧ 男士着装训练

西服是一种国际性通用服装,它是男士在正式场合的必然选择。一套合体的西服可使着装者显得精神饱满且风度翩翩。但是西装的穿着有很多讲究。我们必须记住的是“三个三”。第一个“三”是三色原则,即全身的颜色限制在三种色系之内。第二个“三”是三一定律,即身上的鞋子、腰带和公文包要一个色系,一般以黑色为主。第三个“三”是三大禁忌,是指穿西装不能出洋相。第一个禁忌是商标必须拆掉;第二个禁忌是注意袜子的色彩和质地,正式场合一般不穿尼龙丝袜,袜子的颜色要与鞋子的颜色一致,一般以深色的袜子为宜;第三个禁忌是领带的打法,穿非职业装和短袖装一般不打领带,穿夹克也不打领带。

人们常说“西服七分在做，三分在穿”，下面我们谈谈如何得体地穿好西装。

一是套装的穿法合乎要求。西服有两件套、三件套之分，正式场合要选择同质、同色的深色套装。按习俗，西服里面一般不加衣服。在我国，至多也只能加一件“V”字领毛衣。两件套西服在正式场合不能脱下外衣。

二是衬衫的颜色选择和穿法。衬衫要选择单色，领子要干净平整，不能有油渍等污垢。衬衫要束在裤腰里。穿衬衫时要把领扣和袖扣全部系好。衬衫要穿出层次，一般指衬衫衣袖要稍长于西服衣袖 1 厘米左右，领子要高出西服领子 1.5 厘米左右。

三是戴好领带，正确佩戴领带夹。领带的长度以系好后下端正好触及腰上皮带扣上端处为最佳。通常情况下不带领带夹。重要领导人或特殊行业在公务场合才要求佩戴领带夹。领带夹一般夹在衬衫第三粒与第四粒扣子之间。西服系好纽扣后，领带夹不能露出来。

四是西服口袋的运用要正确。西服上衣两侧的口袋只作装饰用，不可装物品，否则会使西服变形。西服上衣左胸部的衣袋只可放装饰手帕。物品可放在上衣内侧衣袋里，裤袋同样也不可装物品，以求裤形美观。

五是纽扣的扣法有讲究。单排西装一般有两粒扣或三粒扣，如果是两粒我们通常就扣上面一粒，如果是三粒我们通常会扣中间一粒。单排扣的西服纽扣也可全部不扣。双排扣的西服就要求把纽扣全部系上以示庄重。

六是正确穿好皮鞋。穿西服就要穿皮鞋，西服裤子要尽量盖住皮鞋鞋面。不可穿旅游鞋或露脚趾的凉鞋等。

✧ 女性着装训练

众所周知，女性穿衣技巧不仅仅是 1＋1＝2 的简单加法，也不是用几套衣服就能搭配出多种穿衣方法这么简单。女性要穿出美丽，掌握穿衣的精髓，就需要好好地探求一下穿衣的技巧，它能帮助女性轻松穿出时尚与美丽。这里所说的穿衣技巧包括以下几个方面：

首先，要注重干净平整，美观大方。女士穿衣服不一定要高档华贵或是名牌奢华，但必须注意干净整洁，没有明显的污垢。穿上身前要熨烫平整，这样就能显得大方得体且精神焕发。

其次，要学会色彩的搭配。服装色彩是别人对你的服装是否得体美观的第一印象，如果搭配适宜，就能具备极强的吸引力。若想要让人眼前一亮，在着装时就必须充分了解色彩的特点和应用。众所周知，不同色彩会给人不同的感受，如深色或冷色调的服装往往会产生视觉上的收缩感，易使人感觉严肃和庄重；而浅色或暖色调的服装会有视觉上的膨胀感，让人显得轻松活泼。因此，我们在着装时要根据不同需要进行合适的搭配。

暖色主要由红色调构成，分别是红色、紫色、橙色和黄色等主色调。这些颜色给人以温暖、活力和热情的感觉。冷色主要是蓝色调，如蓝色、青色和绿色等。这些颜色会让人觉得安静、宽阔和清爽。

“色不在多，和谐则美”，有些人总认为色彩越多就越“丰富多彩”，其实这样穿衣效果并不好。我们在着装时应该是以一两个系列的颜色为主色调，占据服饰的大面积，而用来点缀服饰的，如衣领、腰带、丝巾等可以用其他少量的颜色来配搭，以取得多样统一的和谐效果。一般来说同色系或相近色搭配比较传统和协调，相对来说比较安全，不易出错。而对比色搭配视觉冲突强烈，可显示个人独特的个性，但运用不当会适得其反。

日常生活中，我们喜欢把黑、白、灰与其他颜色进行搭配。黑、白、灰是中间色即为无色系，它们和其他颜色搭配都不会有问题。有差异的是如果同一个色与白色搭配时，会显得明亮；与黑色搭配时就会显得暗沉。在颜色搭配上有一些经典的配色，如黑色与黄色是最亮眼的搭配，红色与黑色搭配显得隆重，而黑白配则是永远的经典。

学会合理搭配色彩可以帮助我们修正和掩饰身材的不足，突出优点。例如对于上轻下重的形体（俗称梨形身材），宜选用深色、轻软的面料做成裙或裤，以此来削弱下肢的粗壮。而身材高大丰满的女性在选择外衣时，也适合用深色。

再次，穿着要讲究配套。这是指我们除了注重主体衣服之外，鞋袜手套等的搭配也要多加考究。这里也有一些禁忌，例如黑色皮鞋是适用最广的，可以和任何服装相配。但是要注意的是正式、庄重的场合不宜穿凉鞋或靴子。选择袜子要以透明或肤色或与服装颜色协调为好，现在社会上流行的带有大花纹的袜子或多色长筒袜也不能登大雅之堂。帽子必须在室外佩戴，如进入室内依然不脱帽的话就显示对他人的不尊重。

最后，用巧妙的饰品点缀。合适的饰品装饰可以起到画龙点睛的作用。配饰的造型能直接影响个人形象设计的整体效果，例如长脖子的可选择圆形配饰，短脖子可用配饰来调和脖子的长度，这样可达到和谐美。同样，不当的选择只能起到画蛇添足的作用，如果圆形脸的人选择圆形的配饰就会使此人的脸型显得更圆，正确方法是选择长形或菱形的配饰来调和。

3. 评价

完整的个人形象塑造是运用时尚、色彩、化妆、礼仪等知识通过对仪态、仪表着装和行为举止加以整饰和训练，同时通过心理学、社会行为学、哲学、人际沟通等知识，充分发掘一个人的潜能，发挥其固有的优点，使其在社会活动中展现出最佳的精神面貌。著名主持人杨澜曾经这样表述过："没有人有义务必须透过连你自己都毫不在意的邋遢外表去发现你优秀的内在，形象永远走在能力前面！"对于青年人来说，形象塑造的意义在于通过对个人形象的整饰，彰显其外在品位与内在修养，在提升个人魅力的同时，向周围人群传递个人影响力。也就是说在个人实际资产并没有大幅增加的情况下，而给予别人一种身价急剧提升的感觉，这就是个人形象带来的无形资产，也就是我们进行个人形象整饰的意义所在。

三、应用及注意事项

当今社会，形象意识越来越被人重视，我们称其为人才竞争中的软实力。树立良好的个人形象，既要注重外在形象诸要素的训练，又要注重个人内在素养的提升。综上所述，个人形象整饰包括诸多要素的训练，而个体差异性也会对最终的结果产生不可忽视的影响。因而我们不能一以概之，要因人而异，从整体的角度出发寻求统一而完善的整饰方案。例如就造型来讲，如果造型设计没有差异化和个性化的特征，不同的个体就不会认同和采纳它。因而以上我们谈到的形象要素的选择和训练都不是为形象而设，也不是随意的安排，而是必须根据个人的内在素质、具体条件和特定的环境而定。青年人掌握形象整饰的技巧，可以从自身特点出发，在深刻的自我了解基础上通过周全和精心的思考与学习，完成自我形象的整饰和塑造。

素养七　领导力的素养

所有伟大的领导者都有一个共性：他们总是毫不含糊地正视他们的员工正在经历的主要困扰。正是这个，而非其他，成为领导力的本质。

——约翰·肯尼思·加尔布雷思

1975年，19岁的比尔·盖茨从美国哈佛大学退学，和他的高中校友保罗·艾伦一起创立了微软公司。该公司作为全球最成功的公司之一，在过去的三十多年里为全世界数以亿计的用户提供了无数杰出的软件产品。2005财政年度，微软公司创造了165亿美元的利润，在派发330亿美元的股息后，仍然拥有350亿美元的现金储备。2016年BrandZ全球最具价值品牌百强榜公布，微软排第3名。当然，微软不断成功的原因是多方面的，但其中最主要的原因是领导艺术、人才管理和公司文化，这些处处体现和渗透着创始人比尔·盖茨的领导力。

领导能力的测试[①]

每一题有五个选项，请选择最符合自己的方式。

1. 交流的方法

A □　经常与部下交流情报，发生了问题立即沟通。在沟通时让大家都积极发表自己的看法，意见不一致时，直到得到理解为止再进行对话。

B □　仅利用通常的渠道交流是不充分的，因此也常用非正常的渠道。使部下积极地提出意见，同时也使部下在此意见实施之前参与讨论。

C □　心上首先挂念着的是创造亲密友好的工作场所，对非正式的情报交流也挂在心上，根据场合甚至进行社交对话。

D □　不走样地传达上级的指示和命令。关于工作情报对部下只限传达最小限度。工作以外的情报是不必要的，不积极地交流。

E □　与部下只进行必要的对话。必要的、部下必须知道的事可靠地传达到位。只从自己这方传出情报，出现与自己不同意见及方法时通过讨论做出决定。

2. 指示、指导的方法

A □　着眼于当前的工作发出指示。对将来的事不多考虑，往往根据过去的实际业绩提出指示。

B □　对部下的指示以命令形式给出，几乎不做让部下讨论、提出改善方案的事。

C □　给出指示时尽可能采取使人际关系不变坏的方法。尽可能采取柔软的、随意的方法，以不给部下增加压力。

D □　几乎不给出指示，每当问题发生时，一个个来解决。

E □　以工作中的重要问题为中心，在健全的做法下给出能处理的指示。这一指示是建立在清楚的方法及事实基础上的。

---

① 百度文库：http://wenku.baidu.com。

3. 对错误、违反规则的管理

A □ “又出事了！总是发生各种各样的错误。唉，已经错了也没办法了！”

B □ “人嘛，谁都会出错的，你已经尽了最大的努力了，行了、行了，好事也会有的嘛！”

C □ “一次可以原谅，第二次可就不能饶恕你了。下次再犯的话，可要受处分了。”

D □ “这件事是谁干的？马上检讨！”

E □ “你也尽力了，真可惜！不过，重要的是弄清楚为什么会出现这一问题，我们一起来研究吧。”

4. 对待不平、不满

A □ 首先对部下能提出意见表示感谢，接着把这些意见反映给上司，按上司的指示办。如果上司不理睬的话，则婉转地告诉部下：“我已经努力过了，上司不听。”

B □ 当部下来诉说不平或者不满时，压住怒火听。一边听一边提出与谁商量的建议。部下如果没有相当强烈的要求向上反映的话，则不再采取任何行动。

C □ 动员部下坦率地说出不平、不满，努力做到认真倾听和理解。接着与部下一起弄清楚问题的原因，并考虑解决对策。

D □ 提出不平与不满只是满足了本人的欲望，没有提供发泄的机会。因此，往往责备说：“别像小孩子那样说话！”

E □ 在部下提出的不平或不满中，有时隐藏着重要的问题，对每一个问题都调查是否有根据。如果正当的，就劝说按照正当的手续提出不满或投诉。

5. 对待情绪激动的部下

A □ 无论是部下同事间吵架的场合，还是对自己有敌意的场合，总站在上级的立场上把它压住。

B □ 如有对抗的情绪，使之表面化。确认理由后，通过沟通找出根本的原因。

C □　提出大多数人都能接受的想法，使任何人都没有极端的反抗情绪。劝说人们为了保持人际关系，必须允许每个人有某种程度的自说自话。

D □　为了保持工作场所和睦的气氛，争取在全体人员中缓解有矛盾的人的情绪。

E □　工作中产生矛盾是正常的，不成问题。谁都不想卷进这类问题中。因此，采取听之任之、放任不管的态度。

6. 评价业绩

A □　总是对部下表达自己感激的心情，以肯定表扬为主，对于个人的问题也总是在轻松的气氛中成为商谈对手。为了得到部下的协力，说些温和的话，即使工作成绩上出了问题，也尽量不说三道四。

B □　从现在起，工作成绩是通过交谈来设定的，有明确的目标。关于到现在为止的工作成绩的问题，联系可能达成的目标，相互间坦诚地进行研讨。不仅研讨部下的事，也研讨作为上司自己的行为。

C □　谨慎地进行工作成绩的评价。认为对部下进行批评的话会伤害感情，如对部下进行表扬暗示提拔、提薪。因此，谈话尽可能短，这样可以避免带感情的争论。

D □　为了让部下认清他们自己的位置，一年进行两次左右的评价。通过效率评价系统，客观地判定工作效率的高低，给予部下提薪、提级。

E □　对于部下的长处和短处两方面都进行评价。对于特别成问题的欠缺点，明确给出改善的方案。重要的是要让部下认可对其工作的评价。

管理模式分析表

	9-9型	9-1型	5-5型	1-9型	1-1型
1	A	E	B	C	D
2	E	B	A	C	D
3	E	D	C	B	A

续 表

	9-9型	9-1型	5-5型	1-9型	1-1型
4	C	D	E	A	B
5	B	A	C	D	E
6	B	D	E	A	C
合计	点	点	点	点	点
序位	位	位	位	位	位

结果与分析：

1-1型：对人际关系和业绩的关心度低，一般采取极端消极的态度。

1-9型：一心想和他人搞好关系，迎合他人的想法，改变自己的想法，给人不信任感。

9-1型：采取过于专制的领导态度，有强求成员的倾向。

5-5型：对人和业绩表示适当的关心，由于妥协，缺乏有力的领导力。

9-9型：对人和业绩表示强烈的关心，面对问题能想办法从根本上解决。

一、领导力及其相关研究

1. 概念界定

领导力是支撑领导行为的各种领导能力的总称。美国学者Bennis认为，领导力是领导者把组织的愿景转化为现实的能力；美国学者哈罗德·孔茨认为，领导力是一种对人们的影响力，是使追随者甘心为实现组织目标而努力奋斗的能力；美国学者詹姆斯·库泽斯等人认为，领导力是领导者激励他人自愿地在组织中做出卓越成就的能力。领导力并不是拥有超凡能力的少数几个领袖型人物的专利，领导力并不完全取决于个人的人格魅力，它也是一种实践，通过领导者的共同实践能够提炼出领导力的素质模型。领导的潜质包括以身作则、共启愿景、挑战现状、使众人行、激励人心，但还必须符合追随者的期望，即真诚、有能力、有前瞻性、有激情。中国科学院科技领导力研究课题组认为，领导力是领导者在特定的情境中吸引和影响被领导者与利益相关者并持续实现群体或组织目标的能力。许多研究认为，领导力亦称影响力，是让人们对领导者产生敬佩、信赖、认同和服从等心态的能力，可分成四个方面：第一，品格因素，包括高尚品德（职业操守）、激情与勇气、远景与信心、主动与责任、抵抗挫折的能力；第二，能力因素，包括战略规划、领导力的特征决策能力、组织实施、学习与创新能力；第三，知识因素，包括行业知识、专业知识、经营方法；第四，感情因素，包括人际关系团队建设、培养人才等方面。

2. 理论基础

关于领导力的研究，目前较为流行的理论包括领导特质理论、领导行为理论、领导-成员互动理论以及魅力型领导理论等。

领导特质理论认为，领导者的领导力主要来源于其自身具有不同于常人的优秀品质，包括：敏锐的观察力、判断力和决断力；具有自信、诚信、热情的品质；渴望成功和卓越、追逐目标的责任感和面对困难的韧性等。

领导行为理论认为，领导者的领导力主要取决于领导方式。包括：① 俱乐部领导，为了满足各种关系，细心地观察人们的需要，营造舒适、友好的组织氛围和工作气氛；② 枯竭领导，花费最少的力气来完成要求的工作，有利于保持组织成员的参与精神；③ 团队领导，通过对组织目标的共同分享激励员工的奉献精神，营造出尊重和信任的关系；④ 权威领导，通过树立领导者的权威来激励员工提高工作效率；⑤ 适中领导，通过适当的组织来实现工作和员工士气之间的平衡。

领导-成员互动理论认为，领导者通常希望与那些和自己的性格相似的人建立互动关系，高质量的关系可以使成员具有较好的表现和工作满意度，可以激发员工更大的责任感，从而提升工作绩效。

魅力型领导理论认为，领导力主要来自领导者的一种天然的吸引力、感召力与影响力，并影响追随者，从而引发组织变革和提高员工士气。魅力型领导者的显著特征包括高度的自信、支配他人的倾向和坚定不移的自我信念等。

3. 相关研究

美国领导力发展中心的创始人赫塞博士强调，领导力是对他人产生影响的过程，影响他人做他可能不会做的事情。任何人都可以使用领导力，只要你成功地影响了他人的行为，你就是在使用领导力。领导他人基本上基于专业才能或者个人魅力，绝对不是单纯地依靠你的职位称呼。美国哈佛商学院的 Stephen R. Covey 博士认为，领导力包括探索航向、整合体系、授能自主以及树立榜样四个方面的能力构成。有的学者认为，领导力应包括：① 先知先觉、建立愿景、指明方向；② 合理规划、建立团队、整合体系；③ 以身作则、有效沟通、影响团队。关于领导力的培养方式和途径，主要包括：第一，培养以身作则的领导方式；第二，建立与团队成员相互信任的关系；第三，激发团队成员有不同的需求和不同的思维方式；第四，持续学习、勇于创新；第五，关注于做对的事情而不是把事情做对；第六，塑造个人的影响力；第七，工作中侧重效能而不是效率。以上研究为青年领导力塑造提供了重要的参考。

二、素养培育

1. 要素结构

✧ 感召力

感召力是领导者吸引他人的能力，要求领导者要具有坚定的信念、崇高的理想、高尚的人格、高度的自信、良好的修养、乐于挑战以及对工作充满激情。

✧ 前瞻力

前瞻力是一种预测和把握未来的能力，要求领导者对组织的发展目标、核心竞争力以及宏观环境和发展趋势有较为精准的预测能力。

✧ 影响力

影响力是指领导者影响追随者的能力，要求领导者与追随者之间建立良好的关系、进行良好的沟通以及有效地运用权力。

✧ 决断力

决断力是领导者针对各种问题进行快速和有效决策的能力，要求领导者具备预见和防范风险的能力及具备把握最佳时机的能力。

✧ 控制力

控制力是领导者有效控制组织的发展方向以确保目标实现的能力，要求领导者具备制订规章制度并保证组织成员遵守、分层管理并控制各种冲突的能力。

2. 方法演练

✧ 主要领导力要素的培养方法

(1) 感召力的培养

感召力来源于领导者自身的人格魅力，青年领导者的感召力培养重在加强自身修养，主要做好以下几点：一是要具有崇高的理想，无论是对待学习还是工作，不能仅仅考虑自身的利益，还要把国家和集体的利益放在首位，只有这样才能让别人信服；二是要有为了实现理想而不懈奋斗的坚定信念，要知道做任何事情都不可能一帆风顺，在困难面前不气馁，身先士卒、身体力行地带领团队勇于战胜困难险阻，争取胜利；三是要有高尚的人格品质和独特的人格魅力，如正直、诚实、谦虚、真诚、责任感和自信等；四是要具有乐于挑战的勇气，对工作充满激情。

(2) 前瞻力的培养

前瞻力来自知识、技能与经验。要求青年领导者加强专业知识的学习，善于思考，既要关注现在，又要关注未来与长远，还要不断地从自己以及他人成功的经验和失败的教训中总结规律，学会善于用辩证唯物主义的世界观和方法论去分析问题与解决问题，善于把握事物发展的一般规律。并且要学会根据环境的变化具体问题具体分析，既不因循守旧，又不盲目自信。只有这样，才能培养自己良好的预测能力和对未来机遇及风险的应对能力。

(3) 影响力的培养

影响力主要来自领导者和工作团队之间良好的信任关系。这要求青年领导者要具有较好的人际沟通和合作能力。作为团队的领导者，首先要了解每一位成员的基本情况、性格特点与内心需求，做到真正关心下属，热心助人；二是要能够容忍他人的不足，少批评指责，做到高风亮节，宽容大度；三是要掌握批评的技巧，批评别人也是为了他人的成长与进步，真正做到诲人不倦。

(4) 决断力的培养

决断力是领导者在遇到各类决策问题时做出有效决定的能力，也是领导力的关键要素之一。培养青年领导者的决断力，一是要加强学习，对业务范围内可能出现的问题有所准备，做到未雨绸缪；二是要在实践中不断总结经验，对可能的结果做出理性的分析与推断，大胆假设，小心求证，三思后行，谨言慎行；三是要有勇于担当的精神，对决策可能引起的结果敢于负责；四是要训练良好的心理素质，遇事沉着冷静，镇定自若。另外，雷厉风行的做事风格也是决断力所需要的重要品质。

(5) 控制力的培养

控制力是领导者有效把握组织全局的能力。控制力培养训练首先要求领导者对所在的组织或团队的整体情况有深入的了解，无论对人还是对事要做到心中有数；二是组织规章制度的制订要充分征求群众意见，不能独断专行；三是遇到问题要依靠团队的力量，通过激发团队成员的积极性和创造性来解决问题，并有效地控制事态的发展；四是要有掌握和利用有效资源的能力，必要时借助可能调动的资源而不是仅仅靠自己单打独斗。

✧ 在家庭中培养领导力的方法

在家庭教育中培养孩子的领导力，要做好以下几个方面：

一是要营造相对民主的家庭氛围。家长多鼓励孩子积极主动地参与家庭事务，并经常给予指导、鼓励与支持，不断激发孩子的学习兴趣。

二是要求家长言传身教，以身作则。俗话说，父母是孩子的第一任老师，要通过父母的自尊、抱负、价值观念潜移默化地影响孩子，父母要成为孩子的榜样。

三是要建立良好的亲子关系。要对孩子充分信任，以平等的方式与孩子交流，遇到问题不要一味地指责和命令，要最大限度地给孩子自由，和孩子成为朋友。

✧ 在学校中培养领导力的方法

在学校教育中培养学生的领导力，主要做好以下几个方面：

一是要开设“领导力培训课程”，通过讲授领导力理论、团队讨论和拓展训练等课程，激发学生的自觉学习能力和创造性，同时也培养他们坚强的意志品质。

二是建立良好的师生互动关系。学校的教学过程应突出学生的主体地位，教师要引导学生自主学习，善于发现学生的优点和特长并给予积极的鼓励，把学习当作学生自己的事情来做，帮助学生建立学习目标和自主制订学习计划，尊重学生的差异，建立良好的师生关系。

三是要不断增强学生的自我效能感。学生的学习过程也是不断提高自我认知的过程。教师要帮助学生提高学习动机，激发学习兴趣，达到愉快学习的目的，在学习中体验成功与快乐，这也是领导力培养的重要渠道之一。

✧ 在组织中塑造领导力的方法

(1) 授权的方法

领导者在实施授权时应注意做好以下几个环节：① 决定授权的内容。在授权之前，领导者应识别出自己目前从事的所有活动，评估这些活动所需要花费的时间，删除不必要的和益处较小的活动。然后，根据情况确定需要授权的活动和任务。② 决定授权对象。将合适的工作任务交给适合完成该项工作的下属去做，这是领导授权的一般原则。但是，在具体授权时要注意各个下属或者下级群体之间任务和发展机会的平衡，既不能使工作最出色的部分员工负担过重，即所谓的“鞭打快牛”，也不要使工作胜任力不强的部分员工得不到授权，失去成长和锻炼的机会，造成所谓的“会哭的孩子有奶吃”，领导者要兼顾不同下属的能力、发展与需要来合理确定授权对象。③ 要使授权的任务清晰具体。领导者在授权任务时必须确保下属理解任务的内容和预期。一种常见的沟通错误是信息的发出者会高估自己表达的清晰度，领导者在对特定任务的表达和描述时也常常会如此，一项任务的必需步骤和存在的潜在陷阱对领导者来说可能是显而易见的，但对下属来说可能并不清楚，领导者要欢迎下属提问题，并且要对任务和问题做完备和耐心的解释，必要时，还要对关键的注意事项做书面说明。④ 指明目标而不是确定程序。领导者在授权时主要是告诉下属要完成什么而不是如何完成。领导者不应该认为自己的方法一贯是最好的，要允许下属使用其他的方法，并鼓励下属提出新观点和进行改革与创新。⑤ 要对绩效进行监控。有效的授权既不是对下属所做的一切进行事无巨细的管理，也不是对下属绩效彻底的放任自流。领导在授予下属一定的工作自主权的同时，要进行必要的指导与监控，其中包括在下属遇到难题时的“援助”和下属犯了错误时的纠错、谅解与鼓励。惩罚会挫伤下属创造和革新的动机与热情。同时，领导者需要建立具体的程序以便定期评价下属的绩效，提醒和督促下属按照规定的时间和目标要求完成任务。⑥ 多赞许，少责备。领导者在布置任务的同时，也必须将相应的权力一并授予下属，但必须保留对所布置任务需要承担的全部责任和义务，一旦出了问题，领导者应当承担全部的失败的责任，不能推诿。这对于激励下属继续更好地完成任务是必要的。

（2）领导者建立威信的方法

领导者树立良好的威信应注重做好以下几个方面：① 正确对待权力和威信的关系，做到有权有威，相辅相成。权力对领导者威信的积极影响有三个方面：一是传统因素，即传统上人们习惯认为领导者不同于普通人，有权意味着有才干，下属自然会产生服从感。二是职位因素，领导者在组织中的特殊位置会使下属产生敬畏感，这是社会组织赋予领导者的力量。三是资历因素，领导者的学识、生活阅历与经验影响着下属的认知与判断，员工对资深的领导者会产生敬重感，受晕轮效应的作用，资深领导者的言行也容易在员工心理上占有重要位置，易于被接纳。但是，权力对威信的影响是相对的、有限的，过度使用权力、滥用权力会使员工产生逆反心理，损害领导者的威信。② 加强自身修养，发挥非权力因素对领导者威信形成的积极作用。影响领导者威信树立的非权力因素包括品格因素、知识因素、能力因素和感情因素。品格因素指领导者的道德品质和作风。领导者优良的品格能够吸引下属并产生榜样力量，甚至会成为员工的精神依赖，而品格不良的领导者会导致员工的全盘否定。知识和能力本身就是一种力量，拥有专业性知识和解决特殊问题能力的领导者能够产生心理磁场，下属会自觉自愿地跟随并乐于听从领导者的号召，而平庸的领导者是难以得到下属信任的。感情因素对威信的影响体现在领导者与下属建立了良好的情感关系后，能够使员工产生亲切感。热情、平易近人、和蔼可亲、关心体贴下属的领导者能够创设一种和谐、融洽的群体和组织氛围，能够给员工带来轻松、愉快和满意的心理感受，这自然就会受到员工的拥护和支持；反之，领导者与员工之间的冷漠、哀怨甚至憎恨的关系只能导致相互排斥和对抗，既有的威信也会消失殆尽。③ 正确对待领导者与员工之间水平距与情感距的关系。我国管理心理学家俞文钊教授认为，领导者与员工之间的水平距是指领导者在知识、才能、决策、意志等方面高于员工的水平，感情距是指领导者在情感上与员工的融洽程度，领导者与员工水平距的最大化和感情距的最小化才能获得较高的领导威信；相反，那些不学无术而又官气十足的领导者难以在员工中形成威信，这必然会阻碍领导行为有效性的发挥。领导者的威信是员工发自内心的对领导者的一种真实感情的结晶，是领导者的一言一行引起员工共鸣的综合反应。

(3) 领导者处理与上级关系的方法

首先，下级要理解上级的目标和意图。一方面，下级应该试图了解上级的个人目标和组织目标。忠诚度和支持度是互为条件的双轨道，只有了解了上级的价值观、偏好和人格，才能更好地理解上级的行事意图，也才能有助于加强下级与上级的关系。另一方面，作为下级也要意识到，上级不是超人，他们有优点也有缺点，下级通过弥补上级的缺点，既能得到上级的认可，同时也有助于提高组织绩效。从更一般的意义上讲，下级通过使上级更多地了解自己，征得上级的指导与支持，以此来强化上下级关系，因为很少有上级不喜欢倾听下级的汇报、了解下级的工作情况以及对下级进行指导和建议的。其次，下级要学会适应上级的风格。不同的领导者有着不同的领导风格，如，有的领导做事雷厉风行，有的领导做事缜密细致，有的领导者只管结果不问过程，而有的领导者喜欢事无巨细，有的领导者喜欢听下级的口头汇报，有的领导者则需要书面的汇报和下达书面指示等。因此，作为下级需要灵活地适应上级的决策风格、问题解决策略、沟通方式和互动策略等。

(4) 领导者处理与下级关系的方法

领导者要处理好与下属的关系，应遵循以下原则：一是要率先垂范，以身作则，要求下属做到的事情自己首先要做到；二是要尊重下属，应对下属的人格予以足够的尊重，不能恶语伤人；三是要关心下属的利益，尽可能满足下属的需要；四是要积极激励下属的工作积极性，并做到经常沟通，增强下属对自己的信任感。

3.评价

青少年领导力的培养是一个系统工程，就领导力的五个要素来看，每一种能力也是相辅相成、互为补充的；从培养渠道来看，家庭教养方式是基础，学校教育是关键，组织中的实践锻炼是保障，三者密切联系，不可或缺。就具体内容而言，培养和学习领导意识、领导观念、领导理论和领导行为训练等环节，是认知与行为相结合的综合性学习模式。其中，观察与模仿、培养自我效能感等方面都是重要的。同时，还要有敢于大胆尝试、不怕失败的毅力与勇气，需要持之以恒、百折不挠的信心，这本身也是青少年领导力塑造不可或缺的部分。

三、应用及注意事项

家庭教育要重视孩子的价值观培养。价值观是一种内在精神，领导力的培养强调价值观的重要性。价值观是一种全部由后天培养的特质，特别容易受到父母的影响，成功的家教并不完全取决于父母是否接受过很好的教育，而更主要的是受父母价值观的影响。因此，父母要注意自己的言行，帮助孩子树立正确的人生观、价值观。

学校教育要注重培养学生独立的人格。正如《列子·杨朱》所言："智之所贵，存我为贵；力之所贱，侵物为贱。"这是古人对独立人格精神最生动的描述。以自己的存在为存在，同时又能尊重他人的存在，在与他人的交往中保持自身的独立性，并以个体的独立价值参与社会活动。具有独立人格精神的人有宽广的胸怀，能海纳百川，不因生活中的琐事而斤斤计较，不过多地计较个人得失，能以平和的心态看待事物的发展，这正是塑造领导力所需要的品质。

组织要做到个人目标与组织目标的匹配。根据组织的目标与个人的发展目标，来为现有或潜在的领导者提供机会，从多方面考虑个人发展与机遇的匹配。高层管理者要全面了解每一个人，包括他们的工作能力、领导素质、工作成绩、发展潜力和个性特点等方面，更好地促进领导力的培养与塑造。

素养八　演讲的素养

说话和事业的进展有很大的关系，是一个人力量的主要体现。

——富兰克林

巴菲特作为金融巨鳄被世人所敬仰，他在自己的人生中遇见过各种挑战，他认为现在对全世界的年轻人来说是一个全新的时代，因为年轻人有更多的资源和技术可以利用。同时，他指出，个人演讲及沟通能力对年轻人的职业生涯是相当重要的，尤其是公众演讲以及个人写作的能力。他回顾了自己的经历，在他大学毕业后，为了提高自身的公众演讲能力，他支付了 100 美金去学习戴尔·卡内基的演讲方法，提高自己与人有效交流的能力，以及通过交流能力培养领导力及影响力。巴菲特认为，不论年轻人在学校进修什么专业，有效的表达以及演讲能力都是至关重要的。这种能力不仅需要通过学习技巧提高，也需要通过实践不断地提高。

广义的演讲技巧包括准备素材的能力、语言组织的能力等，还包括在演讲过程中的肢体语言、形态语言等多种呈现方式。演讲技巧呈现出一个人在面对大众、正式场合下的应变能力与口才。当代青年所要面对的正式场合比较多，这些场合是青年展示自我、获得更好发展的重要机会，因而，具备一定的演讲技巧就成为青年人文素养中的一个重要部分。

不妨让我们来做个自我测试。

演讲技巧水平自测

测试者：　　　　总分：

		选项与分数	得分
1	在演讲过程中，对于态势语言（肢体动作），通常你能够做到的是：	从没想过这些（1分）	
		偶尔做一些动作（2分）	
		经常做但机械呆板（3分）	
		经常做，感觉不错（4分）	
2	对于演讲主题和观点你能够做到的是：	观点模糊（1分）	
		有观点，但平淡（2分）	
		观点啰唆，缺少概括性（2分）	
		观点高度概括（3分）	
3	对于演讲结构设计你能够做到的是：	不知如何设计（1分）	
		结构层次不清晰（2分）	
		结构有层次，逻辑不严谨（3分）	
		层次分明，结构严谨（4分）	
4	对于演讲的具体内容你能够做到的是：	内容空洞不具体（1分）	
		言之有物但不够通俗（2分）	
		道理多故事少（3分）	
		内容生动，能引发共鸣（4分）	
5	从心态来讲，你在演讲时能够做到：	紧张得要命，大脑空白（1分）	
		每次都会紧张，但能调整（2分）	
		重要场合才紧张（3分）	
		从来不紧张（4分）	

续表

		选项与分数	得分
6	对于自己的演讲声音，你的评价是：	声音小，没底气(1分)	
		音量可以，但缺少力度(2分)	
		声音大，但不够饱满(3分)	
		声音饱满圆润(4分)	
7	对演讲有声语言的总体感觉是：	声音平淡，缺少节奏(1分)	
		声音过快或过慢(2分)	
		节奏无法与内容匹配(3分)	
		节奏适当，表达流畅(4分)	
8	对于演讲的控场互动你能够做到的是：	没有概念，不会(1分)	
		演讲现场有些散漫(2分)	
		气氛可以，但不会互动(3分)	
		能控场，会互动(4分)	
9	从场景来说，你的演讲能够做到的是：	很少考虑场景(1分)	
		想到场景，不清楚要注意哪些(2分)	
		了解具体场景，不知如何结合(3分)	
		能够结合场景讲话(4分)	
10	从演讲总体效果来讲，你的演讲是：	演讲不能入情景(1分)	
		感情平淡，缺少说服力(2分)	
		有感情，少激情(3分)	
		有感情，有激情，感染力强(4分)	

评分标准：

本测试共10道题，每道题满分4分，测试总分值为40分。每题四个选项，相应分数列在选项后面，所选选项对应的分数累计即为总分。

结果与分析：

10～15分：你能做到“说话”，但是不是演讲。基本上来说你能够按照演讲稿完成自己想表达的内容，但是在控制演讲的各个方面，你可能都是心有余而力不足的。在你演讲的过程中，你可能会被观众的情绪和反应带跑。

16～25分：你的演讲可能缺乏动人之处。你能够成功地将听众的注意力吸引过来，然而由于你在表达技巧、肢体语言等方面仍然存在不足，可能会导致自身的演讲乏善可陈，难以打动听众。

26～35分：恭喜你，你的演讲已经很不错啦！你在肢体语言、语言表达、情感表达等方面都处于比较不错的水准，基本上已经算得上一个好的演讲者了！

36～40分：你简直就是演讲界的天才！你的演讲技巧已经炉火纯青了！但是一定要记住，不要过分“发挥”你的才能，否则很有可能会适得其反。

一、演讲及其研究

1. 概念界定

演讲又叫讲演或演说，是指在公众场所，以有声语言为主要手段，以体态语言为辅助手段，针对某个具体问题，鲜明、完整地发表自己的见解和主张，阐明事理或抒发情感，进行宣传鼓动的一种语言交际活动。演讲的技能技巧不仅仅体现在演讲比赛等具体活动中，更体现在日常的生活与工作当中，体现在与人交往的过程中以及面对大局进行自我展示的过程中。演讲的技巧体现了演讲者的口语表达能力，其重要性是不言而喻的，它是演讲者必须具有的首要素质，也是基础素质。一个人的演讲稿写得再好，其感情再丰富，但如果难以通过优秀的演讲技巧表达出来，就难以呈现出动人的演讲效果。然而，演讲技巧并不是天生的，是可以通过后天的努力、培训而获得的。

2. 理论基础

演讲时要组成一个综合的、统一的、完整的传达系统，以达到演讲的目的。在这个系统中，讲和演这两个要素是缺一不可的，只有这两个要素达成和谐统一，才能圆满完成演讲任务。对于演讲技巧，从语言表达的角度来说，对演讲者提出了以下三方面的要求：

(1) 语言思维要求

语言思维指的是在个人的语言表达之前，在人的头脑组织过程中具备的一定的思维逻辑能力。这种思维逻辑能力，是使得演讲者在演讲过程中能够及时反应、协调组织与表达的重要保证。具体来说，具备良好的演讲能力的人，其在语言思维方面需要具备以下几个特征：

首先，严密性。这要求演讲者在演讲过程中能够选择最恰当的词汇，采用最为有效的语言组织形式，通过严密的语法逻辑，将自己想要表达的思想、内容准确无误地表达出来。一般来看，一个人的逻辑思维如果很严密的话，其自身进行语言组织的能力就会更高，在语言表达的组织方面也就更为有效，自身进行表达时效率也就会更高。

其次，深入性。演讲与普通的口语表达不同，在语言表达的背后，肯定还会有一定的内涵隐喻在其中，需要听众进行深入的体会。而在这一过程中，则需要演讲者在之前就进行较为深入的思考，将要表达的内容以及含义有效地提炼出来，同时选择有效的词汇进行组织，以达到用最为简练的语言就能够表达出自己的想法以及更深层次意义的目标。

再次，条理性。演讲者在进行表达之前，一定要对自身所要表达的内容进行理性的分析及判断，做到心中有数，这样在表达过程中才能使得听众很好地理解，并给予演讲者肯定。条理性要求演讲者一定要遵循语言的表达规律，在心中打好腹稿，这样才能在表达时做到心中有数，不慌不忙，富有条理，演讲的内容也容易让别人理解和接受。

(2) 语言表达要求

对于演讲者来说，即使自身的语言逻辑再严密、思维逻辑再好，但却难以表达出来，这也是一个较为严重的问题。语言的思维逻辑是在表达之前内在的深层次的能力需求，是在思维层面的体现，而语言的表达则涉及个人外在的表现，是对于人的外在的要求，是对于声音形式的一种最为基本的诉求，是语言思维的外在体现之所在。具体来说，一个优秀的演讲者在语言表达方面需要具备以下能力：

首先，语言表达具备清晰性。这是语言表达最为基本的诉求，即要求一个演讲者在说话时要注意口齿清晰、发音准确、字正腔圆，使得听众能够很好地对于演讲者的话语进行理解。因而，对于演讲者来说，在演讲过程中应尽量使用普通话，少用方言、俚语，少加入地方口音，不采用多种语言的混合表达，也不用一些专业的、少见的词汇。在演讲中，采用纯正的英语、普通话以及其他语言进行表达，是减少沟通障碍、保证演讲清晰性的关键之所在。

其次，语言表达要具备准确性。语言表达的准确性，是使演讲者与听众能够很好地进行沟通，确保信息传递的准确性，获得双方理解的重要保障。准确性对于演讲者自身来说，要保证表述过程中心口一致，能够准确表达自身的意图，传递语言中的信息与隐藏的情感等。而在表达方式上，则要尽量避免可能出现歧义的表达方式，如含糊其辞、词不达意等情况，要具备甄选词汇、语汇的基本能力。

再次，语言表达要具备简洁性。沟通成本中很大的一部分是时间成本，而时间成本的节省，主要靠的是演讲过程中演讲语言的简洁性。只有表达上能够简洁明了、不拖泥带水，演讲者才能够在有限的时间里抓住听众的注意力，才能够使得自身的文采发挥得淋漓尽致，也才能够使得自己与他人在交往当中取得更好的效果。

除此之外，演讲还需要具备一定的文采。这种文采能够使听众感受到演讲者自身所具有的才能，同时又不会觉得演讲者在卖弄文采或者夸夸其谈。

(3) 语言表达效果要求

在演讲过程中，除了传递信息之外，演讲者还要用自己的语气、动作、表情等感染人，传递一定的情感，起到更好的传播效果。从理论层面上看，语言表达需要有以下的表达效果：

首先，必须理性。在演讲的过程中，无论演讲者带有什么样的目的，要达到怎样的目标，在语言方面，都需要使用富有理性的语言进行表达。具体来说，就是根据事件表达的需要，将所要传递的信息客观地表达出来，无论是客观地传递命令、进行通知，还是要通过语言来感染人，理性而富有逻辑的表达都是必不可少的。

其次，必须具备幽默性。幽默是一种语言的艺术，也是一种智慧的呈现，能够在演讲过程中很好地融洽双方的气氛，能够体现出一定的艺术感，化解可能出现的尴尬。在演讲过程中，幽默是为演讲者加分的重要元素之一，也是演讲者通过演讲提升自身的重要方式之一。

再次，在演讲时采用的语言表达，需要有一定的鼓舞性。演讲的目的主要是为了促成一定的目标，或者领导群体实现某一目标。因而，只有当语言有很强的鼓舞性的时候，才能够激励他人，使其参与到合作当中来。如果在活动中，则能够有效地激励员工投入到一项工作当中，如果在谈判中，则能够有效地促成双方达成合作。因而，在演讲过程中，演讲者根据自身对于演讲目的的判断与分析，有效地采用鼓舞性的语言，能使演讲者和听众都保持昂扬的态度，激发双方奋斗的动力。

除此之外，演讲的语言还需要具备感人的力量，通过语言来感染听众，使得听众能够沉浸在表达当中。虽然难以达到“语不惊人死不休”“化腐朽为神奇”的效果，但也一定要不断地锤炼自己的语言，使其具有很强的感染力，使听众能够顺着自己的思路走。

3. 相关研究

对于如何促成一个好的演讲，学者们的研究也莫衷一是。客观来看，学者的研究结论可以总结如下：

(1) 选择鲜明的主题

演讲切忌主题不鲜明，演讲的形式可能多种多样，所在的环境也各不相同，然而具备鲜明的主题则是必备的。衡量演讲主题是否鲜明的标准有：① 立意是否有一定的高度；② 能否引发听众的感触；③ 能否使人激动和奋进，即是否有感召力；④ 是否涉及大众关心的问题；⑤ 是否有明确的结论。

如果一个人的演讲在以上五个方面都乏善可陈，那么就是在选题上没有把握好。

（2）准备有质量的演讲词

无论是有准备的演讲还是即兴的演讲，都需要有既定的演讲词（或者"腹稿"）。演讲词的准备，也需要一定的个人能力，需要在平时积累一定的素材，通过阅读、收集等方式，将资料进行总结归类，提高自身的修养，厚积而薄发。在将要演讲的时候，则要列好提纲，通过自身的逻辑思维判断，加工提炼出演讲的思路，写作能力强的可以整理出演讲词。而后，要对演讲的开始部分进行精心的设计，以有效地博得他人的关注，同时要布局好结尾，对于自身演讲的意义进行分析与判断，帮助听众将主要的内容串联起来，引发思考，使人回味，让听众难以忘怀。

（3）注意口语以及肢体语言的运用

好的演讲词如果没有好的表达也会使演讲黯然失色。演讲过程中，要注重语言的力量，也要注重口语、肢体语言的表现形式。演讲者在口语表达中，要有力、清楚、流利，要采用较高的音调来表达。而同时，也要注意舒展、自如的肢体语言的运用对于演讲词的表达作用。要充分利用语言、口语、肢体语言的配合来传递信息，表达情感。图 8－1 是演讲中较常见的两种肢体语言。

伸手(单或双掌心向上)表示请求、交流、许诺、谦逊等

握拳一般表示无比激动、坚定信心、充满自豪、力量、斗争、奋斗、义愤、仇恨等

图 8－1　演讲中较常见的肢体语言

二、素养培育

1. 要素结构

演讲技巧，从本质上来说是一种语言能力的呈现，然而其又不仅仅是语言能力的综合。演讲技巧中蕴含着语言、肢体等多元的表达能力，因而从技能标准来看，一个好的演讲者需要具备以下要素：

✧ 语言积累能力

所谓语言积累能力，是一个人通过生活中的方方面面对于自身的语言进行有效积累，从而使得自身在需要进行演讲的时候，能够有效地寻找到演讲主题并且能够快速组织语言的能力。这种能力需要在日常生活中进行锻炼，通过只言片语的领会以及阅读、涉猎的开展，从生活的各个方面进行观察、判断，这样才能够形成有效积累。

✧ 语言思维能力

语言思维能力是一种内在能力，是一种有效处理自身所掌握的各类语言碎片的能力。演讲时，演讲者需要将自身掌握的各种内容集中在一起进行处理，通过严密的逻辑思维，使得语言成为具有逻辑性、能够有效传递信息、达到劝服目的的逻辑产品。从这一层面上来说，语言思维能力的重要性是显而易见的，它是一种将零散的内容集中并且整理的重要手段，是将零散的、无意义的内容整合成为有意义的内容的关键之所在。

✧ 语言表达能力

语言表达能力，是一种将自身的语言思维能力"转码"成为语言表达的重要手段。这一能力，是让存在于演讲者脑海中的语言、思维、想法，通过表述器官——嘴，来形成能够听得见的语言。"有口无心"这个词说的就是人的思维与表达之间不同步的情况，而这种不同步的情况在演讲中是大忌。因而，要想具备演讲技巧，必须达到语言表达能力与语言思维能力的同步，使得口与脑形成良好的配合，从而达到完美表达的目的。

✧ 肢体表达能力

肢体表达能力对于演讲技巧来说，是一种“锦上添花”的技能要素，这种能力对于演讲者来说并不一定是必备的，但确实可以使演讲增色不少。通过有效的肢体表达，能够使演讲呈现得更丰满，更加有力度，能够更好地表达演讲者的情绪，从而带动听众的情绪，使信息更好地传达，使演讲者的目标能够很好地达成。

然而，肢体表达（如图 8－2 所示）能力对于一些演讲经验欠缺的演讲者来说，是较难掌握的技能，需要经过持续的锻炼，才能达到头脑、嘴巴、肢体的高度协调。

图 8－2　肢体表达

2. 方法演练

✧ 语言积累能力的培养方法

青年可以通过阅读积累语言。在大学语文课程中的阅读课上，青年学生可以通过阅读和思考，先画出课文中的词汇、语汇，摘录好的句子、段落，然后通过分组的形式进行陈述和交流，再确定大家公认的值得积累的词汇、语汇和篇章段落。这样，可以培养学生对于语言的敏感程度，提升学生对语言积累的兴趣和积累的效果。青年只要学会带有思辨性质的主动阅读，在自主进行的文本阅读中带有很强的目的性和任务性，能够快速地进行识记，就能提升自己在语言积累方面的能力。目前，无论是高校教师还是主流媒体，都给大学生开出了一系列的“必读书单”，大学生针对这些内容进行有效阅读，是进行语言积累的重要手段。

背诵也是一个好方法。通过背诵，能够形成由口及心的理解与认同，让道德因素逐渐内化，从而使得青年受益终生。对于青年来说，背诵经典是必需的，这一方面能够锻炼其积累词汇的能力，另一方面能够使得其积累的语言内容更为广泛。高校语文教师、思政教师应多花一些时间为青年选取合适的阅读、背诵材料，这些都是当代青年阅读积累的重要来源。同时，在进行阅读之后，青年可以在学校社团、网络论坛等平台进行自由交流，互相讨论，加深对素材的理解，如此，大学四年下来，积少成多，广大青年掌握的经典内容就极为牢靠，数量也极为可观。

✧ 语言思维能力的培养方法

关于语言思维能力的培养方法，一方面，广大青年要学会如何对素材进行思考，另一方面，青年在语言运用过程中的速度也需要提高，这样才能使得自身在语言表达时有快速的反应，从而应对演讲过程中的一些突发性问题。

青年可以采用对比阅读的方法，对阅读内容展开有效思辨。利用这样的对比阅读方式，同样的题材，相近的内容，却能够呈现出非常不同的阅读体验，这样才能够逐步扩大青年语言积累的覆盖面，同时激发其阅读兴趣，使得阅读中存在一定的思辨性，使得阅读积累这一过程不再死板，能够充满趣味性。

在具备了一定的思辨能力之后，青年则需要进一步提高语言思维速度，也就是有效提高从想到说的速度。要实现这一目标，则需要通过大量的自我训练，使头脑更加灵活，表达更为清晰，同时，也要导入一些语言技巧，使得青年的语言思维能力能够在发展过程中得到理论的熏陶，从而使得自身的能力得到进一步提升。青年要在学校内部寻找适合进行演讲练习的场合，如演讲比赛、各类大型活动、在团体中任职等，获得演练的机会，增加语言思维能力展示的场域，以更好、更快地获得自身在语言思维能力上的发展。

✧ 语言表达能力的培养方法

语言表达能力的培养，最重要的还是在实践中进行训练。在高校中，无论是在课堂上还是在课堂外，都有许多适合培养语言表达能力的场所，重要的是，广大青年要主动融入这些群体当中，在一定的场景下进行自由的表达。对于多数青年来说，诸如演讲比赛等大型活动参与的机会比较少，因而仅仅依靠这些活动来培养语言表达能力是远远不够的。对于语言表达能力的培养，需要渗透在日常的学习与各类活动中。

青年要积极表达，在课堂活动中获得锻炼的机会。在大学学习中，各科教师作为教学的引导者，对学生起到了重要的语言表达能力培养教育的作用。在教学方式上，当代的大学课堂形式多种多样，常采用小组合作法、课堂讨论法、圆桌会议法，鼓励学生在课堂上进行自主表达，青年学生要抓住这些机会，在课堂上勇于表达自己的意见，实现从“敢说”到“能说”的蜕变。在日常生活中，青年应当主动寻找更多表达自我、传递信息的机会，从而在日常生活中锻炼自己的语言表达能力。俗话说，熟能生巧，语言表达也是如此。对于青年大学生来说，只要度过了一段时间的不适应期之后，就能够很好地掌握语言，使得语言表达自然而然地成为自己的一种技能，这样就能够自然、熟练地掌控语言、表达自我了。只要时间充足、机会充分、参与得当、思考深入，经过一定的训练，大多数青年学生的语言表达能力都会得到有效的提高。

大学生还可以通过速读法来进行演讲训练，开始朗读时速度慢一些，而后逐步加快，最后达到你所能达到的最快速度，读的过程不要停顿。可以用录音机将自己的诵读录下来，然后自己听一听，从中找到不足，进行改进。

✧ 肢体表达能力的培养方法

语言是一门艺术，而身体语言，也就是形体，本身也是一门艺术，两种艺术整合起来，能够让平淡无奇的传播行为迸发出更加丰富的含义，传递出更大的信息量。青年学生接触肢体表达较少，对于怎样是正确的肢体表达不甚理解。除了在日常生活中进行观察之外，还可以观看高水平演讲的视频及国家领导人、新闻发言人发言的视频，这些都有助于更好地理解何谓良好的体态与肢体语言。通过对于正式的、高端的演讲肢体语言的模仿，青年也能够掌握一定的肢体语言表达上的技巧。

特别针对演讲而组织的形体训练，可以帮助青年人进行形体上的塑造，从而从各方面提升青年自身的气质，展现自身的肢体魅力。这种正规的训练，对于女性来说，能够使其保持良好的体态，更好地面对大众，从而使其在演讲中能够收放自如，给人以优美的感觉；对于男性来说，则可以通过形体训练展示其落落大方的风度，通过得体的肢体表达，来体现自身的气质。这些对于演讲来说，都是极为重要的。

另外，还可运用想象训练法，每天至少花 5 分钟时间想象自己在公众场合成功演讲的情形，至少花 5 分钟时间在镜子前练习微笑和肢体语言的运用。

3. 评价

演讲能力培养的难易程度，主要依据是否有良好的培养环境，以及接受培养者是否有演讲的基础能力、性格与天分。对于一般的青年来说，通过一定的培训手段，在建立起了自信、具备了基本的演讲能力、准备好演讲的素材之后，进行一场有准备的演讲，难度并不是很大。而即使在接受了一定的训练之后，想要在即兴的状态下很好地作一场演讲，并且取得良好的效果，对于青年来说，要求依旧是比较高的。然而无论怎样，熟能生巧，只要通过持续的积累和不断的练习，演讲能力一定会有显著提升。

三、应用及注意事项

演讲能力主要运用在青年对于事件的陈述、对于自身进行研究的表述、表达个人情感、肩负领导作用的时候。在学校环境中，如若担任一定的领导职务，则学生的演讲能力就能得到充分运用。利用自身的演讲能力，青年需要对所带领的群体进行鼓舞和激励，以达到既定目标。对于研究者来说，具备演讲能力，是其能够完整表述自身研究内容的关键之所在，在很大程度上这也决定了其研究成果是否能够被认同。而当青年走上工作岗位之后，演讲能力与其工作表现息息相关。在向领导汇报工作时，在向客户进行成果展示时，在给下属安排工作时，都需要用到自身的演讲能力。可以说，演讲能力这种重要的表述能力，或许会成为一个人能否在职场上取得成功的重要影响因素。对于个人的生活来说，良好的演讲能力也能够使得自身更好地传情达意，在朋友交往、亲戚交流过程中树立起自身良好的形象，减少不必要的麻烦。

演讲能力其实本身是和一个人的个性息息相关的。一个较为外向、开朗、头脑灵活、爱交际的人，可能与生俱来的演讲技巧就比较高超；而一个相对内向、安静、个性沉稳、热爱思考、不爱表达的人，培养其演讲技巧的难度就会比较大，甚至无论采取怎样的培养方式也难以达到最终的培养目的。从这一层面上来说，演讲能力的培养一定要分层次来进行，不能给所有的青年制订同样的、高层次演讲技巧的目标水平，这样是不尊重青年人的个性特点的。

笔者认为，对于演讲技巧的培养来说，要尊重每个青年的不同个性，并注重专业区分。对于本身条件比较好的青年，可以提高要求，重视对其演讲能力拔高的发展；而对于一些本身性格不适合大众演讲的青年，则要注重提高其语言积累能力以及表达能力，使得其在沟通中能够合理地表达自己的诉求，具备相应的思维能力即可，无须过分拔高。对于一些研究性较强的专业来说，则需要重视演讲技巧培养中的语言表达部分。总而言之，演讲技巧的培养一定是因人而异、因情况而定的，需要采用个性化的教育方式。

素养九　职业规划的素养

凡事豫(预)则立,不豫(预)则废。言前定则不跲,事前定则不困,行前定则不疚,道前定则不穷。

——《礼记·中庸》

丽文毕业于师范类中文专业,学历为本科。毕业时丽文希望找到能够发挥自己文学特长的工作。毕业后,她进入一所学校成为一名语文教师。工作两年后,丽文发现教师并不是最适合自己的职业,虽然自己毕业于师范类院校,但是并不具备管理学生的技巧和能力,也不善于在课堂中调动学生的积极性,她对自己的工作并不满意。于是,丽文对自己的性格特点及优势做了分析,她发现自己的口头表达能力比较差,但是文笔优美,文字能力很强,她期望的职业是可以更好地发挥自己的文字能力及文笔优势的岗位,于是广告行业文案或者媒体中文字编辑工作成为丽文着重发展的领域。因为此类工作对管理能力要求较低,但是要求有很强的文字创作能力,这样可以发挥丽文的优势,在独立的工作空间中发挥自己的特长。经过合理规划后,她对自己的职业生涯非常满意。

在职业的选择上几乎所有人都害怕进入不适合自己的行业。现在的就业环境中，就业门类林林总总，就业企业对于招聘对象的要求比较细致，因而职业选择对于青年来说更是至关重要。一般来说，青年在毕业之前对于社会的接触少，对于职场的接触就更为有限，对于自己的职业走向、毕业去留情况很少进行系统的思考，主要都是抱着“找到啥工作就干啥”的想法来求职，就可能在就业中走弯路，难以达成自己的职业目标。在这一背景下，对于刚刚进入社会的青年来说，亟待提高职业规划方面的技巧。尤其是针对刚刚工作或已经工作三四年的人来说，接近一半的人感受不到企业的归属感，也没有人生的方向，从而没有目标和动力。这往往是因为自己的职业方向感差，无法为自己做出清晰的判断，所以导致了对未来感到迷茫。对于找什么样的工作或者现在的工作到底是走还是留，如果是走到底往哪儿走，如果留下来自己又能得到哪方面的提升，都缺乏必要的分析。

你对自己的职业规划清晰明了吗？通过下面的测试就可以判断出来。

职业目标自测

1. 大学所学的专业是自己思考后选的吗？

A. 是的　　B. 不是/他人的意见

2. 有没有独立选择工作的能力？

A. 有　　B. 不能独立选择

3. 你对自己有明确的职业规划吗？

A. 有　　B. 没有

4. 现在的工作对今后的定位有没有帮助呢？

A. 有　　B. 没有

5. 工作的动力来源于哪儿呢？

A. 强大的内心需求　　B. 我必须努力工作

6. 觉得自己有没有发挥出特长？

A. 已经发挥出自己的最大才能了　　B. 没有

7. 明白自己真正想要得到的是什么吗？

A. 明白　　B. 没有认真考虑过

8. 几年之后认为自己的工作状况会改变吗？

A. 会　　B. 不会

9. 对于工作和事业，你的理解是否一样呢？

A. 一样　　B. 不一样

10. 如果有一个新的工作机会，风险与机遇并存，你会有勇气去尝试么？

A. 会　　B. 不会

11. 有没有想过通过一些有效途径帮助自己进行职业规划？

A. 想过　　B. 没有想过

12. 职业方向和人生方向有关联么？

A. 有　　B. 没有

评分标准：

A 选项得 1 分，B 选项得 0 分。统计自己的总分，了解自己的情况。

结果与分析：

0～4 分：没有个人的规划，也没有明确的人生方向。目前的工作只是保证你生存的一种方式。可能你的生活质量并不高，一旦公司面临危机进行裁员的时候，你也许就是最先被裁掉的一批。所以你的问题比较严重，需要他人指导你重新规划职业目标。

5～8 分：对于你来说，也许有段时间目标明确，但是目标不会持续很久，在日常工作中经常被别人指挥，缺少自己的规划和目标。这个时候要将你的眼光放得长远些。

9～12 分：你是一个目标比较明确的人，知道自己想要的是什么。更重要的是你懂得在职业生涯中的取舍，也有可能已经是职场中的领导者。但是这个时候要虚心听取别人的意见和建议，这样才能够走得更远。

一、职业规划及其相关研究

1. 概念界定

专家们对职业的认识和研究有很多的观点。一般来说有两种观点符合人们的认可：一方面是从工作的角度出发，将职业规划看作是一系列分支的构成；另一方面是将职业规划看作是自己的一种功能，而不是单一的组织功能。由于每个人的职业经历各不相同，所以每个人的职业生涯都是独特的，也可以认为是一个人的所有职业的经历。本篇文章要研究的是后者。

职业规划是指个人或者企业把个人的发展与企业的发展相互联系起来，对个人因素和组织因素进行分析，从而有针对性地制订个人的职业规划和发展。另外一种说法是指所制订的计划和战略，有时也指公司和员工共同制定的目标和发展活动。

2. 理论基础

人与职位相匹配的理论认为，职业的选择是一个比较重要的过程，也是相互匹配的过程，人们会根据自己的个性以及爱好选择自己喜欢的职业。根据人们的个性程度分为六个方面：第一个方面是现实型，第二个方面是研究型，第三个方面是社会型，第四个方面是创业型，第五个方面是艺术型，第六个方面是传统型。每一种个性的人都有自己的偏好和价值观，如表 9－1 所示。

表 9－1　霍兰德对个性和职业的分类

分类	性格特征	职业倾向
现实型	害羞、真诚、讲求实际、坚持、稳定	机械工程师、钻工、飞机机械师、服务员
研究型	喜欢分析问题、谨慎、好奇、有独立见解、内向	经济学家、物理学家、保险精算师、外科医生、电力工程师
艺术型	无秩序的、情绪化的、理想主义、有想象力、爱冲动	记者、戏剧艺术教师、广告经理、室内设计师、建筑师

续 表

分类	性格特征	职业倾向
社会型	与人合作、慷慨、乐于助人、好交际、善解人意	记者、历史教师、顾问、社会工作者
创业型	敢作敢为、雄心勃勃、精力充沛、专横、自信	房地产销售、市场分析师、律师、人力资源经理
传统型	有效率、服从、讲求实际、冷静、诚实尽责	文员、会计师、出纳员

择业动机理论表明，职业是一个不断选择的过程，其根本是发展。随着人们经验的增加，不断地调整自己的意识。人们在选择自己职业的时候会对各行各业进行一定的了解，选择自己喜欢并且符合自己价值观的工作进行匹配。对于人们选择职业来讲，美国心理学家维克多·弗鲁姆(Victor Vroom)认为，个人选择工作的行为强度由个人的期望所决定，与个人的价值观和动机强度成正比关系。

科学家施恩的职业锚理论表明，虽然每个人的工作经历各不相同，但是在工作的决策当中是有着一样的感受的。当一个人在工作的过程中经验的积累上升到一定程度之后，当他们未从事本项工作时，有一种意识会将他们重新拉回来。这也正是职业锚的作用。它的意思是说职业锚是指一个人被迫不得已选择职业的时候，无论如何都不会放弃职业中的那种最重要的东西。

哈佛商学院教授吉恩·道尔顿(Gene Dalton)和保罗·汤普森(Paul Thompson)把职业发展分为四个阶段：成长依赖期、独立贡献期、指导授能期、策划领导期。虽然这四个阶段与职位没有关联，但能解释同样一份工作，为什么两位员工创造的价值会有巨大差异。那是因为在职业的后期发展中要达到一种很高的绩效是由之前的自我管理决定的。

施恩的职业发展理论基于人们不同年龄所面临的工作问题和任务，可以分为九个阶段：第一个阶段是成长和探索阶段，第二个阶段是查看工作世界，第三个阶段是基础培训，第四个阶段是早期职业的正式成员资格，第五个阶段是职业中期，第六个阶段是职业中期出现的危险，第七个阶段是职业后期，第八个阶段是衰退阶段，第九个阶段是退休阶段。

3. 相关研究

在20世纪初期，国外就开始了职业生涯规划的研究，直到20世纪90年代才传入我国。我国的研究学者李荣从个人职业规划的角度对理论进行了精辟的概括。他认为职业选择从20世纪初就开始有了，不过现在从概念和思想上都发生了翻天覆地的变化。这种发展大致分为三个阶段：职业的规划期(20世纪初至20世纪50年代)、职业发展与职业的辅导时期(20世纪60至70年代)、全面发展与辅导的时期(20世纪70年代至今)。

按照职业生涯规划经历的时间长短来说可以分为人生规划、长期规划、中期规划和短期规划四种类型，如表9-2所示。

表9-2　职业生涯规划

类型	定义及任务
人生规划	整个职业生涯的规划，是一个较为笼统的概念，小至懵懂的孩童大至懂事的成年人都会经历这样的规划，都会设定整个人生的发展目标。如规划成为一位享誉世界的艺术家、登上月球的宇航员、拥有巨额资产的公司董事或伟大的国家领导人
长期规划	5～10年的规划，主要是设定较长远的目标。此时的规划基本清晰，建立在对未来的一定预期之上，如规划30岁时成为一家中型公司的部门经理，规划40岁时成为一家大型公司的副总经理等，或者规划30岁时开始创立自己的公司，规划40岁时自己创立的公司能够上市等
中期规划	一般为3～5年内的目标和任务。这种规划相对明确，如规划从大型公司部门经理到小公司做总经理，或者规划从地方性公司经理成为区域性公司经理等
短期规划	3年以内的规划。这种规划主要是确定近期目标和近期完成的任务，如提高某方面的技能、学习某种专业知识、了解某方面的业务知识等

职业规划是在人力资源理论的基础之上发展起来的新思想。职业规划是现代企业管理的重要内容，是一个动态的、不断调整的过程。这一过程被

看作是努力满足企业、员工和公司管理层的一个过程。

对于本书的研究来说，职业规划的主体是大学生自己，然而大学老师则能够对学生起着一定的引导和帮助作用。

二、素养培育

1. 要素结构

✧ 专业知识技能

所谓专业知识技能，与大学生的专业课程学习相关，是某专业的学生学习的内容和自身所懂得的东西。专业知识技能是专业学生具备的独特能力，是不能够被轻易迁移的，即无法在短期内通过简单的训练和学习掌握，是需要长期的学习、积累、训练才能够得到的。专业知识技能对于一个专业的学生来说是其核心竞争力，然而专业知识技能的重要性却经常被夸大。对于大学生来说，专业知识技能一般是通过正式的教育而获得的，但又并不是全部在正式教育中被获得。在课外的培训、辅导、考试、会议、研讨等过程中也可以获得专业知识技能，甚至通过自学、娱乐休闲、社会实践活动都能够获得。

✧ 自我管理技能

一般被人们所认知的“个性和品质”指的就是自我管理技能，而并非某一种技能。这种技能可以在生活领域中传递到工作领域当中来。好的自我控制管理技能能够帮助人们更快地适应环境，面对工作上的问题，所以也被叫作“适应性”技能。在外部，自己的控制水平构成他人对于个体的一种“印象”。通过向榜样学习、认同与联系、观念的多元化、自我认知的提高等多元方式都能够获得有效的自我管理技能，这也是一种比较泛化的、边际不明晰的管理技能。

✧ 可迁移技能

所谓可迁移技能，指的是一个人能做的事情，也被称为通用技能。这种技能可以在生活中的多方面得以获得与发展，能够用于诸多不同的工作项目之中，能够为人所长期运用，几乎不可磨灭。对于用人者来说，这也是一个人能够被信赖的重要条件之一。可迁移技能主要体现在人的“能力”方面，这些“能力”使得一个人能够胜任工作，并且能够在群体中被凸显出来。可迁移技能主要是通过在实践中的观察、体会、训练得到，也能够通过生活中的诸多细节得以磨炼出来，对于一个人来说是可以习得的，同时也是短时间内难以磨灭的。诸如沟通能力、思维能力、人际关系、组织技能、研究技能等都属于可迁移技能。从日常生活经验就可以看出这些可迁移技能非常重要。

2. 方法演练

✧ 青年职业规划的一般培养方法

对青年人的职业规划不是临近就业时才重视，而是渗透在大学生自我发展的每一方面，青年应该对此进行充分的关注。

首先是自我定位，青年人应该不断地去关注社会和就业的整体形势并结合自身特点进行分析。大学教育本身是面向人才培养的，首先要知道的就是“我将来会做什么，我身处的行业是怎样的”。要对自己的能力进行正确的评价和分析，从而确定自己适合什么样的工作，提前做好准备。

其次是对就业和整体社会环境进行评估。通过对环境的分析，再结合自身的优势，评价那些属于自己的发展机会，并且不断地去探索，拓展自己的信息面和接触面。一方面，要对新闻进行关注；另一方面，要积极融入院系、专业的各个群体之中，通过大众传播与集体传播收集相关的信息，真实地认识到就业、职业规划的现状，以及本专业毕业生的去向等实际问题。

再次是生涯目标的确定。青年需要结合自身的学业发展，在每一个学习阶段为自己设定新的有关职业规划的发展目标。在大学一年级时，需要多和大二、大三的学长、学姐交流，了解在专业大致的职业发展方向以及相应的在课程学习中应当关注的点，在此基础上要对自己的发展进行思考与判断；在大学二年级时，要有效进入专业课程的学习，主要致力于通过课堂学习和自我完善进行技能的提升；而在大学三年级，进入了实习和就业阶段，青年要勤实习、勤问询、勤走动，在自身逐步融入职业实习的同时，与已经入职的学长、学姐及学院、学校的就业指导人员、辅导员保持密切的联系，对于今后从事的工作、岗位的实际状况进行深入的了解，做到走上工作岗位时，已经有了充分的心理准备；在大四即将毕业时，青年已经具备了相应的职业能力，可以开始对后期的职业规划进行设想。贯穿四年始终的，则是对于大学毕业生自身素质的提高。这样，职业规划就能够使得大学毕业生分时间段地提升自己的职业技能，让大学毕业生们能够在毕业之前练好基本功，有应对工作的资本。

在前几点的基础上，青年除了自己努力，还要借力，也就是积极参加学校的各类职业规划课程和企业宣讲活动。这些活动不仅将专业知识、自我管理和可迁移技能的培训结合在一起，而且在不同的阶段会提供综合性的指导，使得青年自身职业生涯规划的目标更明晰，道路更明确，还能够使得青年扩大自己的社交圈，为未来的职业发展铺平道路。

✧ 毕业生职业生涯规划的必备培养方法

人说“水到渠成”，除了“长线作战”之外，职业生涯规划也要打好“攻坚战”，对毕业生在即将毕业的关键时刻进行重点的、有针对性的职业生涯规划指导，短时间内提升他们在可迁移技能方面的能力，帮助毕业生顺利就业。

青年学生在求职期间需要眼观六路，耳听八方，这样才能够在就业上拔得头筹。在寻找工作过程中最为重要的就是信息的通达程度，然而青年对于信息的掌握水平却高低不同。青年对于就业信息的了解，很大一部分来自学校的就业指导教师和就业指导网站，而这些信息相对于盈利性质的招聘网站和外部散乱流传的信息来说，是更加具有权威性和真实性的，而职业生涯规划就肩负着收集信息、传递信息的重要功能。青年需要重点把握这样几个信息渠道：首先是学校的就业指导人员，他们拥有丰富的经验，能够掌握学校内部的就业信息资源；其次是已经走上工作岗位的同门师兄师姐，有了他们的指导，在面试、笔试环节就能够先人一步；再次是亲朋好友、老师提供的信息以及相关推荐，来源于这些渠道的信息一般来说都是比较可靠、真实的，提供的工作岗位也是经过筛选的，在得力的推荐下，还能够使得求职事半功倍。毕业生在毕业阶段需要“广撒网、勤走动”，多方寻找可靠、稳定的信息源，以使求职更加顺利。

青年学生在求职期间还需要主动掌握求职技巧，小心谨慎地处理自身求职中的每一步，获得主动的提升。一些简历制作、简历投递、面试模拟中的技能技巧，很可能就会成为青年在求职中的制胜法宝。例如，某电子商务专业的学生将简历中的图片尽量处理掉，减小了简历的容量，便于人力资源部门下载查看，相对于另外一个为求简历美观、用图片做了过分美化，而导致简历文件太大、人力资源部门下载不了的学生来说，他就是成功的。这虽然是细枝末节的事情，却也体现出了一定的求职技巧。

同样，在任何行业中，掌握一定的办公技术、专业技术与动手能力、思维能力是同样重要的。而在面试过程中，要怎样表现出自身的全面的素质，扬长避短，也是职业生涯规划的重要内容之一。青年学生可以通过咨询就业指导教师、辅导员、师兄师姐等方式了解面试技巧，也可以在互联网上查询相关公司的面试流程、面试要求以及应对技巧，这在求职过程中都是十分重要的技巧。

3. 评价

✧ 专业知识技能

专业知识技能的掌握，对于大学生来说难度较低。在大学本科四年的学习过程中，无论是从理论知识的学习还是从实践活动来看，学习专业知识的实践和机会都是极其充裕的。在大学环境中，大学生拥有诸多共同学习的伙伴和优质的外部学习条件，从这两个层面上来看，大学生进行专业技能学习的客观条件都是相当充分的。然而，对于大学生来说，掌握一定深度的专业知识技能的难度却比较大。因为不够勤奋或动力不足，所以一般大学生对于专业知识技能达不到精深的掌握，理解较为浅薄。这也是大学生进入职场之后倍感压力的关键原因。

✧ 自我管理技能

自我管理技能的习得，对于大学生来说难度较大。一方面，在当代大学生活中，对于相关技能的培训较少，学生自主进行探索的机会也太少；另一方面，大学生所处的客观环境，导致其在校期间缺乏进行自我管理的意愿，一般又缺少第三方的约束。以上现状的综合，导致许多大学生在自我管理方面存在缺失，难以获得较好的外部评价。从客观上来说，自我管理技能对于学生自身有着较高的要求，因而难度较大。

✧ 可迁移技能

在大学生活中，可迁移技能的发展是伴随各项活动的开展而逐步磨炼出来的。然而一部分大学生得不到在实践中锻炼的机会，而另一部分大学生参加各项实践的机会却较多，这种不平衡也导致了大学生在可迁移技能培养中的不均衡。对于可迁移技能来说，每一个大学生的起点都是一样的，重点在于对大学内部各项资源的掌握和运用。从这一层面上来看，对于大学生来说难度也不高。

三、应用及注意事项

对于当代大学生来说，学生的自身性格有一定的特点，决定其适合或者不适合某方面的工作。例如，一个相对文静的女生，就比较适合在办公室内从事一些单据的处理、客户服务等工作，而一个性格外向的女生，则适合与客户约见、进行业务洽谈等工作。职业生涯规划技能的培养本身也是一种“以人为本”的工作，青年需要加强自我认识，通过对于自身性格的了解来确定自身岗位的方向，同时要求助身边的长辈、教师、师兄师姐等，让他们基于自己的性格、能力给予中肯、客观的职业规划指导，毕竟“旁观者清”，这样可以避免青年因为追求高薪等原因而选择与自身性格相悖的工作。

职业生涯规划还应当包括明确的就业指导，就业指导的重点是沟通就业单位与大学生。而目前，就业指导的范围应当扩大，包括介绍就业现状、培养就业技能、解决就业中可能出现的心理问题等。目前就业指导的内涵和外延不断地被拓展，已经不仅仅是单纯的“信息沟通工作”，因而，需要高校就业办工作人员更加深入地对其进行研究。在做好沟通、信息工作的基础上，需要更加关注如何提高大学生自身的就业能力，使其能够以正确的心态寻找到适合自己的工作，唯有如此，才能够使学生找到自信心与成就感，在事业上有个完美的开端。

第二编

人际互动类素养

素养十　社交礼仪的素养

礼仪是指导人们与他人相处时，让对方感到舒适的行为准则。

——佩吉·波斯特

我国香港有个大富豪名叫李嘉诚。他是非常重视礼节和教养的一个人。对于他几个孩子的教育，他就这样总结过，他是三分之一在教怎样做生意，三分之二在教怎样做人。他曾定下规矩，无论工作多忙，每周一晚上一家人一定要一起吃饭。用餐时他和家人对佣人都是彬彬有礼，他会对给他端汤的佣人连声说“谢谢”。曾经有个商人去拜见李嘉诚，他说令他印象深刻、难以忘怀的就是李嘉诚先生虽然是德高望重之人，但是对人却一点架子也没有。那次见面结束的时候，李嘉诚先生不但亲自送他走出办公室，还一直热情地送至电梯口，直到电梯门关上时还没有离去。这一行为深深地打动了他，使他明白李嘉诚之所以事业能获得如此成就，其中一个重要因素就是具备待人真诚、尊重他人的优秀品质。可见礼仪体现了人的文化素养和高尚的道德品质。青年人提升自我的礼仪素养，有利于整个社会文明的发展。正如古代著名思想家孔子言："修己以敬，修己以安人，修己以安天下。"

礼仪主要是指人们在社会活动中所形成的约定俗成的规范行为，它的形成是一个漫长的过程。我们现代所说的"礼节"都是有据可查的。例如，握手礼的由来就是古人为了表示自己手里没有武器，让对方感觉到自己没有恶意而创造的；而碰杯礼的由来据说是过去角斗士为了表现未在酒中下毒，角斗前要将杯中的酒洒向对方的酒杯以证明安全等。

下面我们来做一个自我测试。

社交礼仪自我测试

如何判断自己是否是一个注重社交礼仪的人？不妨先来做一个自我测试。

1. 介绍集体时，应首先介绍（　　）。

A. 熟人　　B. 集体中的领导者

C. 女士

2. 介绍他人中，哪项规则是错误的？（　　）。

A. 尊者优先了解情况　　B. 先将女士介绍给男士

C. 先将职位低的介绍给职位高的　　D. 先将年轻的介绍给年长的

3. 介绍他人或为他人做引导的手势应该用（　　）。

A. 食指　　B. 拇指　　C. 掌心向上　　D. 掌心向下

4. 在介绍两人相识时，应遵守的原则是（　　）。

A. 先卑后尊　　B. 先尊后卑　　C. 先女后男　　D. 先主后宾

5. 握手的时间应控制在（　　）秒钟以内。

A. 2　　B. 3　　C. 5　　D. 10

6. 自我介绍时，正确的名片交换顺序是（　　）。

A. 客先主后　　B. 身份低者先　　C. 身份高者先　　D. 主先客后

7. 我们在呈递名片时，以下不当的做法是（　　）。

A. 只可以用右手呈递　　B. 要将名片正面朝向接受方

C. 接受的名片应放到名片夹或上衣口袋中

8. 普通场合的拜会时间应控制在(　　)以内。

A. 1 小时　　B. 半小时　　C. 3 小时

9. 礼仪是一个人性格、(　　)、品味、道德修养的外化。

A. 仪容仪表　　B. 服饰打扮　　C. 气质　　D. 仪态

10. 接听电话过程中如有突发状况需暂时让通话对象等待,时间一般不超过(　　)。

A. 1 分钟　　B. 2 分钟　　C. 3 分钟　　D. 5 分钟

11. 接电话的最佳时机应在铃声响过(　　)之后。

A. 一声　　B. 两声　　C. 四声　　D. 五声

12. 下面哪一项不能成为职场着装的禁忌?(　　)。

A. 过分杂乱　　B. 过分鲜艳　　C. 三色原则　　D. 过分短小

13. 我国的国花是(　　)。

A. 牡丹　　B. 菊花　　C. 玫瑰　　D. 郁金香

14. 下列哪些是不允许正式赠予的礼品?(　　)。

A. 烟、酒　　B. 书画

C. 纪念章　　D. 组织形象标识产品

15. 在五人座的轿车上,最尊贵的座位应当是(　　)。

A. 副驾驶　　B. 后排左侧　　C. 后排右侧　　D. 后排中间座

16. 为客人奉茶时,通常不宜斟得过满,更不允许使其溢出杯外。正确的做法是应当斟到杯身的(　　)处,不然就有厌客或逐客之嫌。

A. 2/3　　B. 3/4　　C. 1/2　　D. 4/5

17. 路遇他人应该(　　)。

A. 靠右侧行走　　B. 主动侧身让路

C. 快步行走　　D. 互不相让

18. 在楼道行走或上下楼梯时应(　　)。

A. 靠右侧行走　　B. 靠左侧行走　　C. 走中间　　D. 随意

19. 在地铁、火车、剧院、宴会厅等公共场所，朋友或熟人间说话（　）。

A. 不影响别人的前提下要轻声细语

B. 可以不顾旁人高谈阔论

20. 礼仪是以（　）为目的而建立起来的各种符合礼仪精神和规范的行为准则。

A. 平等关系　B. 和谐关系　C. 亲密关系

标准答案为：1. B　2. B　3. C　4. A　5. B　6. C　7. A　8. B　9. A　10. B　11. B　12. C　13. A　14. A　15. C　16. A　17. B　18. A　19. A　20. B

以上测试如果正确率超过三分之二的话，说明被测试者在日常生活中还是一个比较注重行为规范的人。反之就意味着被测试者礼仪意识的缺失，而这种缺失很可能导致其成为一个不受欢迎的人。懂得礼仪的人在使他人感到轻松快乐的同时也丰富了自身的人格。当其对他人表现出和善和礼节时，此人也会从中享受到特别的幸福感。这种感觉不断刺激人们铭记礼仪的内涵，促使人们在日常生活中更加积极地遵守礼仪的准则。

一、现代社交礼仪及其相关研究

1. 概念界定

礼仪即尊重的含义，具体表述为在人际交往中尊重自己同时尊重他人的表现和仪式。如果你尊重别人，别人可能就重视你，这就是我们通常所说的“礼多人不怪”，是一种待人接物的基本要求。社交礼仪是指人们在与他人社会交往的过程中，外在表现形式和行为规则的总和。这是在长期的社会生活中和风俗习惯基础上形成的，是人们共同遵守的品行、程序方式和体现的修养风度。[1]

① 金正昆：《社交礼仪教程》，中国人民大学出版社 2016 年版。

综上所述，礼仪其实就是交往艺术，也就是待人接物之道，它强调三个方面：交流、沟通和规则。

2. 理论基础

中国素有“礼仪之邦”之称，古人在交往中一直遵循着一些约定俗成的行为准则。而中国几千年来传颂的儒家思想也把“礼”放在了极其重要的位置，孔子曾言“兴于诗，立于礼，成于乐”，可见这些准则受到中国几千年的文化积淀的影响。相对于我国来说，西方国家具有不同的价值观和文化观，但在人际交往的过程中也十分强调礼节的重要性。

美学是社交礼仪的理论基础之一。它研究的是美的定义和美的规律。礼仪与美学的关系是：“有礼则雅”，符合礼仪的做法是美的；美是衡量礼仪是否完善的标尺。因而我们可以说礼仪实际上是交际活动的一种形式美。自从有了人，就有了交际。交际是伴随人类的产生而产生，伴随人类社会的发展而发展的。所以交际作为人们不可或缺的社会行为，同样也是人类社会常见的社会现象。

传播学理论是社交礼仪又一个十分重要的基础理论。传播学所研究的是信息传播的规律。如我们用传播的观点来看待人类的交际活动，即被称为人际传播。通过研究得出两者的关系：礼仪活动通常与传播密不可分，传播学是礼仪规范的重要理论基础之一，交际是信息传播，传播制约着交际。

另外，“交际”这个词语在汉语中出现，至少已有 2 000 多年的历史了。宋朝儒学大师朱熹作注：“际，接也。交际谓人以礼以币帛相交接也。”而《孟子·万章下》曰：“敢问交际，何心也？”这些内容都阐述了交际的含义就是交际的方式和礼仪的关系。此后，“交际”一词就被泛指为人与人之间的往来应酬。社交礼仪指的是人们在社交活动中应该遵守的行为准则和规范。

3. 相关研究

目前国内外对于社交礼仪的研究主要集中在两个方面：一是礼仪教育是否基于道德教育中；二是社交礼仪在日常生活中的重要性。

（1）礼仪教育是否基于道德教育中

对于这个问题，在国际学术界，大多数学者持否定意见，现代伦理学研究的普遍看法是礼仪不属于道德。他们认为礼仪作为一门独立的学科，是社会活动中人们约定俗成的行为规则。自从人类社会产生社会关系就有了研究如何搞好这种关系的学问。它和很多学科有交叉，但是不能把它等同于其他理论体系，其中包括道德与伦理研究。

但也有少数学者认为礼仪是基于道德产生的。在这种理论下有两种观点，即“还原说”和“独立说”。“还原说”认为礼仪的价值是它体现了公认的道德原则。人们的交流需要共同语言，礼仪就是一种能表达所有人都理解和认可的语言。“独立说”认为良好的礼仪是跟尊重别人、诚实等原则并列的独立道德要求。“礼貌与尊重人、为他人着想或宽容的不同之处，在于礼貌总是包含着表示尊重、宽容和为他人着想。因此，礼貌是道德行为中一种基本的交流形式。”这种观点表示礼貌是尊重他人的表现，同时也是多种道德原则的共同表现，所以它是一种独立的道德标准，不能将它等同于这些原则中的任何一种。①

中国学者的观点比较简单，似乎礼仪属于道德是根本就无须讨论的真理。比较集中的观点是“礼仪的根本是道德，正因为有道德作为内在根据，礼仪才未被看作社会强加于人的外在的行为规范”。

（2）社交礼仪在日常生活中的重要性

孔子曰：“不学礼，无以立。”荀子也曾说过：“人无礼则不立，事无礼则不成，国无礼则不宁。”礼仪既是对文化文明的传承，同时也彰显了个人的素养与气质。在经济快速发展的今天，社交礼仪在世界各国都是一门必修课。在人生的发展过程中，无论是在事业上还是在生活中，都有重要的指导作用。社交礼仪能够促进整个社会文明的进程，具体作用表现在三个方面：第一，它能帮助一定的主体塑造良好的社会形象，包括个人形象和组织形象。

① 袁征：“礼仪是不是道德”，载《教育发展研究》2012年第12期。

第二，它能促进人们进行有效的信息沟通，增进人际交往。人际交往，贵在有礼。有礼之人不仅能赢得别人的尊重，而且能扩大交往的圈子。第三，它能促进社会文明的发展。社会中人人都具有良好的礼仪形象，必然能使整个社会的文明程度大大提高。

二、素养培育

交际交往也需要技巧。在社会交往中人们免不了与他人接触，尤其是和陌生人初次会面时，能否做到知礼、守节，往往关系到自己留给他人的第一印象的好坏和双方关系的发展。

1. 要素结构

在正式社交往来中，礼仪包括会客礼仪、问候和介绍礼仪、握手礼仪、电话礼仪、座次礼仪、乘车礼仪、行路礼仪、电梯礼仪、礼品礼仪和宴请礼仪。掌握了这些社交礼仪就能使我们在社交往来中避免言语、行为有失，同时也能使我们在最短的时间内获得对方更多的信息，帮助我们建立良好的人际关系，在赢得别人尊重的同时建立良好的个人形象。

2. 方法演练

(1) 会客礼仪

我们在人际交往过程中经常会有迎来客往，在会客的过程中要想给客人留下良好的印象，就要在往来过程中始终做到文明、礼貌、热情的三原则，俗称“待客三声”。所谓“待客三声”是指来有迎声、问有答声、去有送声。

✧ 来有迎声

来有迎声指的是当客人到来时要主动、热情而友善地与客人打招呼，主动、热情、友善地问候。

✧ 问有答声

问有答声指的是当面对客人提问时要有问必答，不厌其烦。有问必答是一种耐心，同时也是个人教养和风度的体现。

✧ 去有送声

去有送声是指善始善终，是文明待客的最后一个环节。当客人离去时，不管对方有没有主动道别，也不管彼此的交流和沟通是否顺利，都要本着有始有终的原则，主动向即将离去的客人表示真诚的拜别。不做好这最后一个环节，前面的良好表现都会前功尽弃。

同时仅仅在口头表述上体现文明与礼貌是不够的，更应当表现出发自内心的真诚，如只讲礼貌用语，但却缺乏必要的诚意，就会给别人以形式主义或被勉强的感觉，也不可能达到预期的良好沟通的效果。

如何做到诚心诚意地会客，体现在与客人交流沟通时做到眼到、口到、意到，我们通常称为“热情三到”。

✧ 眼到

眼到是指会客时要善于与对方进行眼神的交流。面对客人时，无视对方或不注重规范地乱看都是失礼的行为。要注意眼神交流时间的长短和部位是否正确，尤其是注视对方的角度是否向对方传达了你的尊重友善之意，斜眼或者全方位扫描对方的做法都是失礼的行为。

✧ 口到

一是使用通用语言。使用普通话是在接待国内客人时必须注意的一个基本素养。对待外国友人时最好考虑对方的语言习惯，尽可能用双方都能理解的语言交流，避免出现沟通障碍。

二是说话到位。说话到位就是要求在与他人进行沟通时，要避免出现沟通脱节问题，由于文化、风俗习惯和心理变化等原因，双方可能存在对口头表达语言理解的差异。所以我们在交流沟通时要考虑对方的心理状况和文化差异。

✧ 意到

意到就是指表情、神态要与口头语言一致，始终表现出对待他人的热情、友善和专注。

一是表情恰当，神态自然。在会客时要做到不卑不亢，表情恰当，能够体现沟通者见多识广，临阵不慌，而表情过分严肃实际上就是有怯场之嫌。

二是及时互动。及时互动是指沟通双方的表情一致，即尽可能使自己和对方的情绪保持一致。如对方高兴的时候你不要不高兴，对方不高兴的时候你也同样表现沮丧等。不要以同一种表情，比如微笑来应对所有场合。

(2) 问候和介绍礼仪

✧ 见面问候

问候是我们社交场合双方见面后的第一个重要礼节。在问候时应注意几个细节性问题：

首先是问候的顺序，一般原则是位低者先行。但是具体问题具体分析，因场合而异问候内容有别，如女性优先体现在社交场合而非工作场合。

其次是问候称呼，一般原则是称呼行政职务、行业称呼（如“护士”“老师”等泛尊称）、称技术职称或者是时尚性称呼（“先生”“女士”）。但是在正式场合尽量要用全称，不要简称如“李处（长）”“赵局（长）”等。在外事交往中，外商更习惯称呼或被称呼为“先生”“小姐”“女士”。

✧ 引见——介绍、握手

在人际交往中，介绍是一个重要的环节，因而我们常称介绍是“交际之桥”。介绍按介绍者身份可以分为介绍他人和自我介绍。

✧ 介绍他人

介绍他人时要注意两点：

① 谁作为介绍人：一般我们在会客时介绍人由专职接待人员、双方的熟人充当，如果是介绍贵宾应由主方职务最高者充当介绍者。

② 介绍的先后顺序：被介绍双方中尊者居后（地位低者的情况要让地位高者先知道），如先介绍主人后介绍客人。例如专职接待人员（陪同人员）将客人介绍给公司董事长和总经理的介绍顺序为不分男女、不分老幼、不看职务的宾主介绍，正确的顺序是介绍者应先介绍主人（客人有优先知情权），主人按职务高低介绍，再将客人介绍给主人。

介绍他人的顺序：一般情况下介绍他人的顺序是向年长的介绍年轻的，向职务高的介绍职务低的，向女性介绍男性，向关系疏远的人介绍关系亲密的。

介绍他人时的注意事项：介绍他人时不可单手指人，正确的做法是应掌心朝上，拇指微微张开，指尖向上。被介绍者应面向对方。介绍完毕后应该与对方握手问候，并说一些表示友善的话语，例如可以表达为“很高兴认识您!”不要在同一个场合对某个人过多地赞扬，特别是异性之间。如果介绍者正被介绍时是坐着的，除了职位高者、长辈和女士外，被介绍者出于礼貌和尊重应起立。但是在会议、宴会等场合不必起立，被介绍人只要微笑点头示意即可。

✧ 自我介绍

很多人际交往是从自我介绍开始的。如今在进行自我介绍时，重要的工具就是名片。名片其实就是自我介绍信，又称社交联谊卡。

在用名片进行交流和沟通时要注意：一是接受名片时千万不要把对方名片放入裤兜里。二是递交名片时应该双手递交。如上级在场时，不要先于上级向客人递交名片。三是应该双手接拿名片。如果双方同时递交名片时，应左手接，右手递。四是名片(内容)上有“三不准”：不得随意涂改；不得提供两个以上的头衔，必要时可以准备多种名片以供需要；除了手机号码和邮箱外，尽可能不提供私人的联络方式。

在很多社交场合，我们希望能得到别人的联系方式，这时就要及时地索取名片。索取名片时要注意方法，有三种方法可以参考：

一是谦恭法：对于长辈或高职务者，可以表示“希望以后能有机会得到您亲自赐教”。二是交换法：通过递送名片得到对方的联系方式，可以说“能否有幸交换一下名片”。三是平等法：遇到想要进一步交流的同辈时可以直接问“如何与你联系”等。

一般递名片讲究有来有往，但是遇到自己不想递送名片的时候也要注意用语和方法，例如可以讲“名片用完了”或“没有带”这种善意的谎言来达到尊重他人的目的。

(3) 握手礼仪

社交活动中，双方只要发生交往行为，见面礼节是不能缺少的。目前我们国内最通行的相见礼节是握手礼。

在使用握手礼时也应该注意以下几个方面：

一是握手的顺序。一般的原则是：上下级之间，上级先伸手；长辈与晚辈之间，长辈先伸手；男女之间，女士先伸手；社交场合的先到者与后来者之间，先到者伸手。

二是握手的方式。握手时一定要用右手；忌讳用左手，左手不可拿东西或插在口袋里；不可交叉握手。一般情况下，握手时不戴手套、墨镜；不能用脏手与人相握，更不能握手后擦拭自己的手；握手时要起身站立。

三是握手的时间。一般掌握在3～5秒为宜；握手时双方距离为1～1.5米为宜；握手力度适中；不要仅握对方的手指尖也不要抓着对方的手来回摇摆；握手时不要东张西望。一些不恰当的握手方式如图10-1所示。

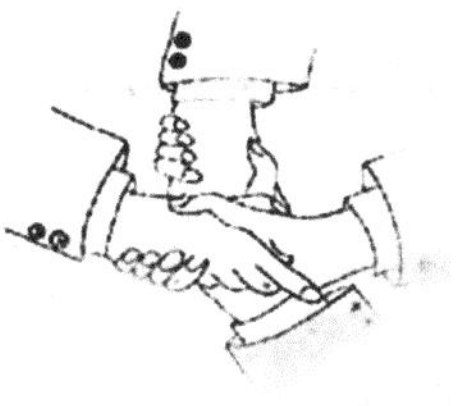

不可交叉握手

不可握手时不看对方而与他人交谈

不可抓着对方的手左右摇晃

不可带着手套握手

图10-1　不恰当的握手方式

(4) 电话礼仪

在现代人际交往中，电话成为人们沟通的主要方式。接打电话同样也要注重礼仪。礼仪运用得体，会为我们带来成功，反之会成为人们交往中的绊脚石。

电话礼仪就是要注意以下几个方面：

首先，通话内容要合乎规范。打电话时要先做自我介绍，热情问候并报出公司或部门名称。如："您好！我是×××公司×××！"如果有急事或在接另一个电话而耽搁时，应向对方表示歉意。其次，注意通话时机要恰当，不要打扰他人的非工作时间。再次，接打电话时要注意举止表现合乎规矩，如接电话时一般在六声以内要尽快接电话。最后，接电话时要注意语音的大小适度，尽可能与话筒保持适当距离。接打电话时嘴里不含东西。接听电话时不能长时间不发声音，否则对方会以为您不在听或没有兴趣。接电话过程中可以简要地汇总和确认来电事项，并向对方表示谢意及尽快处理相关事宜的承诺。如果碰到对方打错电话，不要粗暴地责备对方，尽可能向对方提供适当的帮助。帮助别人接听电话时一定要了解对方的单位与姓名，询问来电事项，并做必要的记录。记录电话要保证信息的完整性，我们的原则是要做到 4W1H：Who（谁）、Where（哪里）、When（时间）、Why（缘由）、How to（处理方法）。最后，记录人签字并标明记录时间。

表 10－1 是一个电话记录单的示例。

表 10－1　电话记录单示例

给：________

日期：　　　　　　　　　　时间：

你不在办公室时，

______________公司的________先生（小姐、女士）

打来电话，号码是：______________

○请回电　○还会打电话来　○紧急　○不急

留言：____

____

接话人：

除了上述内容外，还有一个要提请注意的问题是：双方通电话时，应由谁先挂断电话？一般情况下的原则是地位高者（上级单位）先挂，同级之间主叫先挂。

（5）座次礼仪

在社交礼仪中还有一个很重要的问题要了解和明白，那就是顺序和位次的排列。不管是中国还是外国，但凡正规场合，排列顺序的问题都是比较敏感的问题。搞清楚这个问题，我们要牢记三个基本原则：内外有别，主人要让客人坐；中外有别，我国政务左尊，国际（商务）交往中右尊；墨守成规。

下面我们了解社交和会务场合中涉及位次安排的几个方面：

首先我们看会议筹备中主席台的座次安排。有三个基本原则：前排高于后排；中央高于两侧；政务活动中以左为上，国际惯例或是商务活动中以右为上（左右指就座人之间的左右，与观众视角无关）。以上所述都是通常情况下的惯例，但是礼仪讲究的是“礼之用，和为贵”。这也就是说在会客时尽量要做到主随客便，客人坐在哪里，哪里就是上座。

其次在会客过程中会客室的座次安排也很重要。下面是几种常用的方式：① 自由式，适合非正式场合，社交往来；② 相对式，是指面对面坐，即正式场合，双方公事公办，相对有距离感，谈判多采用这种方式。座位以进门者视角的右为上（动态的右），多人时内侧高于外侧；③ 并列式，体现的是双方关系比较亲近，谈话气氛较随意，双方平起平坐，表示友善。这里是面门为上，以在座者的右为上（静态的右），离门越近地位越低。如图 10－2 所示。

A 为上座，其次 B、C、D。

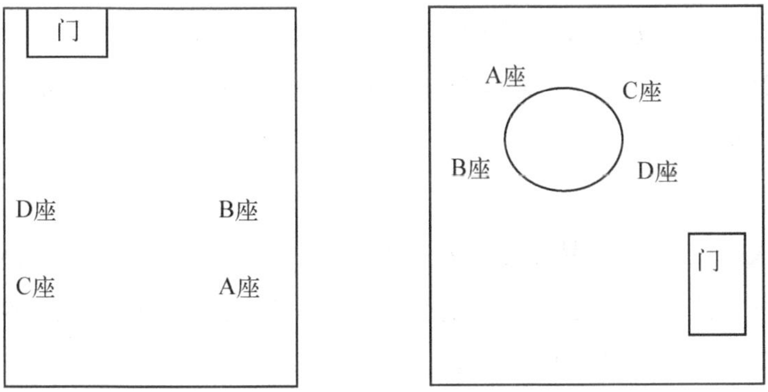

图 10－2　会客座次安排

(6) 乘车礼仪

社交活动中难免有乘车的时候。乘车也讲究礼仪规范，不同身份的人的位次安排是有讲究的。在乘车礼仪中有三个上座，其判断标准为：场合不同及人际关系不同，则位次不同。具体表现为：

① 如果是主人开车，那么上座就是副驾驶座。

② 如果是专职司机开车，那么副驾驶座后的位置为上座(根据交通规则而定)，副驾驶座为随员座。

③ 安保系数最高级别时 VIP 上座为司机后面那个座位。那个座位安全系数最高，副驾驶座为末座。

最后要提请注意的是文明乘车，不在车厢内吃东西、抛废物、脱鞋、抖袜子。另女士在上下车时要注意动作的文明和优雅，如穿短裙的女孩上车时应首先背对车门，坐下之后，再慢慢将并拢的双腿放进车内，然后再转向正前方。下车同样如此。

(7) 行路礼仪

会客时当两人并行，内侧高于外侧，客人靠墙可以避免被他人打扰；多人行走，中央高于两侧；单排行进，前高于后，把选择前进方向的权利交给客人。另陪同人员引导客人上楼的前后顺序：如果客人认路，进出门、上下楼，前面位置为尊；客人不认路，则应在客人左前方。

(8) 电梯礼仪

接待客人来访时，如果遇到乘坐电梯也要注意电梯礼仪。一般情况下的原则是：有专人操控电梯，接待人员要后进后出；无人操控电梯，接待人员要先进后出。

(9) 礼品礼仪

在人际交往中，礼品往往是表达心意的最佳选择。它既是一种纪念品，又是一种宣传品。礼品的选择是否恰当也是决定双方关系发展的主要方面。礼品的选择要看对象、看关系、看场合、看目的。

在交往中，宜选的礼品应具备以下特点：

① 纪念性。顾名思义就是指礼品要有纪念价值。简单地说就是通过礼品让对方牢牢地记住自己。

② 独特性。独特性就是要做到特别、有意义，符合个人的爱好属性。没有独特性的礼品往往会给人以敷衍了事的感觉。

③ 宣传性。宣传性即所选择的礼品有明显的标志，意在推广宣传某形象，特点是不贵重。

④ 时尚性。在交往中选择礼品也要注意符合现代的审美特征，有时代气息。

⑤ 便携性。当客人来自异地时，要注意送给对方的礼品是否便于携带，也就是要不易碎，不笨重。反之就会给对方平添不必要的烦恼。

另在选择礼品时还要注意几个基本原则，即“4W1H”：

① “Who”送给谁。要考虑礼品接收者的喜好。

② “What”送什么。送的东西不能太贵重，不能给对方造成不良的心理负担；更不能送违法的东西。

③ “When”什么时间送。一般选择在客人进门时送或在客人离开前的告别宴会上送。

④ “Where”什么地点送。因公在办公地点送，因私在私下送。

⑤ “How”如何送。按被赠送者身份确定，如果是贵宾或被重视的客人应由主方最高领导者或其代表亲赠。同时要对礼品做适当说明，包括阐明寓意、用途和特殊价值等。

（10）宴请礼仪

宴请礼仪指的是在社交往来中以宴请为主要的交际和增进情感的方式。在宴请时，应注意请客的艺术，这时往往吃什么不是最重要的，而用餐过程中的享受和体验尤为重要。

要在接待和宴请过程中始终给访客以最舒适的体验，就要注重宴请礼节，尤其是对很多细节的关注。例如在以饮料招待客人时，不可回避的一个问题就是要以语言征询对方的需求。这里提请注意的是我们在征询对方意见时，一定要注意用封闭式问题，而非开放式问题。因为使用开放式问题的缺点是会让自己很被动，当我们给客人无限选择时，一旦客人提出的要求我们无法满足时就会产生尴尬。比如“请问您想喝点什么？”或是“请问您喜欢什么？”这类问题都属于开放式问题。对于这些问题，客人可以凭自己的喜好回答，如果客人选择的饮料恰好是你没有准备的，就会显得很被动。因而专业的征询方式是使用封闭式问题，即给出所有选择，让客人从中挑选。例如：“李经理，请问您是喝茶还是喝咖啡？”这句话说明只有这两种饮料可以选择，也可以避免一些尴尬。这就是一种宴请礼仪的体现。

同时，在宴请宾客时要切实按对方的需求考虑，尤其是调查和了解对方的禁忌事项。在接待少数民族和外宾时，这点特别重要。笔者梳理了一些会客宴请时的禁忌：

① 外国人忌口

中式动物内脏，动物头脚，宠物（猫、狗、鸽子），珍稀动物，淡水鱼，无鳞无鳍的鱼（蛇、鳝、泥鳅、鲶鱼）等。

② 民族宗教禁忌

满族、蒙古族、藏族、回族忌食狗肉，蒙古族不食三鸟（鸡、鸭、鹅）的内脏；伊斯兰教忌猪、烟、酒、血；佛教忌荤腥，包括有异味的葱、蒜和韭菜等，以及所有荤食。

当然在社交宴请时，除了考虑宾客的禁忌事项外，作为主人要安排好宴请时的座次。如中式宴会的座次安排是指同一餐桌上的席位高低。排列座次的原则是：面门为上，即主人面对餐厅正门。有多位主人时，双方可交叉排列，离主位越近者地位越尊；主宾居右。即主宾在主位（第一主位）右侧；好事成双，即每张餐桌人数为双数，吉庆宴会尤其如此。

最后介绍的是在社交宴请时应该注意的进餐礼仪。由于中西方文化和生活习惯的差异比较大，进餐时的规范要求也不同。所以我们分中式和西式两个方面来阐述。

✧ 中餐礼仪

中式宴请时，我们在进餐时往往有敬酒的环节。敬酒时眼睛注视对方，双手举杯喝完后再举杯表示谢意。碰杯时，尤其注意己方的杯子不要高于对方的杯子。尊重对方意愿，不以各种理由逼迫对方喝酒。注重文明，保持会场的整洁，不乱扔东西。男士尤其要注意的是不在室内或公共场所抽烟。如遇不慎摔碎餐具，应道歉并赔偿。用完餐离座时，将椅子往内紧靠着桌边由左出。

✧ 西餐礼仪

① 餐具的使用

餐具按摆放位置由外而内逐一使用。几道菜会放置几把餐具，每个餐具使用一次。在使用刀叉时，正确的是左叉固定食物，右叉切割食物。使用完的餐具向右斜放在餐盘上，刀叉向上，刀齿朝内，握把皆向右，等待侍者来收取。刀叉的摆放如图 10－3 所示。

食用中　　食用后

图 10－3　西式餐具的使用

② 进食的方法

进食的顺序为：开胃小菜—沙拉—汤—主菜（白肉）—主菜（红肉）—甜点和水果。在进食的过程中要注意规范的进餐方式：面包不能直接啃着吃而是用手撕成小块放入口中，面条用叉子卷起来吃；不可将汤碗端起来喝汤，要用汤勺由内往外舀，喝汤时不可发出声音；牛排等主食用刀切割，吃多少切多少；水果用叉子取用；嘴里有果核，先轻轻吐在叉子上，再放入盘内；

进食喝酒的话，要注意鱼肉等白肉配香槟等酒类，牛肉等红肉用红酒搭配。

③ 坐姿

进食时坐姿要端正。拿取离自己较远的东西，应请别人递过来，不要离座伸手去拿。不可含着食物说话。在公共场合不能喧闹，文明用语，轻声细语，不要影响邻座的客人。

3. 评价

人际关系是互动的，尊重来自双方的以诚相待。礼仪是做人之道，是一个人在社会上教养和内涵的统一表现。正如著名学府清华大学的校训“知易行难，行慎于也”一样，对于每个人来说，学习礼仪并不难，难的是在现实生活中真正做到文明行事，知书达理。从每一个细节着手关注礼仪，身正以范。现代社交礼仪遵循着真诚尊重、平等适度、自信自律、信用宽容的原则。礼由心生，礼由俗出，由于地区和历史的原因，各地区、各民族对于礼仪的认识各有差异。以上所述的合乎礼仪要求的行为规范是在长期的国际往来中逐步形成的。学习礼仪要遵守以上规范，但是也要具体问题具体分析，不能墨守成规。首先要灵活应变，端正态度。如你到国外，就会遇到一个问题，是遵照自己国家的礼仪，还是遵照所在国的礼仪？此外，如我是主人，我会强调主随客便，尊重客人；但如我是客人，就会强调客随主便。

三、应用及注意事项

交际交往是一门艺术。在现代社会的人际交往中，同样的目的但不同的方式和途径，往往会导致天壤之别的结果。正如著名的管理学家安德鲁·卡内基所说的：“一个人的成功，15%是靠专业知识，85%是靠人际关系与处世能力。”这个道理也是被实践所证明的。可见当代社会知礼、守礼对每个人来说都是很重要的，尤其是影响社会未来发展的青年人。我们都希望在文明的国家、法制的社会中生存和发展，每个青年人都有责任、有义务在美化自身的同时实现美化国家、美化民族形象的美好愿望。提升自我素养就是为提升整个国民素质做贡献。青年人在社交往来中，既要做到彬彬有礼，又不能低三下四；既要热情大方，又不能轻浮谄谀。在接待宾客时，既要亲切友好，尊重客人；又要自尊自爱，端庄稳重。特别要注意把握分寸，认真得体。通过学习礼仪、关注礼仪实现提升个人品位、增进人际交往的目的。

“礼仪使人们接近，礼仪也使人们疏远。”陌生人初次见面时，礼仪即体现为教养和文化素养，是人的内在气质和魅力的展现。可是乱用礼仪，不分场合、亲疏，反而会使人觉得不懂教养，甚至会弄巧成拙。因此，应用礼仪讲究的是适度和谐，要具体情况具体分析。

素养十一 文字沟通的素养

有效的沟通取决于沟通者对议题的充分掌握，而非措辞的甜美。

——葛洛夫

小艺是一家知名广告设计公司的设计人员，由于该设计公司是一家国际企业，员工来自全世界各个国家，因此主要的沟通语言是英语，主要的沟通方式是通过邮件传达各自的理念。整个工作过程需要有不同部门同事的参与，而且每一个环节都互相影响，因此有效的文字沟通以及信息接收十分重要。虽然小艺的英文已经十分优秀，但是由于毕竟不是自己的母语，所以在文字沟通方面并不能达到理想的状态，很多信息会被同事误解，这增加了她的工作负担，一条文字信息需要花费更多的时间进行解释。为此，小艺参加了提高企业沟通能力的训练班。通过训练，她懂得了怎样提取有效信息，如何使文字信息更加简短有效。同时，她不断学习邮件撰写技巧、邮件的有效格式、怎样让主要信息在文字传达中变得突出等知识。之后，小艺的工作效率提高了很多，无须花费大量时间解释文字信息，提高了工作中的有效沟通。

沟通在人的生活中占有重要的地位，没有沟通，人与人之间就无法进行协作；没有有效的沟通，组织内部的执行力就会受到影响。在职场中总是存在一定的沟通障碍，对于行政组织内部各项工作的开展造成了一定的负面影响。这些沟通障碍存在于行政组织内部，既与行政组织自身的层级关系过多、组织内部调度不畅等因素有关，也与行政组织内部人员之间的文化差异等因素有关，同时也受到了沟通渠道不畅问题的影响。

不妨让我们来做个自我测试。

文字沟通水平自测

测试者：　　　　总分：

		很少(1分)	有时(2分)	经常(3分)	必须(4分)
1	记录的习惯				
2	记录的内容				
3	思考后动笔记录				
4	记录是否包含术语				
5	记录后是否修改				
6	记录内容扼要				
7	核实记录内容				
8	选择面谈与书面交谈				
9	他人能理解书面内容				
10	容易完成书面记录				

评分标准：

本测试共10道题，每题最高4分，测试总分值为40分。每题四个选项对应的分值分别为：A—1分、B—2分、C—3分、D—4分，所选选项累计即为总分。

结果与分析：

10～15 分：文字沟通水平较低。你的文字沟通水平比较缺乏，没有形成文字沟通的习惯，更谈不上文字沟通的技巧了。

16～25 分：掌握一定的文字沟通技巧。你已经初步掌握了一定的文字沟通技巧，然而水平并不高，内容也并不是很丰富，仅限于基础性的工作，能够形成有效的沟通。你的文字沟通水平有待提高。

26～35 分：有一定的文字沟通水准。你本身已经具备了一定的文字沟通水准，你的文字表达能够满足日常工作的需要，而且能够帮助你更加顺畅地完成工作，同时与同事建立起良好的关系。因此，保持你的文字沟通水准即可。

36～40 分：文字沟通十分完美！你在文字沟通方面实在是太厉害了！几乎任何文字沟通环境都无法难倒你，你可以游刃有余地完成各项文字沟通工作。

一、文字沟通及其相关研究

1. 概念界定

文字沟通作为一种传统的沟通形式，一直被认为是最可靠的沟通方式，每一个管理者在工作中都不可避免地会运用文字来沟通信息。正如在商业活动中，商务函件、协议、单据、申请报告等，都要以文字记录的方式加以确认，并成为约束各方行为的手段。“口说无凭，落笔为准”就充分说明了文字沟通在现实生活中的重要作用，而且以文字作为表达方式，是整理思路、建构严密信息逻辑的最有效手段。表 11－1 列出了文字沟通的优缺点。

根据沟通的渠道不同，文字沟通可以分为纸张沟通（包括正式和非正式沟通报告、信件、商务函件、备忘录等）、传真沟通、电子邮件沟通和电子会议系统沟通等。其中前两种方式以纸张为媒介，后两种以机器网络为媒介。[①]

① 程艳霞：《管理沟通：知识、思维与技能》，武汉理工大学出版社 2011 年版，第 283 页。

表 11－1　文字沟通的优缺点

优缺点	文　字　沟　通
优点	正式、更具权威性
	词语可以经过仔细推敲、不断修改，从容地表达自己的意思
	内容清晰可查，具有证明力，并且可以长久保存
	文本可以复制，同时发送给多人，信息传递区域广
	传达信息的准确性高
缺点	间接性，没有口头沟通直接
	内容经描述被不同收文部门理解后，容易产生误差
	书面格式不当，会使收文者忽略信息内容
	成本比口头传播高，传播速度慢，效率低

2. 理论基础

（1）受众导向的文字组织原则

文字沟通作为管理中一种常见的沟通形式，必须从受众导向去收集信息、组织信息和编辑信息。为此，对受众的分析同样成为文字沟通的重要前提。如果对受众了如指掌而且语言能力较强时，对受众的分析过程完全是下意识的；但如果对受众的了解不多或所提供的信息十分重要时，就要花一定的时间去分析受众，并根据受众的特点来组织文字信息。一般来说，受众导向的文字组织原则应包含以下内容：受众对信息的第一反应；受众到底知道多少信息；以何种方式编辑信息可以激发受众兴趣。①

受众对信息的第一反应是：这个报告是否值得看？如果受众认为这个报告对于自身事业的发展很有用，他们不但会认真地看，而且会积极采取行动。但如果受众在看到报告后，第一反应是似乎与自己没有关系，或者对报告没有兴趣，就给我们提出了挑战：如何才能让他们感兴趣呢？提供如下建议：① 主题句或第一段向受众昭示该信息的重要性以及与受众的相关性；② 把应付

① 程艳霞：《管理沟通：知识、思维与技能》，武汉理工大学出版社 2011 年版，第 284 页。

诸实施的内容尽量简化；③ 为使信息内容得以实施，设定一个可行的截止日期；④ 信息越短越好。

除此之外还要考虑的两个问题是：受众到底需要多少信息？以何种方式编辑信息可以激发受众兴趣？以上三点，都是以受众为导向进行文字组织的原则。

（2）文字沟通的语言组织技能

文字沟通的语言逻辑、整篇文章或报告的组织、信息的结构安排等，都远比口头沟通要考究得多。文字沟通的语言逻辑性，表现在如表 11－2 所示的三个层次上。

表 11－2　文字沟通的语言逻辑性

最高层次	中层层次	基础层次
整篇文章或报告的前后逻辑性要强，要融为一体，一气呵成。一篇报告的写作首先要确定文章所要达到的目的。为此，要充分收集各方面具有说服力、与主题紧密相关的材料来佐证或论证你的观点。通过提出问题、分析问题、解决问题的逻辑思路，统筹把握整篇文章的结构。在整个论证展开过程中，每个论点要有其系统逻辑结构	在整个论证展开过程中，每个论点需要有系统的逻辑结构。当你提出一个论点时，就必须对每个论点根据“论点—论据—论证”的结构组织信息	每个完整的句子，也要有逻辑性。当一个句子没有表达完整之前，不要轻易断开，一个段落内部前一个句子和后一个句子不要出现完全不同或不相关的意思。正如建设性沟通所要求的连贯性一样，文字沟通更强调连贯性

从表 11－2 可以看出，文字沟通也是分为三种不同的水平的，而对于青年来说，不同的文字沟通的语言组织技能决定了其在文字沟通时所处的层次。

（3）文字沟通的写作过程

3－X－3 是一种通用的商务写作模式[①]，其写作过程提供了一个系统的

① ［美］玛丽·埃伦·伽菲：《商务沟通：过程与结果》（第二版），柳治国等译，东北财经大学出版社 2001 年版，第 263 页。

写作计划，能够帮助你提高各个方面的沟通能力，从简单的备忘录和信息报告到对公司的建议和演讲等，是一种优质实用的文字沟通模板。它包含三个阶段，每一阶段又划分为三个主要步骤，如表11－3所示。

表11－3　完善的3－X－3写作模式

第一阶段	第二阶段	第三阶段
分析、预测和改编：在第一阶段要先花些时间分析写作任务	调查、组织和撰写：要核查文件，收集证据，准备信息，为要点列提纲。对于简短的信息，可在要回复的文件的空白处记录要点，要进行必要的修改，因为第一次很难达到完美的效果。使用文字处理软件能使写作过程尤其是修改过程变得简单	修正、校对和评价：细心的作者会修改自己的信息，对最后一稿进行校对，并设法对自己的信息能否成功进行评价； 站在读者的立场考虑：想法表达得清楚吗？还需要进一步解释吗

无论是怎样的文字沟通，都需要进行以上三个阶段的写作，而只有以上三个阶段圆满完成了，才能使文字沟通的全程更加科学化、精细化，从而获得更好的沟通效果。

3. 相关研究

文字沟通一般都是用于较为正式的场合，公文往来、讨论工作事宜的情况比较多。在这样的情况下，对于如何进行文字沟通才能使沟通更加有效，学者也进行了相关研究，并且得出结论：有效的文字沟通应具备以下特点——长度适度、避免无谓的重复、避免无意义的开场白、以读者为本位。具体来说，是呈现出以下特点：

就公务书信而言，简洁易读的书信不但写来经济，且在传达重点时，也没有太多不必要的干扰来分散读者的注意力。长的句子读起来费力且难以理解，要完整了解整篇文章的意思需花较多时间。短的句子能使读者容易理解作者想要传达的意思，但短篇若未能表达出重点，再怎么短也是没有用的。①

① 叶乃嘉：《中英论文写作纲要与体例：研究报告与英文书信规范》，南京大学出版社2009年版，第237页。

从事任何种类的写作，重要的是能激发读者的共鸣或把理念传达给读者。一件作品的成败，关键在于读者，因此不要太在意自己的文采有没有展现出来，而该花更多的精力去考虑读者的感受。因而，避免无谓的重复、无意义的开场白就成为文字沟通中极为重要的一部分，这也是一种对读者阅读习惯的尊重。

二、素养培育

1. 要素结构

✧ 文字陈述技巧

文字沟通的目的是为了传递信息，因而，文字沟通的基本要求就是青年能够具备基本的文字陈述技巧。这种技巧，就是能够将自己的所思所想、所见所闻，以比较完整、流畅的文字语言表达出来的能力。这种文字陈述技巧一般来说是很基础性的，在表述中，除了逻辑成立之外，其他的要求就是语言上没有歧义、没有语病，能够让阅读文字的人清楚、高效、准确地获得文字所传达的意义。能够具备这样的技巧，就基本上达到了一般文字沟通的要求。

✧ 陈述逻辑技巧

一般的文字沟通中需要一定的逻辑，然而并不要求表达出很深入的逻辑，也不会传递很复杂的深意。然而，对于更高阶段的文字沟通来说，则需要写作者具备一定的陈述逻辑技巧，用条分缕析的方式将事件表述得更为清晰、明了，使得阅读者能够通过不长的叙述来明晰更加深入的意义。掌握了这种具备逻辑的文字陈述技巧，对于青年来说，就能够很好地撰写调查研究报告、学术论文等专业性的书面文字，对于自身未来的发展具有重要的意义。

✧ 表达方式技巧

对于一般性的文字沟通，尤其是对象是个体的文字沟通，一定要注重表达方式技巧。文字本身是客观的，没有表情，也难以体现出一定的感情。然而在沟通中，却不可避免地要在文字中体现出各种情感特征，以达到一定的目的。因而，在这样的背景下，表达方式上的技巧就成为文字沟通中最重要的技巧。在遣词造句上进行斟酌，在语气等方面进行有效的拿捏，都是表达方式技巧的重要组成部分。而能够在细枝末节上通过文字准确地表情达意，则需要长时间的积累与摸索才能够获得，也需要文字撰写者自身具有较高的情商。

2. 方法演练

✧“图式”积累法

“图式”一词来自希腊语，最早出现在古希腊哲学和心理学著作中。18世纪康德曾论述图式的哲学意义，认为人的大脑中存在纯概念的东西。他认为概念本身没有意义，只有当它与人们已知的事物相联系时才产生意义。

对于大学生来说，积累形式图式，最直接的效果就是能够帮助其完成一定的具有格式的公文、书信等，而这对于大学生未来的工作来说，有着重要而且直接的意义。许多大学生走上工作岗位之后，不免要接触到一定的公文写作的内容，而很多学生却对此难以入手。在大学语文课程中，教师需要为学生挑选并且精选公文写作类的内容，带领学生进行阅读，进一步了解相关内容和形式，在学生心中形成有效的形式图式，为学生写作正确的内容奠定基础。这就要求大学语文教学引导者需要在教学内容中融入形式图示，为学生精选一些格式规范、内容端正的正式公文内容，协助学生进行阅读。在教学的同时要进行对于图示积累内容的解构，对于行文的结构、要求等进行指导性的教学，让学生在阅读得明白的同时，懂得阅读内容的意义与作用。

同时，在大学校园中，也要加强对于青年学生阅读兴趣的培养。在学校中，读书活动应当成为学校范围内的重要活动，读书会、文学协会等社团应当在学校的支持下定期开展各项活动，使得有阅读兴趣的学生能够进行有效的互相交流、互通有无。只有在阅读中获得了一定的正确的语言素材，并且有效地积累起来，才能使得青年在文字沟通的过程中有素材得以调用。

在阅读的同时，青年学生也能感受到文字中蕴含的逻辑以及纯粹的美感，从中形成对于文字的感觉，使得自身在下笔时，更加敏捷、流畅。

✧ 环境塑造法

训练文字沟通技巧，最重要的是为当代青年提供相关的环境。俗话说“蓬生麻中，不扶自直”，说的就是外部环境对于个人的影响，主要指的是周边的人对于自身的影响。对于文字沟通来说，想要提高水平也只有不断接触相关环境，才能得到有效的培养。在大学生活中，无论是学习还是生活，有关信息传递的方式都是比较随意的、口语化的，缺乏系统性和正规性，这就导致了青年在面对正规的文字表达环境时不知道如何下笔。很多青年学生在走上工作岗位之后才发现，自己已经有几年的时间没有写过正式的文章了。

从这一层面上来说，青年要积极适应使用文字沟通的环境，主动尝试文字沟通。例如，在平时的班级沟通中，学生可以使用群邮件的方式，在邮件中进行群体讨论，用文字表述来陈述自己的看法；在各种会议的组织上，班级活动组织者可以尝试采用即时通信软件文字讨论的方式，限定每个人发言的次数，通过文字表述来陈述各自的意见……在大学生活、学习过程中，有很多需要沟通、交流、记录的场合，青年要主动将这些场合充分利用起来，为自己创造动笔的环境，这是最为有效的文字沟通技巧培养的方式。

✧ 观察练笔法

“读书百遍，其义自见”，只有亲身进行实践，才能够体会到在一项活动中蕴藏的对于人本身进步的意义，文字沟通尤其如此。对于大学生来说，在大三或者大四年级总会进入公司进行实习，而在实习的过程中，就一定会接触到企业内部各项业务性质和行政性质的文字表达。可能学生并没有机会亲身参与到实际的文字沟通当中去，但是应当自觉地去进行阅读、分析，或者在征得实习老师同意的情况下，将相关内容记录下来，进行进一步的阅读、分析，体会正式工作中文字沟通的特点与特性。在这个过程中，青年一定要寻求大学教师，尤其是大学语文教师、公文写作教师的协助，不能读完就算，要在专业人士的帮助下，对于文字沟通的模式、方式、遣词造句等进行理解，从而记忆其中的特点、写作手段等，使得这项技能内化。

在观察分析结束之后，学生自己要抓住各种机会，在实习的环境中尝试利用文字进行一定的沟通。锻炼不在小，而在于实际的参与。哪怕只是在公司的某一个网络群组中发言，也能够在语境中帮助青年体会行政文字沟通所体现出的不同于一般语言沟通的正式性、严谨性的特点。在实习结束之后，通过撰写实习报告的方式，学生也可以进行实际的练笔，在这样“观察＋训练”的双重配合下，一般青年都会在实习过程中获得对于文字沟通的新认识。

3. 评价

文字沟通能力的培养，对于一般的大学生来说难度并不是很大。毕竟文字沟通的指向只是一般的沟通交流，并不需要在文字沟通中体现超凡的文采，因而，对于一般的青年来说，厘清自身的文字叙述逻辑，锻炼相关能力，应当是比较简单的。在培训这一技能的时候，最为关键的还是要塑造文字沟通的环境，使得学生多练习、多交流，这样就能够在实际应用中提升这方面的能力。

三、应用及注意事项

文字沟通，是青年面对未来工作时所要具备的重要能力。在政务信息化发展迅速的背景下，各个单位内部运用的邮件系统、信息平台、即时通信工具依赖的都是有效的文字沟通。从工作的实施上看，无论是任何单位的任何工作，涉及的行政沟通几乎大部分也都是文字沟通。文字沟通不只是用于传递信息，更是青年在岗位上树立起自身良好形象的重要手段，是一个人基本素质的体现。文字沟通还是现代企业中工作人员进行日常交流的主要方式，虽然采用的是非正式的交流手段与态度，但是文字依旧是其进行信息传递的主要手段。

合理的文字沟通，能够在当代的行政组织中建立起良好的内部环境，形成上级与下级之间、同事与同事之间和谐、密切、相互信任的合作关系，在情感上实现互通互融。有效的沟通，能够使得同事之间互相了解对方的意愿和想法，在工作中减少摩擦和误会，从而提高工作效率，使得部门内部能够运转得更加良好。高效合理的文字沟通，不仅能够为行政工作带来直接的效益，更能够打造出优质的团队文化和工作环境，在各方面促进行政组织的发展。

文字沟通的根本问题实际上是信息传播的问题，而在信息传播中各种元素的交融使得这一过程更为复杂和不可控。要解决这一问题，一方面要提升文字沟通本身的效率，另一方面要拓展沟通渠道、开辟文字沟通方式的新视野。

然而，在培养文字沟通技巧的同时需要注意的是，文字沟通自身其实也存在一定的弊端，由于文字是一种编码，当观察到编码的双方的场域不同的时候，对于文字所呈现出来的意义也可能出现不同的解读，这是无法避免的，即使掌握了再好的沟通技巧也难以避免。并且，文字沟通是冷沟通，缺乏情感成分，沟通充分度不够，很容易出现沟通障碍[①]，同时，在反馈的过程中还容易出现信息的延迟，这就导致了整个信息在传递过程中的失真，使沟通出现问题。因而，在文字沟通能力培养的过程中，在强调文字沟通重要性的同时，也要同样说明文字沟通可能出现的弊端，让青年对于文字沟通有正确的认识，同时注重其他沟通能力的培养，从而使得自身的沟通能力得到有效的提高，不在任何一个沟通层面上“拖后腿”。

① 刘江鹰：《企业员工的自我激励与管理》，中国计量出版社2010年版，第29页。

素养十二　表情识别与表达的素养

要使别人喜欢你，首先你得改变对人的态度，把精神放得轻松一点，表情自然，笑容可掬，这样别人就会对你产生喜爱的感觉了。

——戴尔·卡耐基

飞机上有一位乘客，在飞机刚起飞时问空姐要一杯水，他想吃药。空姐告诉他，要等飞机起飞并进入平稳飞行状态时再给他。没想到这位空姐一忙，把这事给忘了，等到乘客按响了服务铃声她才想起来。乘客很不高兴，尽管空姐多次道歉他也不予理会。在接下来的整个飞行途中，空姐为了弥补自己之前的过失，每次经过这位乘客座位旁时，都要面带微笑，还特意问问他是否需要水，或者还需要什么帮助。快到目的地时，那位乘客问空姐要来留言本。空姐心里很忐忑，显然乘客是要投诉她。但她还是面带微笑给他送过去，并再一次道歉："先生，对不起。请允许我再次向您表示真诚的歉意！当然，无论您提出什么意见，我都会十分欣然地接受您的批评的！"没想到，空姐最后看到的是乘客所写的一封表扬信：空姐十多次的微笑让我很是感动。

微笑给这位空姐带来了意外的惊喜！微笑是脸部表情的一种表达方式，人的表情除了脸部表情之外，还有眼部表情、嘴部表情、鼻部表情等。噘嘴意味着什么？瞪大眼睛意味着什么？这些表情都可以给我们提供很多信息。美国传播学家艾伯特·莫拉宾曾提出一个公式：人际信息＝7％的语言＋38％的副语言＋55％的体态语言，其中体态语言包括面部表情和体态表情。表情在人际交往等活动中的作用由此可见一斑。

下面有个眼神识别测试，看看你能识别出这些眼部表情吗？

眼部表情识别自我测试①

下面是几种眼神的图片，请你根据自己的判断选择最能形容图中眼神的答案。

1. A. 不耐烦　　B. 害怕　　C. 紧张　　D. 疑惑

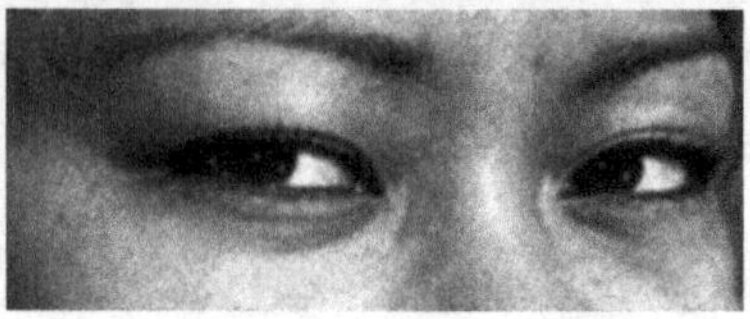

2. A. 疲劳　　B. 生气　　C. 开心　　D. 不耐烦

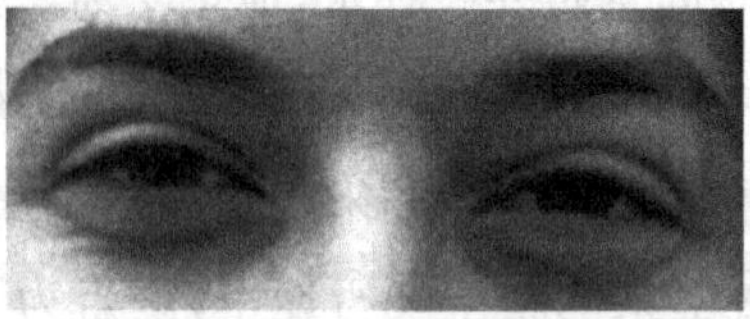

3. A. 害怕　　B. 愤怒　　C. 伤心　　D. 疑问

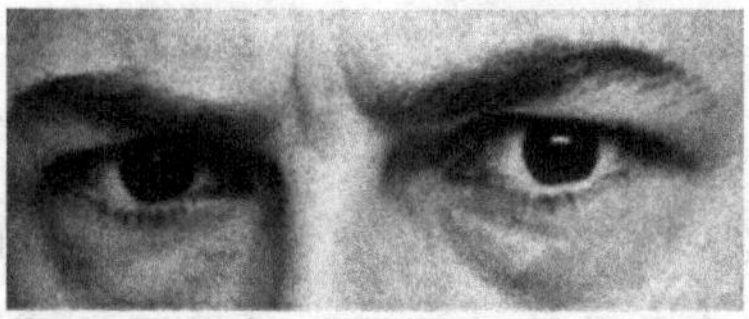

① 资料来源：百度 http://tieba.baidu.com/p/3136664550。

4. A. 疲劳　　　B. 生气　　　C. 开心　　　D. 悲伤

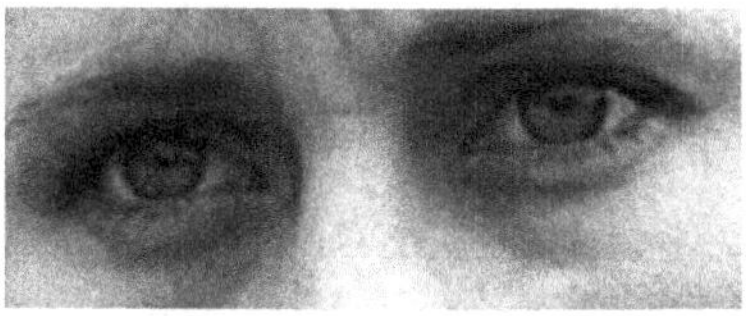

5. A. 伤心　　　B. 生气　　　C. 愉快　　　D. 反感

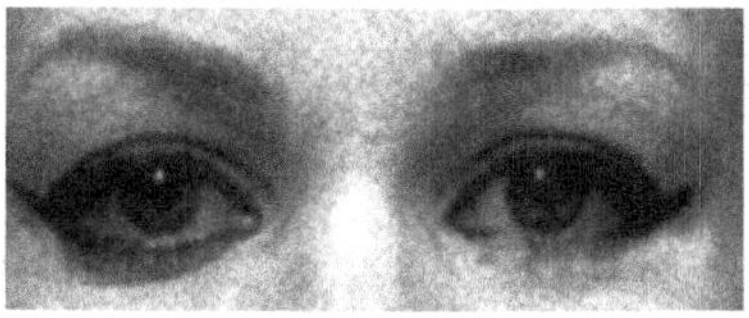

参考答案：1. A　2. C　3. B　4. D　5. A

评分标准：

请按照你准确识别图片的数量来打分，每识别出一幅图片得 1 分。

结果与分析：

5 分：你具有非常强的眼部表情识别能力。在一眼见到别人时，就可以捕捉到对方眼神所表达出来的情绪状态，并读取其心理状态。

4 分：你具有比较强的眼部表情识别能力，能较快地判断别人眼神中流露出来的情绪状态，可以较为准确地分析其心理状态。

3 分：你具有一定的眼部表情识别能力，具有分析眼部表情和情绪状态的基本能力。

2 分：你的眼部表情识别能力比较差。看到他人眼神时，不太能判断出他人眼神中表达出来的情绪状态。

1 分：你的眼部表情识别能力非常差，很难判断出别人眼神中的情绪色彩。

一、表情及其相关研究

1. 概念界定

人的表情（expression）是指人通过对面部的肌肉、姿态的运动和语调的变化进行自动和有意的控制来呈现的各种情绪状态。

表情是心灵的窗口，人的表情不仅可以传达其内心的情绪状态，而且可以传递其意图或者愿望，还能对他人的表情做出反馈。因此，我们可以根据表情来预测或理解对方所表达的情感或意图，从而增进人际沟通。

在日常生活中，面部表情对于人际交流来说是很重要的，可以说它其实就是一种非常重要的用非言语的方式与他人进行交流的信息表征。

按照表情的存在环境，可以分为现实表情和网络表情。

(1) 现实表情

现实表情指的是人通过身体各部位的运动所表现出来的信息表征，包括面部表情、姿态表情和语调表情。

面部表情主要包括眼部表情、嘴部表情、鼻部表情、脸部表情等。如快乐时的眯眼微笑、生气时的吹胡子瞪眼等就属于面部表情。

姿态表情主要包括头部运动的姿态表情、手势的姿态表情和身体的姿态表情。如赞同时的点头、愤怒时的摩拳擦掌等就属于姿态表情。

语调表情主要包括语言声调表情、节奏表情和语速表情。如激动时的语速较快、伤心时的语调低沉等就属于语调表情。

(2) 网络表情

网络表情起源于 1982 年美国学者法尔曼发布的 ASCII 码的笑脸符号“:-)”，它当时是在匹兹堡大学的一个电子公告栏（bulletin broad system，BBS）上面世的。这个笑脸符号就是典型的网络表情。随着网络信息技术的日益发展，网络表情也日益复杂且多样化，主要用于 Facebook、QQ、MSN、SKYPE、微信、飞信等网络即时通信方式中。网络表情包括符号表情和图像表情。

符号表情主要包括数字符号表情、文字符号表情、字母符号表情等。如用数字符号 5 表达呜咽的信息。

图像表情主要包括静态图像表情、动态图像表情等。如用静态图片表达微笑、愉快的信息。

2. 表情的相关研究

(1) 表情识别系统的研究

此类研究主要见于计算机领域，最常见的是基于表象的人脸检测方法，即对大量人脸样本集扫描后，通过一个特定的分类器来判断所扫描的图像中有没有检测到人脸，如果检测到有人脸，分类器就给出其所在位置(Sung K.-K, Poggio T.,1998)。

表情识别中最核心的内容是表情特征提取，因为表情特征提取的好坏将直接影响表情识别的准确率和识别的速度。从技术层面看，一般情况下首先要获取表情的原始特征、外貌特征和序列特征，接着对这些原始特征进行降维和特征提取，然后再对提取的特征进行分解，进一步去除冗余特征和干扰(万川,2013)。

表情识别的过程一般包含人脸检测与定位、表情特征提取、人脸表情分类三个主要步骤(Pantic M, Rothkrantz L, 2000)。

20 世纪 70 年代，美国的两位心理学家曾将人的面部动作划分成多个运动单元，每一个单元都由人脸的表情变化决定。他们在此基础上实现了面部编码系统(Facial Action Coding System)，通过这个系统，可以识别人脸表情的很多细微的变化。

也有研究者在面部表情识别的难度、信息加工特点以及表达方法基础上，将人的面部表情识别分为外显性(explidt)识别和内隐性(implicit)识别两种类型。

(2) 表情感知与识别的发展研究

很多研究结果表明，带有负性表情的面孔，如恐惧的面孔，比一般中性的和正性的面孔更容易获得人们较多的注意(Vuilleumier, 2000, 2005; Eastwood, Smilek, & Merikle, 2003; Horstmann, & Becker, 2008; Hunt, Cooper, Hungr, & Kingstone, 2007)，这表明对负性表情的感知需要花费更多的时间。

以往研究发现，人类从婴儿时期开始就已经对表情有反应了，对于面部表情非常敏感(Bomstein，& Arterberry,2003)，几个月大时就可以从他人的表情中识别出高兴。幼儿识别高兴、悲伤和愤怒要早于惊讶(高雪梅、郑持军,2010)。随着年龄的增长，发育正常的6岁儿童对一些基本的面部表情已经具备了较好的理解能力(Markham，& Adams，1992，1996)，十多岁时开始对上述表情有较强的识别力(Kolb，Wilson，& Taylor，1992)。

还有研究探讨了孤独症儿童情绪表情注意方式的特点，结果发现孤独症儿童对情绪表情的自动模仿及感知能力显著低于智力障碍儿童与普通儿童，对面孔的总注视时间、总注视点数均显著少于其他儿童，对眼部、嘴部的注视时间比及注视点数比均显著低于普通儿童(马伟娜、朱蓓蓓，2014)。

(3) 表情与心理间关系的研究

早在20世纪70年代，就有研究者(Ekman,1970)提出了“面部表情伴有情绪体验”的观点。按照表情所反映情绪的性质，可以分为惊奇、恐惧、厌恶、愤怒、高兴、悲伤这6种基本表情(Lyons M，Akamatsu S，Kamachi M，et al. 1978)。

之后有研究者就两者的关系做了实验，如Ekman(1980)给被试播放一些影视的片段，借视频片段来诱发被试的情绪。实验中，Ekman让被试报告自己的情绪体验。结果发现，电影诱发的表情与被试所报告的情绪体验是一致的。又如Keltner等人(1997)研究自发的大笑和微笑所带来的情绪体验的差异性，结果发现自发的笑和非自发的笑其面部表情明显不同，即积极的情绪体验只有在被试自发地笑时才会有。

在社会互动研究和体育运动研究中，有较多的关于表情与心理间关系的探索，如张松林(2013)在其博士论文研究中，就采用面部表情分析技术对高水平运动员在奥运会比赛临场时的面部表情进行分析，进而分析运动员临场竞技的心理状态。

二、素养培育

1. 要素结构

✧ 觉察表情

觉察表情是通过自己的观察能够看到对方的表情，是表情识别与表达的最基本的要素。只有用心觉察别人的表情才能感受到他人表情的性质和状态，从而才可能懂得对方表情中所反映的内容。觉察表情需要有敏锐的洞察力，能够发现他人一颦一笑、一言一行中表露的信息。

觉察表情包括认识表情和感知表情。认识表情是觉察表情的基础，感知表情是觉察表情的保障。认识表情就是要了解表情及其含义，因为表情与人的心理内容是密切相关的；感知表情就是要借助我们的感知器官去发现表情的存在，因为表情可能通过面部信息、手脚信息、声音信息反映出来。面部表情可以反映一个人的情绪色彩，我们的喜怒哀惊惧厌等情绪一般都可以通过面部表情来加以判断；姿态表情可以反映一个人的心理状态，我们的态度、精神状态都可以通过姿态表情来加以判断；语气语调表情可以反映一个人的性格特点，我们的倔强温顺、忧郁冷酷都可以通过语气语调来加以判断。

✧ 理解表情

理解表情是凭借自己所具备的有关表情的知识体系给表情赋予一定的含义，是表情识别与表达的最关键要素。理解表情才能读懂他人心情，从而才可能顺畅地与之沟通。若要正确、合理地理解表情，首先要熟悉表情，知道一般情况下每一种表情所对应的信息；其次要用合乎社会规范的方式去阐释表情的含义。

理解表情是人际沟通中非常重要的手段。在人际互动中，我们经常会看到这样的情况：自己的微笑明明是善意的，为什么对方会生气呢？这种因没有准确理解他人表情而产生的误会经常出现。要知道，每个人的经历不同，对事物的理解自然也就不同，尤其是对于表情这样复杂多变的现象，要做到正确理解的确是件不容易的事情。由于人的表情是复杂的，无论是面部表情还是姿态表情，或是语气语调表情，都很少以单一的形式出现，而会以错综复杂的形式展现，因此会给理解表情带来一定的难度。

✧ 表达表情

表达表情是通过表情传递自己的心理状态和心理过程，是表情识别与表达的最重要的要素。表达表情能促进人与人之间的互动，从而促进人际沟通与理解。正确和合理地表达表情对于自己传递信息和理解他人信息都是很重要的。

合理表达表情是人际互动礼仪中的一门学问。例如，在与他人说话时，你的表情是否合理？又如，目光注视的范围在哪里？是在对方的嘴还是眼睛，是在头顶还是脸颊？我们的眼神要给对方一种舒适的感觉。另外，表达表情中还有文化的差异，合理表达表情在跨文化交际中起着举足轻重的作用，有助于人们减少或避免在跨文化交际中的误解。

2. 方法演练

无论在工作中还是在生活中，都需要通过识别与表达的方式来真正感知他人的表情和传递出自己的表情，这样才能抓住他人当前的情绪状态或让他人准确了解我们自己的状态，从而能恰到好处地找到互相沟通与交往的方式。

（1）架起表情与心理内容间的桥梁

表情往往与人的情绪色彩、心理状态和心理特征关系密切，因此在训练过程中需要将表情与人的心理内容联系起来。

✧ 通过面部表情识别情绪色彩

面部表情是最能够反映人的心理状态的，一般可以通过眼神、脸颊、嘴部的信息，基本判断出人的内心状态。尤其是眼睛，它是一个人心灵的窗户。从医学角度来看，大多数的内科疾病都会反映到眼睛的变化上，眼睛和身体各部位都相通。另外，视网膜本身也是大脑皮层的一部分，眼睛可以让我们从外部直观地看到大脑所传递的信息。脸部表情和嘴部表情与眼神一起形成面部表情。通过观察面部表情，可以读取对方的心理信息，从而了解一个人。这也是各行各业知己知彼的基本功之一。下面是人类最基本的六种情绪(喜怒哀惊惧厌)的识别技巧：

快乐时的面部表情(喜)：眼睑略收缩，眼睛尾部稍显鱼尾纹，面颊上抬起皱，嘴角向上翘起。

愤怒时的眼部表情(怒)：眉毛皱起，眼睛变得狭窄而且发出怒火，脸颊肌肉紧张。

悲伤时的眼部表情(哀)：眼睛耷拉呈半开半闭状，眉毛收于中间，嘴唇两角下垂无力。

惊讶时的眼部表情(惊)：眉眼往上，眼睛瞪大瞪圆，脸颊肌肉下坠，嘴多呈微张状。

恐惧时的眼部表情(恐)：眼光直悚，面部肌肉紧张，脸色变得苍白。

厌恶时的眼部表情(厌)：微微皱眉向下，眼光不屑，脸部肌肉僵直，嘴角下拉。

当然，人的心理状态和心理活动过程都是动态的，人的情绪也不是单一的，而是综合多元的。因此，在识别面部表情时，还要结合姿态表情和语调表情，以确保识别的准确性。

✧ 通过姿态表情识别心理状态

姿态表情可以反映人的心理状态，一般通过身体姿势和手势来实现。心理状态是个体在面临特定的情境时所表现出来的心理活动状态与特征，也是心理活动存在的直接形态，如聚精会神。在与人交往和沟通的过程中，身体姿势往往反映出一个人一定的心理状态信息，如不同的站姿就可能表明了不同的心理状态。站着与人沟通交流时，有的人端正直立，有的人随意稍息。这显示出前者对待沟通更认真，后者较比前者稍随意，有时也反映出其内心紧张。坐着与人沟通交流时，有的人身体会稍微前倾，有的人会向后靠在椅背上。一般情况下，这就可以分辨出前者潜意识里更倾向于沟通，更愿意与对方有心理上的互动。

手势与心理状态的关系也非常密切。不少人在与他人沟通时，喜欢借助手势。无论是在学校课堂上，还是在企业会议中，或者在街头，经常看到那些一边说话一边打手势的人。图12-1与图12-2是两种常见的手势。

图12-1　赞同/赞扬

图12-2　爱心/关爱

手势已经成为人际交往中很重要的一部分，它不仅可以辅助语言的表达，还可以丰富语言的色彩，甚至作为一种独立的语言成为人际交往中的工具。除了常见的几种表达信息的手势外，还有一些不常见的手势可以反映人的心理状态。如说话间说错某一句话或忍不住大笑时，时不时用手捂嘴做遮掩之势，这种手势一般反映出说话者比较腼腆或比较注重自我形象。又如说谎者在担心谎言被识破时，就会频频拉拽衣领，这是因为撒谎会使敏感的面部与颈部神经组织产生刺痒的感觉，甚至增强的血压会使脖子不断冒汗。因此，这种拉拽衣领的手势有时就能反映出说话者的心理状态。另外，手势较多的人，往往心理状态更活跃，这里不一一赘述。

✧ 通过语调语速表情识别个性心理特征

语调语速与个性心理特征之间有着紧密的关系。语调就是一个人说话的腔调，每个人所说的话都有声调，有的高低起伏、抑扬顿挫，有的不徐不疾、平缓温和。语速是一个人说话时的速度，有的妙语连珠、滔滔不绝，有的一字三顿、欲言又止。不同的语调语速都可以反映说话人的态度或口气，就算是同样的句子，因为语调或语速的不同，其意思也就会不同。

具有不同个性特点的人，平时说话的语调也有显著不同，采用不同的语调也可以更准确、鲜明地表情达意。有的人习惯在说话时语调抑扬顿挫，常常会根据内容选择适当的语调，时而用重音时而用轻音，时而升调时而降调，这样的人往往性格开朗，比较具有表达力，并且热情度高。有的人说话时语调平缓温和，就算有令人激动的事情，也是用缓慢平和的语调表达出来，这样的人个性相对比较稳定，比较安静沉默，也善于克制自己，较具有忍耐力。

有些人讲话时语速快，不易被打断。他们不管是在与他人沟通还是自己表达想法时，说话都如连珠炮一般。这样的人在语言表达上具有一定优势，在与他人交流中更倾向于把握主动。他们一般自我意识比较强，在言语上具有一定的攻击性。同时，也能看出说话者思维敏捷，联想力丰富。还有些人语速慢，说话慢条斯理。这种人在表达自己的想法或者回答他人提问时，往往会慎重地思考一番，然后慢慢陈述自己的看法。这样的人一般安静沉稳，兴奋性较低，相对冷静而踏实，更倾向于黏液质的气质类型。他们很少有冲动的表现，就算遇到不愉快的事情，也有较好的自制力，也能在关键时刻做出较为稳妥的决策。

(2) 架起表情与文明修养间的桥梁

✧ 用面部表情展现修养程度

通过面部表情可以在一定程度上辨识出人的文明修养程度，这在公关领域内最为明显。为了展示应有的礼仪和应有的礼貌修养，公关人员需要进行“微笑公关”。如文首提到的航空公司的空中乘务员，就是在微笑中与乘客进行沟通交流，并用微笑式服务改变乘客的态度。面部表情对于展现文明修养很重要，因此各行各业，尤其是服务行业和教育领域，都将面部表情作为工作内容之一来训练。航空公司对乘务员的面部表情训练尤为严格，仅微笑这一项，就要训练半年之久。面部表情可以很好地展示一个人或一个团体的修养程度，在人际互动中尽量多用微笑，少板着脸；尽量多用期待、温和的眼神，少用责怪、厌恶的眼神。青年朋友要注意用适当的面部表情展现必备的修养程度。

✧ 用姿态表情展现文明程度

一个人的姿态表情，如言谈举止，可以反映其文明程度。良好的坐姿、站姿都会给人以沉着冷静、稳重端庄的感觉，这样的姿态表情能够很好地展现青年的精神风貌。如姿态表情中的“站如松”就是对站姿的描述，“坐如钟”就是对坐姿的描述。良好的坐姿应当显得自然放松，这样可以保证身体肌肉、骨骼与脊柱功能的平衡。良好的站姿应当显得挺拔而庄重，身体站直并挺胸收腹，这既是对他人的尊重，也是个人文明的展现。

✧ 用语调语气语速表情展现礼貌程度

得体的语调语速等可以展现一个人的礼貌程度。语调稍有起伏而不夸张，语速自然而不做作，最能展现一个人的文化素质和内涵修养。无论是在人际互动中还是在会议交流中，用抑扬顿挫的语调引起对方的兴趣，是一种最适当也很有礼貌的方式。众所周知，语气中每个音的长度都有其相对的稳定性，我们说话时对每个音故意拖长就会产生另一种效果，例如赞许、挖苦、责备、戏谑等。

3. 评价

表情的识别与表达技巧在很多领域都有应用，尤其是上文提到的教育领域、管理领域和心理健康领域。教育工作者需要掌握一些必要的表情识别与表达技巧。从幼儿园到中小学，再到大学，教师都应在与学生的沟通过程中准确识别学生的表情，也能准确、直接地通过表情来表达自己的内心世界。从学生管理的角度看，学生的思想教育工作和成长教育等都需要表情技巧的融入。在与学生面对面的沟通中，可以通过表情了解学生的情绪状态、个性特征、心理活动等，即时把握学生的思想动态，这样可以促进思想沟通的有效性。

表情的识别与表达技巧在管理领域中的应用也十分广泛。团队管理者是一个组织的中坚力量，在组织中起到承上启下的作用，管理者的团队管理能力包括激励、心态塑造、凝聚团队成员等，这些决定了企业或机构发展的速度，决定了管理者能否带出一支优秀的员工队伍，决定了能否有效达成组织经营目标和业绩。无论是员工激励、心态塑造还是团队凝聚，团队管理者都会借助表情的识别来精准把握团队成员的心理动态，尤其是对他们的心理能力的分析和心理状态的分析。这些分析，往往成为团队管理者与成员沟通和互动的必要功课。

心理健康领域中表情的识别与表达用得更为广泛，主要集中在学校、企业、医院的心理健康管理及社区居民邻里协调等方面。在学校心理健康教育、企业员工心理管理中心、医院心理科中，表情的识别与表达很常见。

三、应用及注意事项

对于表情的识别需要注意以下几点：

(1) 表情的复杂性。人的表情是各种基础情感综合以后的体现，要识别这些表情，首先需要对人的各种基础情感和基础表情有足够的认识。

(2) 表情的综合性。除了面部表情外，还包括姿态表情和语气语调表情。要准确识别人的表情，并判断人的心理和情感、素养和内涵，要同时考虑这几类表情信息。

(3) 表情的教育性。从教学过程来看，懂得情感教学的教师，可以让学生更好地学习，可以提升学生的学习效果。国内知名教授卢家楣所提出的"以情优教"的教学理念中提到，有情施教会促进师生感情，对青少年人际情感发展具有积极的促进作用(卢家楣，2006)。[①] 而且有相关研究表明，青少年自评周围教师中有情施教的教师比例等级与其人际情感得分关系十分密切，他们接触到的有情施教的教师在周围教师中的比例越高，其人际情感得分也相应越多，反之则相应减少(卢家楣，2006)。[②] 而有情施教中很关键的一部分就是教师是否能充分正确地把握和应用表情，在教学中通过表情传递情感。

(4) 表情的示范性。美国管理大师迈克尔·波特曾提出管理的沟通、协

① 卢家楣：《情感教育心理学》，上海教育出版社 2006 年版，第 19 页。
② 卢家楣："论情感教学模式"，载《教育研究》2006 年第 12 期。

调等六大能力，强调这些能力对于一名团队管理者的重要性。而不可忽视的是，这些能力的基础是对团队成员和上级主管的了解。因此，除了上述把握团队成员表情识别的技巧外，团队管理者也经常会在与上级的互动交流中用到这些技巧，从面部表情、姿态表情与语气语调表情中识别和了解主管对于工作目标的定位、相关的工作要求等。

(5) 表情的心理性。在人与人的互动中，表情的判断是评估心理健康的一个重要指标。负责预约接待的人员往往通过来访者的表情初步判断一二，再加上简单交流，从而评估出需要解决的问题或来访者的需求。在与他人互动时，可以通过眼神、微笑、手势向来访对象输送自己的情感支持，同时也可以通过来访对象的这些表情捕捉其心理动向。

素养十三　共感的素养

同理心，是要懂得认同别人，站在别人的立场考虑问题。沟通上没有对与错，只是立场不同而已。

——中国传统文化倡导者 翟鸿燊

周末，杨先生在家吃午饭。在餐桌上，他发现能干的太太端上了一道色泽亮丽的菜——烧鹅，但仔细一看，这只鹅只有一条腿。他惊奇地问太太："为什么你做的烧鹅只有一条腿呢?"杨太太说："我们家的鹅都只有一条腿呀！这有什么好奇怪的呢。""你说笑的吧！世界上的鹅都有两条腿，为什么只有我们家的鹅是例外呢?"杨先生好奇地继续问。杨太太认真地回答："如果你不相信，可以亲自到花园的池塘去看一看啊。"杨先生放下碗，飞快地跑到池塘边去看太太养的鹅。由于鹅正好在午睡，所以都缩着一条腿，只用另一条腿站立。这样看过去就好像所有的鹅都只有一条腿。杨先生灵机一动，伸出双手，朝鹅儿栖息的方向用劲鼓掌。掌声把鹅都惊醒了，纷纷把原来缩着的那条腿放了下来。"你看你看，亲爱的，鹅们不是又恢复两条腿了吗?”杨先生很得意地告诉自己的太太。“对啊，如果你想吃有两条腿的烧鹅，也请来点掌声吧!”

读过这个故事我们会发现，在生活中，共感能力何其重要，它是开启和谐人际关系的一把钥匙。

在人际交往中，你准确认识和感知他人的能力如何？亲爱的朋友，不妨来做个自我测试吧。

共感策略问卷

本问卷共包含10个题目，主要测量自我在人际交往中的共感同理水平。每个题目分为三个等级：从不、有时、总是，请按照您的实际情况和第一反应作答。

1. 我了解同事或同学的脾气性格。

A. 从不　　B. 有时　　C. 总是

2. 我会注意周围人的情绪发生了什么变化。

A. 从不　　B. 有时　　C. 总是

3. 我因为在意别人的看法，导致在生活中觉得不自在。

A. 从不　　B. 有时　　C. 总是

4. 与人相处时，我知道如何去尊重、了解别人的情感。

A. 从不　　B. 有时　　C. 总是

5. 当别人向我提问时，我常常不知道什么样的答案会让对方满意。

A. 从不　　B. 有时　　C. 总是

6. 与人沟通时，我不擅长了解他人的想法。

A. 从不　　B. 有时　　C. 总是

7. 我常常不能觉察自己的言语已经伤及别人的感情。

A. 从不　　B. 有时　　C. 总是

8. 我能够说出亲朋好友的优点和长处。

A. 从不　　B. 有时　　C. 总是

9. 我认为参加社交活动不是浪费时间。

A. 从不　　　　　　B. 有时　　　　　　C. 总是

10. 我觉得自己没有必要太在意他人的感受。

A. 从不　　　　　　B. 有时　　　　　　C. 总是

评分标准：

选择 A 记 0 分，选择 B 记 1 分，选择 C 记 2 分。但第 3、5、6、7、10 题的算分是反向的（即选择 A 记 2 分，选择 C 记 0 分，选择 B 记 1 分）。量表的得分范围：0～20 分。

结果与分析：

16～20 分：说明你有良好的共感能力，具有同理心，总是能站在他人的角度、设身处地地考虑他人的感受和状态，处理问题、人际交往、社会适应状况均良好，并且具有积极健康的心理状态和人际交往能力。

8～15 分：说明你的共感能力居中，在生活中还需要继续保持、发扬自己的优势面，并且努力克服自身的不足，不断提高自己的共感水平。

7 分及以下：说明你的共感能力偏弱，缺乏观察、理解他人情绪的能力，人际交往、处理问题及社会适应能力欠缺。但你也不必紧张和担心，而是应该努力找出薄弱环节，有针对性地加强实践和练习，以不断提高自己的共感水平。

一、共感及其相关研究

也许，在人际交往中，你常常会听到这样的忠告："你最好站在他的立场上想想""你要换个角度来看待这个问题"。的确，每个人的内心都是不一样的，对同一事物的看法自然也就不同。因此，我们才常常说"仁者见仁，智者见智"。"换位思考"在理论上已经被人们所接受，但是在实际的人际互动中，尤其是对于青年朋友来说，要做到这一点还是很不容易。共感是良好沟通的基本要素之一。因此，我们需要这种共感的能力。那么，你知道什么叫共感吗？

1. 概念界定

共感(empathy)，又译作“同感”，就是我们常说的“同理心”“共情”等。事实上，共感这个概念源远流长。1873年，德国哲学家Robert Vischer建议用“einfuhlung”(empathy的前身)这个德文单词来表示人们把自己真实的心灵感受主动地投射到自己所看到的事物上的一种现象。[①] 1909年，铁钦纳(Edward Titchener)在“关于思维过程的实验心理学讲稿”中首次用英文“empathy”取代“einfuhlung”，把它重新定义为：“一个把客体人性化的过程，感觉我们自己进入别的东西内部的过程。”[②]从此以后，共感才第一次出现在心理学大辞典中。

自那以后，共感这一概念越来越受到心理学家们的重视。它被当作理解心理咨询、心理治疗中的咨访关系的一个重要手段。当然，它也是我们理解人际交往中人与人之间关系的重要工具。现如今，在心理实践工作中，共感通常是指咨询者能敏锐、准确地领会和理解来访者所表达的意思和内涵的情感，并将这种领会和理解向来访者传递。美国社会心理学家伊根(Gerard Egan，1999)这样定义“共感”：作为沟通方式，它涉及对来访者的倾听，充分地理解来访者和他们所顾虑的事，并将此种理解反馈给来访者，使来访者能更充分地理解自己，并根据这些理解行事。我国学者钱铭怡(1994)则指出，“共感是指咨询师对来访者时时刻刻保持敏感，变换自己的体验，能够理解和分担来访者精神世界中的各种负荷的能力，而不是进行判断和支持来访者的能力。”

2. 理论基础

尽管共感被讨论了几十年，但共感在心理学领域真正流行起来要追溯到罗杰斯和科胡特(Kohut)的工作。

卡尔·罗杰斯是人本主义的创始人，因此他的理论部分是基于现象派

① 郑日昌、李占宏：“共情研究的历史与现状”，载《中国心理卫生杂志》2006年第4期。

② Duan CM，Hill CE. The Current State of Empathy Research. J Couns Psycho，1996，43(3)：261－274。

哲学的。该哲学认为，人的行动是由其对周围世界的知觉所决定的。因此，他认为理解来访者如何看待世界比理解现实世界重要。自然，共感在这一理论中起到根本性作用。① “要想理解来访者的行为，同时帮助来访者理解他们自己的行为，咨询师必须‘感受’来访者的私人世界，就好像那是你自己的世界一样，但又绝对未失去‘好像’这一品质，这就是共感。”这种能力和态度就是共情，或称之为共情性理解。罗杰斯认为这是一个成功的咨询师必备的特质或品格。

世人知晓科胡特主要源于他创立的自体心理学(self-psychology)。自体心理学的核心成分就是共感。在早期，科胡特就认识到，重要的是治疗师要以一种“贴近体验”的方式来努力理解来访者的内心。这意味着，治疗师要通过“内省”的方式把自己置于来访者的内心生活中。科胡特对共感的抽象定义就是“替代的内省”。他对共感的应用性的定义则是“思考和感受他人内心生活的能力”。科胡特提出，精神分析观察最重要的核心就是内省及共感。换言之，研究复杂心理状态的精神分析的研究领域，是由共感来确定的。因此，共感的重要性随科胡特自体心理学的发展而显著提高。

3. 相关研究

自共感概念出现一直到现在，它在西方已有一百多年的历史。对共感的大量研究来自哲学、心理学、社会学等多个分支学科。当然，其中尤以心理学领域的研究更广泛、更深远。

自 20 世纪 20 年代始，心理学家们开始关注共感的认知成分；从 20 世纪 70 年代起，研究者们开始关注共感的情感成分。但总体来说，共感的研究呈现多种取向并存的局面。

(1) 认知取向。这种取向的共感更重视认知加工过程的作用。米德(1996)在“Empathy a social psychological approach”一文中特别强调个体对他人的角色采择能力——了解他人如何评论世界的方法。如果想在高度社

① Wispe L. History of the concept of empathy. In Eisenberg N and Strayer J. Empathy and its development. New York: Cambridge University Press, 1987: 17－37。

会化的世界里学会有效地生活，个体必须具备从行为预测其他人的反应、用反应修正行为的能力。皮亚杰（1996）在“History of the concept of empathy”一文中认为，最初的时候，儿童不能区分他人经验和自我经验。而“去中心化”的能力，可以促使儿童放弃自我中心的个人观点，从而构成儿童社会化发展的重要组成部分。

（2）情感取向。这种取向认为，共感完全是情感过程，是对他人状态、困境的情感反应。Stotland 及其同事是最早提出“共感只是情感之一”观点的学者。他把共感定义为“观察者察觉到他人正在或将要体验某种情感的一种情感反应”。尽管他也承认情绪性共感和准确性有关的认知过程互相关联，但他主要关注的还是情绪反应。Eisenberg（1987）则在“Critical issues in the study of empathy”一文中认为，共感是源于对他人情感状态的理解、并与他人当时体验到的或预期会有的感受相似的情感反应。

（3）认知-情感多维取向。也有研究者指出，需要认真研究共感的认知、情感两个侧面，才能更加全面、深刻地理解共感。Feshbach 认为，共感包括两种认知成分和一种情感成分：认知成分是辨别命名他人情感状态的能力及采择他人观点的能力，情感成分是指情感反应能力。共感是三种成分相互作用的结果。也有一些研究者明确表明应该从多维的角度定义和测量共感。Gladtein 认为共感包括认知、情感和行为三个方面：认知性共感指角色采择能力，是对他人想法和情感的理解能力；情感性共感是对他人无意识的感受；而行为性共感则是言语或非言语的共情体验的沟通形式。①

（4）神经科学领域的共感。Singer 根据脑成像研究结果对共感和心理理论进行了区分，认为共感是共享他人情绪和感觉的能力，心理理论是指理解他人意图、目标和信念之类心理状态的能力。两者依赖不同的脑区结构，从相关脑区的进化来看，共感的发展早于心理理论。②

① Hogan R. Development of an empathy scale. Journal of Consulting and Clinical Psychology，1969，33：307－316。

② 席春华、汪凯、朱春燕、靳胜春：“心理理论的神经基础”，载《中国临床心理学杂志》2006 年第 4 期。

由此可见，共感研究大致有两条路径：实验心理学、临床心理学。实验心理学取向的学者对共感的操作性定义存在争论，其焦点主要集中在认知、情感成分究竟哪一种是共感的本质上。而临床心理学取向的学者基于现象派哲学来理解共感，争论相对较少。罗杰斯非常重视共感，将它看作是心理治疗过程中人格改变的必要充分条件之一。当然，同时他也是第一个努力倡导对共感进行实证研究的学者。正是源于他的实践和研究思路，之后的学者才在这方面进行了大规模研究，并取得了大量实证性的结果。例如，美国心理健康协会组织了一项实验研究，将人际关系疗法、认知行为疗法、药物这三大方法用于抑郁症的治疗，结果发现没有任何显著性差异。但后来的跨组研究却发现，造成疗效上有差异竟然是治疗师的共感、真诚、无条件积极关注等一般性因素。[①] Leslie S. Greenberg（2001）等人在"Empathy Psychotherapy：Theory，Research，Practice，Training"一文中，通过对1961—2000年47个研究报告进行分析，发现有四个因素作为中间变量在共感与治疗效果之间起着调解作用：共感影响下的咨访关系、认知与情感过程、情感校正、来访者自我治疗的积极性。其中，与心理治疗的效果相关程度最高的是来访者感受到的"被理解程度"。

近年来，我国的学者在这一领域的研究中也做了很多工作，对共感的实证研究主要集中在一般性共感及其与儿童社会性发展的种种关系方面。任朝霞（2002）发现，儿童共感水平的发展随年龄增长而下降，共感对儿童的攻击行为有很强的抑制作用。魏晓娟和岳慧兰（2002）发现，共感训练是减少儿童攻击性行为的一种有效、可行的方法；儿童的道德判断与共感对其亲社会行为的影响有明显的交互作用，道德判断与共感之间的联系是以角色采择作为中介因素的，等等。总之，我国学者对共感的研究还较多地局限于发展心理学和教育心理学的领域，对共感在心理治疗领域的作用的研究还不多。

---

① Howard K，April J. The current status of Carl Rogers and the person-centered approach. Psychotherapy：Theory，Research，Practice，Training. 2005，42(1)：37－51。

二、素养培育

正如罗杰斯所言，共感是一种促进人格成长、增进与他人的人际关系和沟通最有效的工具。因此，共感不仅能够促成青年与他人形成建设性的关系，而且能够帮助自己发展积极的自我导向。通过与他人共感式的联系，青年的感觉会变得敏锐，青年的视野会变得开阔。从这个意义上来讲，共感能力是判断个体心理成熟度的最好指标。

1. 要素结构

共感，是一种能够深入对方的主观世界，了解其感受并与之"感同身受"的能力。在人际交往中，青年对他人做出即时反应时，要准确理解对方的经历，敏感地抓住对方的情感。其目的是鼓励对方与自己沟通，促进深入的交流，帮助认识和解决存在的冲突与问题，建立良好的人际关系。

共感技术的要素主要包括：放下预设，换位思考；专注倾听，细致观察；充分接纳，准确表达三个方面。

(1) 放下预设，换位思考。在与人交往时，要做到共感，需要先放下自己的预设标准，也就是要排除自己的个人经历、价值观念、人格特征及社会文化等的影响，客观地接纳对方的心灵世界。此外，要达到最大程度的共感，还需要站在对方的角度去了解他的思想和行为，去体验他的喜怒哀乐。

(2) 专注倾听，细致观察。在与人交流时，要做到共感，一定要专注地倾听他人，也就是不仅要注意对方的语意表述、语音语调、语气语速等言语性线索，而且要注意面部表情、眼神寓意、肢体动作等非言语性线索所传递的情感信息。通常，人们焦虑不安时，会表现为坐立不安、来回踱步或绞扭双手；沮丧难过时，会表现为垂头丧气、唉声叹气或心灰意冷；愤怒生气时，会表现为面红耳赤、怒目圆睁或者暴跳如雷等。

(3) 充分接纳，准确表达。在与人交谈时，要做到共感，一定要确保使对方感觉到自己是被接纳和理解的。在人际沟通中，充分的理解和接纳是指不仅能正确反映对方言语的内容，还能反映其言语中所隐含的情感和内心的矛盾。在此基础上，还需要说话者具有丰富的词汇和准确的表达能力。否则，即便我们对他人的问题能深刻理解和认同，也会因词不达意或表达不当而影响与对方的共鸣，令对方感到不被正确理解，进而影响人际交流的速度和深度。此外，共感的表达还需要自己注意表情、目光、动作等非言语行为的表达。

2. 方法演练

共感技术和水平可以通过现实情景演练和角色互换的方法获得提高。

(1) 现实情景演练

在演练之前，我们需要先找到一位伙伴参与到练习中来；你可以选择家人、亲戚、朋友、同学、同事等。共感练习之前，会谈者可以利用本书中的倾听、询问等技巧与策略，引导会谈者充分表达自己生活或工作中的重要内容，以便更好地感知对方。

✧ 练习准确感知

个体准确感知的能力是有效人际沟通技能的基础。因此，说话者必须准确感知对方表达的言语和非言语信息。在这个阶段，说话者要有足够的自我觉察能力，不要让自己的信仰、价值观、期望甚至偏见影响自己对他人信息的准确感知。

这个阶段的共感很大程度上取决于说话者观察、倾听和感受对方的能力。同时，说话者还需要具备从对方陈述的大量内容中发现关键信息的能力。在倾听对方的时候，为了给出共感性的应答，可以尝试问问自己："在这段话里，重要信息是什么？""他(她)的想法、行为以及潜藏于后的情感分别表达了什么意思？""在他(她)所说的话中，最重要的是什么？"

如果你觉得自己已经确定了重要信息，你就可以向他(她)查验一下你的准确性。这时，你就可以运用"你感到……，因为……"这样的表达共感的句式为共感性应答提供一种有效的检验工具。例如，"你感到如此悲伤，是因为对你来说，转学意味着离开你喜欢的老师和朋友。"

✧ 练习共感表达

在准确感知的基础上，我们要继续练习共感的表达。在这个阶段，在倾听和交谈过程中，我们需要关注的重要信息主要是想法、情感和行为三个方面。

第一，情感。在共感的表达句式中“你感到……”后面紧跟着的是准确的情感类型和程度。

例如，“你感觉心情舒畅”“你觉得自豪”“你觉得遭受了极大的侮辱”，这样的表述明确区分了不同的情感。而“你感觉烦恼”“你觉得气愤”“你感到火冒三丈”“你觉得怒气冲天”则具体区分同类情感的不同强度。

第二，经验和行为。在共感表达句式中“因为……”后面紧跟着的是潜藏在对方情感背后的经验和行为的表述。

例如，“你感到气愤，因为他在你面前殴打了老师，而你却眼睁睁看着他离开。”这句话具体表达了引起对方考虑情感的经验（老师挨打）和行为（看着他离开）。

通常，我们在人际沟通时，情感、经验和行为的共感表达是同时进行的。当然，初学者在练习共感的时候，如果觉得存在困难，也可以将情感、经验和行为的共感分开来进行练习。

例如：

“你觉得自己没希望了，因为尽管你试了所有能想到的办法，但是你的体重始终还是减不下来。”

“你觉得很委屈，因为你认为所有的责任都被推到你身上，都需要由你来承担。”

“你感到焦虑不安，因为异常心理学课程的考试结果让你心里没底。”

事实上，在我们进行共感练习的时候，句式本身并不重要，它只是为我们提供了一种传达对他人理解的架构。具有较高共感水平和能力的个体喜欢使用能最好地表达自己理解的语言，避免使用条条框框的措辞。但是，对于初学者而言，在接受训练时，利用这一句式却能帮助自己更准确地表达对重要信息的理解。

练习一：传达对他人情感的理解

当情感、情绪构成双方交流的重要信息的一部分时，说话者可以通过不同的方式将对这些情感、情绪的理解传达给对方。

① 词语运用：我感觉愉悦；我很开心；我感到压抑；我特别生气；我觉得被抛弃了；我心满意足；我心灰意冷。

② 短语运用：我感觉危急关头被男朋友甩了；我陷入了绝境；我感觉自己像当了富翁一样；我兴奋得说不出话来。

③ 通过行为表示含义：面对他，我真想呕吐（隐含：厌恶）；我真想给你一个大大的拥抱（隐含：非常快活）；我真想揍扁他的脸（隐含：极为愤怒）；我真想撒手不管了（隐含：绝望）。

④ 通过陈述想法/体验表达含义：我觉得再不抓紧时间，上班要迟到了（隐含：不安）；我觉得自己在爱人心中是独一无二的（隐含：满意）；我觉得自己被耍了（隐含：气愤）；我觉得自己被看扁了（隐含：气愤）。

尝试用两种方式表达对对方情感的理解。

例 1　朋友告诉你，他刚刚努力获得了直升研究生的名额。

词汇：<u>你看起来很快活。</u>

短语：<u>你看起来快活得像天使一样。</u>

想法的陈述：<u>你觉得自己获得了理应得到的。</u>

行为的陈述：<u>你真想奔跑出去，庆贺一番呐。</u>

例 2　一位母亲在参加女儿的大学毕业典礼时说："我从来没想到我女儿能闯过那么多难关，我在她的教育上花费了不少钱，更重要的是，二十多年来我还花了不少心思，现在这一天终于来到了！"

____

____

____

练习二：运用句式表达共感

共感聚焦于对方的重要信息，包括重要的想法、行为以及随之产生的情感、情绪。

尝试用句式“你感到……，因为……”表达共感。

例 1　一位中年女性抱怨老公：“他隔三岔五地辱骂我、诅咒我、折磨我，而我只能坐在那里，默默地忍受，我只能默默地忍受吗？”

共感：“你对自己感到非常气恼，因为虽然你对自己所遭受的一切都了然于心，但你对他却无能为力，什么也做不了。”

例 2　一个老先生正同他的朋友交谈：去年我爱人去世了。今年我小儿子也上大学了，其他的孩子也结婚生子了。现在我也退休了，我花了很多时间在这房子里瞎转悠，这房子……对我来说实在太大了。

____

____

____

____

练习三：运用自己的话表达共感

首先，尝试使用句式“你感到……，因为……”表达共感，然后，用自己的话重新陈述。需要与对方的情感和产生情感的想法、行为保持一致，但要切忌掺杂自己的意见。

例 1　一位年轻的已婚女性和闺蜜谈论自己的婚姻：“真让人难以相信，上周他和我订了一个协议，说他以后每天晚上准时回家吃晚饭。噢，过去一周他每天准时回家，我做梦也没有想到，他居然能完全遵守协议中的要求。”

共感句式：“你感到非常满意，因为他说话算数。”

无句式：“他做得那么好，确实让你惊奇！”

例 2　一位公司职员向家人抱怨他的老板：“我真不知道他到底想要什么，他到底怎么看我。他一会儿说我干得很棒，一会儿又莫名其妙地对我大发雷霆。我只能不停地问自己，我到底做错了什么？现在我开始怀疑这份工作是否真的适合我。”

通常，在人际交流时，我们为了让他人更好地理解我们的表达，在表达时我们应了解他(她)是否真的明白你的意思。如果对方能够准确地接受你表达的共感，他(她)就会感到被理解、被关心。这种感受会极大地促进说话双方之间的关系，促使对方进行更深入的自我探索，促进双方改变和个人成长。

(2) 角色互换

说话者和对方进行角色互换，将自己当成对方来感受其内心体验；对方将自己当成说话者重新审视自己的内心体验。

说话者与对方的角色互换，继续进行前面提到的现实情景演练。随后可以比较你和你的学习伙伴的应答，看看你们两人是否能够改进彼此的联合应答。

3. 评价

共感是一种人类相互接触的方式。从哲学上说，实际进入他人的内心世界并与他们同样地体验这个世界也许是不现实的，但近似地做到这一点仍然是可能的。这种充分的相似性是共感的基础，而要做到这种相似性，一方面依赖于准确的感知，另一方面则取决于共感的表达，这是共感技术的难点所在。

我们在人际交往中表达理解的时候，应该竭力保持准确性。也许，在一开始，我们表现出不准确，但是只要我们愿意总结经验，多练习、多思考、多总结，相信一定会不断提高自己的共感水平和能力。如果你的应答是准确的，对方往往会用以下两种方式给以确认：① 言语或非言语表示。对方可能会以点头、使用“说对了”或“正是这样”等表示赞同的词语或措辞做出反应时，说明你的共感是正确的。② 谈话向前推进。当你感觉到双方的对话正不断推进，也证明对方承认了你应答的准确性。例如：

说话者：听起来你觉得妈妈对你的关心越来越少，这让你非常伤心。

对方：确实如此。我很难过，常常想起小时候她对我多好。每次放学回家她都询问我在学校里的情况，晚上做完功课她都会为我准备夜宵。但是现在她对我很冷淡，每次我主动和她聊天，她也总是表现出无话可说的样子。

在上面的例子中，对方不仅承认了共感者语言的准确性——“确实如此”，而且更重要的是，她更加详细地描述了过去和现在的母女关系的状况。如果共感者能再度以共感来应答，就形成一个新的良性循环。

当共感不准确时，对方也会以不同的方式让我们知道：他（她）可能停下来不吱声；话语不连贯；话题偏向另一个主题；或者告诉你“不完全是这样”；甚至试图反过来提供共感，以便使自己回到正轨上来。因此，我们对这些线索保持警觉是非常重要的。

三、应用及注意事项

共感同理技巧可以被广泛应用于心理咨询与辅导、心理治疗等专业助人领域，也可以应用于学校、社区、医院、政府、司法、社会福利与社会救助机构等教育和公共服务领域，还可以应用于个体社会交往、亲子交流等领域。

在共感同理技巧的运用过程中，要注意：① 共感的表达要恰当，要因人、因事、因时、因地而异，尤其要注重来访者的社会文化背景，否则有时候可能会令双方陷入尴尬的境地。② 在对话中，共感者的应答必须简明扼要。尝试不断提醒自己：“这一番话的核心内容是什么？”——这个问题可以帮助你，使你的应答简短、具体而且准确。③ 共感应答后，仔细观察对方对共感的准确性是给予确认还是否定的反应。如果说话者不确定自己刚刚的理解是否正确，是否达到共感时，也可使用探索性的语句来表达，便于对方确认或做出修正。同时，要密切注意对方紧张或抵触的迹象，努力了解这些迹象是否源自你的不准确或过于准确。④ 共感是亲密性的表达方式，过多过频的共感会妨碍而不是促成交流。因此，会谈者要在人际交谈的过程中，学会适度共感，把握其中的分寸。当然，这需要一个练习和进步的过程，要给自己犯错误的机会。⑤ 会谈者要始终牢记：共感作为一种沟通技能的确很重要，但它仍然只是一种工具，用来帮助对方更清晰地看清自己和自己的问题，以便更好地处理它们。

素养十四 有效倾听的素养

耳朵是通向心灵的路。

——伏尔泰

Anne是一名大学四年级的学生，在一家比萨连锁店做收银员，每到晚上下班时间孤独就会悄悄爬上她的心头：上海这么大一座城市，拥有两千多万人口，每天人来人往，却没有一个人注意到我的存在。她常常一个人孤单地吃完晚餐，然后就随手拿起一本小说来打发时间。

有一天，Anne收到面试通知，要去见一家公司的人事部主管Lily。她非常担心自己在面试时手足无措说不出话来，因为她一向不善于表达自己。

Lily是一个善解人意的人，她语重心长地对Anne说："如果你愿意，我可以帮助你克服困难，交到朋友。首先，你必须抛开那些虚幻的爱情小说，利用晚上时间到艺术学校去选修一些课程。因为你的工作是广告设计，所以你特别需要多学一些绘画及用色方面的技巧。年轻人只要肯出去参加活动，很容易就可以交到朋友。不过，你在与人交往时要特别注意看别人做了什么，听别人说了什么，让自己成为一个好伙伴。”不久之后，Anne 的生活果真变得多姿多彩起来。她真没想到只是学着多听别人讲话，就赢得了那么多的友谊。

的确，学会倾听，是突破交往障碍的一个有效手段。当你走出自己的小天地，试着站在别人的立场上，做一个好的听众，你就能够成为一个广受欢迎的交往高手，为自己赢得众多的朋友。在人际沟通中，你有效倾听的技巧如何？亲爱的朋友，不妨来做个自我测试吧。

倾听能力测试问卷

本问卷共包含 15 个题目，主要了解个体在人际交往中的倾听能力和水平。对每个问题回答“是”或“否”，请根据您最近沟通中的真实表现和第一反应作答。

1. 我经常在别人开口之前就知道他想要说什么。

A. 是　　　　B. 否

2. 我经常试着在同一时间听好几个人的谈话。

A. 是　　　　B. 否

3. 当别人说话的同时，我也在评价他说话的内容。

A. 是　　　　B. 否

4. 我能够接受别人提供的事实，但更喜欢自己对此做出解释。

A. 是　　　　B. 否

5. 我经常听到的是希望听到的内容，而不是别人表达的内容。

A. 是　　　　B. 否

6. 我有时候会装作在认真听别人说话。

A. 是　　　　B. 否

7. 我认为自己擅长于非言语沟通。

A. 是　　　　B. 否

8. 为了更好地理解别人说的话，我经常采用提问的方式，而不是随意猜测。

A. 是　　　　　　　　　　B. 否

9. 当我对别人的谈话不感兴趣时，经常通过注意力不集中的方式结束谈话。

A. 是　　　　　　　　　　B. 否

10. 我经常以点头、皱眉或叹气等方式让别人知道我对谈话内容的感觉。

A. 是　　　　　　　　　　B. 否

11. 经常别人刚说完，紧接着我就开始谈论自己的看法。

A. 是　　　　　　　　　　B. 否

12. 当别人说话的同时，我经常在思考接下来我该说些什么。

A. 是　　　　　　　　　　B. 否

13. 别人的谈话风格经常会影响我对谈话内容的倾听情况。

A. 是　　　　　　　　　　B. 否

14. 我经常会想一些办法以更好地理解对方的想法和观点。

A. 是　　　　　　　　　　B. 否

15. 当我和别人意见相左时，很多时候别人都认为我理解了他们的观点和想法。

A. 是　　　　　　　　　　B. 否

正确答案：第 7、8、14、15 题选择“是”，第 1、2、3、4、5、6、9、10、11、12、13 题选择“否”，选择以上答案得 1 分，否则不得分。

评分标准：

量表的最低得分为 0 分，最高得分为 105 分。把错误答案的个数加起来乘以 7，再用 105 减去它就是您的最后得分。

结果与分析：

若您的得分在 91～105 分之间，则说明您有良好的倾听习惯，在与人交往时善于主动倾听、觉察他人的言语与非言语表现背后的意思，是一位有效的倾听者。

若您的得分在 77～90 分之间，则说明您的倾听能力位于中等程度，在与人交往时您还有很大的提升空间，平时需要多注意保持和发扬自己的优点，克服自身倾听方面的不足，不断提高倾听的技巧和方法。

若您的得分在 76 分以下，则说明您的倾听能力偏低，在与人交往时缺乏良好的倾听习惯。您必须注意培养良好的倾听习惯，努力学习有效的倾听技巧，并有针对性地加强实践，以不断提高自己的倾听水平和能力。

一、倾听及其相关研究

倾听的耳朵是虔诚的，倾听的心灵是敏感的。有了倾听的耳朵和愿意倾听的心，你才会拥有忠实的朋友。然而，在生活中，我们经常听到有人大声抱怨："你根本没有仔细听我说话！"当人们责备对方没有倾听时，往往会得到这样的回答："我听了，我可以重复你讲过的每句话。"但这样的回答通常并不令人满意，因为我们从关注和倾听中寻求的并不是他人重复其话语的能力。"喜欢说，不耐心听"似乎是人性的通病。人际沟通不仅是人与人之间传达思想观念、沟通情感的过程，也是人们消除误解和分歧、达成共识的过程。要做到有效沟通，倾听他人意见、需求和看法是必不可少的。而一个好的倾听者，用"耳"听内容，用"心"听情感。因此，倾听在有效沟通过程中意义非常重大。那么，什么叫倾听呢？

1. 概念界定

倾听，来自英文单词"attending"，有专心、参与和注意的意思。与聆听(listening)不同，倾听不只是单纯地听，还包含着更多的反应。最重要的是，我们要借助言语的引导，真正"听"出对方讲述的事实、持有的观念和体验的情感等。这种特殊的引导或话语，就是我们这里所要谈的倾听技术。

倾听可分为两类，即选择性倾听和非选择性倾听。选择性倾听是指我们从对方诉说的话语中选择我们认为重要的内容；而非选择性倾听则意味着我们不主导谈话内容本身，而是将主动权交到对方手里，给他（她）充分的时间和机会来诉说，我们只是将注意作为反应，目的是鼓励、激发他（她）自由地诉说。

2. 理论基础

倾听技术最早在西方国家心理咨询师的助人过程中得到运用。罗杰斯、艾里斯和杰肯斯都认为，倾听技术是心理咨询主要的基本技术之一。[①]以人本为导向的心理学家卡尔·罗杰斯（Rogers, C.）曾经对倾听技术进行过详细的描述："当我说我喜欢倾听他人，我的意思是说用心倾听——我听说话人所说的话、所表达的思想和感情、他的用意，以及了解说话人潜意识中的意图。"作为再评价咨询心理学的代表人物，杰肯斯也把倾听看作是最主要的技术，认为所谓"咨询"，就是去"听"，用技巧去倾听，而不是去劝说或开导。

美国心理学家伊根（Gerard Egan）提出了一套比较完整的知行合一的助人模式。他认为倾听是一种有效的沟通技巧和能力，完全倾听涉及四个方面[②]：一是观察、觉察来访者的非言语行为；二是倾听、理解来访者的言语信息；三是联系对方生活的社会环境，对其整个人进行倾听；四是注意倾听来访者歪曲现实的局部经验。也有学者认为，心理咨询师的倾听有两个层面：身体的专注和心理的倾听。[③] 其中，身体的专注是指在心理咨询过程中，咨询师的身体姿势要向来访者传递愿意聆听、关切与陪伴的态度。而心理倾听则包括接纳和理解两个方面，咨询师的心理倾听是要接纳和理解来访者真实的和无意识的内心声音。接纳地倾听是指当碰到来访者的错误观点、局部经验时，心理咨询师不要急于打断他（她）的陈述，而是保持宽容的态度，不断鼓励他（她）坦率表达自己的想法；理解地倾听是指当来访者因各种原因而无法准确地反映内心的想法时，心理咨询师要善于理解他（她）表达

---

① 吴立岚："学校心理咨询的基本技术"，载《外国中小学教育》1994年第3期。
② ［美］Egan G：《高明的心理助人者》，郑维廉译，上海教育出版社1999年版，第132页。
③ 陈定金：《心理咨询技术（上）》，广东世界图书出版公司2003年版，第21—25页。

方面的偏差，站在他(她)的角度去感受其言语和思想。当然，要倾听来访者真正的内在声音，还需要关注来访者的非言语行为的信息。非言语行为蕴藏的信息，往往比言语行为更丰富、更真实。言语行为是来访者觉察之内的习惯模式，而非言语行为则是他(她)觉察之外的习惯模式。觉察之外的习惯模式无法由自己调控，虽毫无修饰甚至令人难堪，却又真实自然，那是来访者内在的声音，是他(她)问题的真实告白和无意识的思想内容。

多年以来，研究者和实践工作者越来越多地认识到在心理咨询中非言语行为的重要性(Siegman, & Feldstein, 1987)。由于助人的多重文化性的特点，这一领域甚至变得更为重要(Sue, 1990)。确实，有时候来访者的嗓音的性质、面部表情、躯体运动甚至生理的反应都能传达出比话语本身更多的含义。在早期的研究中，梅瑞边(Mehrabian,1971)想要知道人们是通过什么线索来判断他人是否喜欢的。通过研究，他和同事发现这种“喜欢”的印象只有7%是通过言语信息获得的，38%通过嗓音线索获得，55%则通过面部表情获得。同时，研究还发现，当言语与面部表情给出的信息相冲突时，人们更愿意相信面部表情。毋庸置疑，梅瑞边的研究确定了非言语行为在人际交往过程中的重要性。

3. 相关研究

近年来，我国学者在这一领域的研究中也做了很多工作。他们对倾听的实证研究，主要集中在教育教学领域对教师倾听的研究方面。20世纪以来，我国教育者对“教师倾听”进行了大量的研究，主要集中在教师倾听的内涵、特点、价值、存在的问题、原因分析和解决对策方面。倾听既是一种教育行为，也是一种社会交往行为。从研究内容来看，主要有四个方面：① 关于教师倾听内涵的研究。研究者普遍认为倾听不仅指倾听者具有获取信息的能力，而且应具有理解信息、反馈信息的能力。白利峰(2004)认为，倾听不仅有动作，还包括情感的参与。[①] ② 关于教师倾听教育价值的研究。教师互

① 白利峰：“倾听：走向幼儿的内心深处”，载《教育导刊》2004年第9期。

动过程中的倾听不仅具有理论价值，而且具有实践意义。研究者们从哲学和教育学的视角论述了教师倾听的教育价值，认为教师倾听具有本体论价值、道德价值、交往价值、疗治价值、审美价值和知识价值等。[①] ③ 关于教师失聪表现的研究。教师在与学生互动过程中，经常出现倾听中断的现象，主要表现为：以自我为中心进行说教和训话，表面关注、虚假倾听，打断话语、过早指导、不健全倾听和错听四个方面。④ 关于教师倾听策略的研究。研究者经过多年的研究和实践，提出教师倾听的建议：教师要有倾听的意识[②]；营造良好的倾听环境；具备倾听的素养和技巧；和学生建立友好关系；走向儿童的内心深处；注重学生精神世界的构建，重塑教师听的世界；构建教育过程中的"主体间性"。总之，我国学者对倾听的研究还较多地局限于教育心理学领域，对倾听在心理咨询和治疗领域的作用研究不多[③]，尤其是在临床护理、商业谈判、侦查讯问中的研究更少。

二、素养培育

倾听是最基本的反应技术，是有效沟通的基本功。倾听不仅仅是用耳朵听，更重要的是用心去听，去设身处地地感受。我们不仅要听懂对方语言、行为所表达的内容，还要努力听懂对方在交谈中没有明确表达出来的、隐含的意思。倾听既能了解对方的情况，还有益于建立良好的信任关系。从这个角度来看，倾听拥有助人的效果。在实际生活中，良好有效的训练完全可以帮助我们更好地掌握倾听技术的使用时机。

1. 要素结构

倾听是说话的另一面，会倾听的重要性并不亚于会说话。在人际交往中，倾听是所有人际沟通技巧的先决条件。

倾听是谈话过程中最先做出的反应。倾听反应主要包括释义、情感反

① 李政涛："倾听着的教育——论教师对学生的倾听"，载《教育科学》2001 年第 11 期。
② 杨钦芬："教学即倾听：意蕴与可能"，载《教育理论与实践》2008 年第 12 期。
③ 张松："倾听是心理咨询师的基本功"，载《中国心理卫生杂志》2006 年第 20 期。

应、澄清和归纳总结四个基本要素。

释义是谈话者在接收到信息之后，将信息中与情境、事件、人物和想法有关的内容进行重新编排。

情感反应是谈话者在接收到信息之后，将对方的感受或信息中的情感内容重新加以编排。

澄清是谈话者在对方发出模棱两可的信息后向他(她)提出问题的反应。我们可以用"你的意思是……"或"你是说……"这样的问句开始，然后重复他(她)先前的信息。

归纳总结是释义和情感反应的进一步延伸，它将信息的不同内容加以连接并重新编排。

2. 方法演练

(1) 释义的技术

释义反应技术的目的：帮助对方注意自己的信息内容；当谈话者发现对方过早关注情感或者自我否定时，突出他(她)所陈述信息的内容。

材料一：

在职研究生：对我来说，这段时间安排实在很艰难，要工作，要坚持研究生学习，还要花时间与家人在一起。我不断告诉自己，这种紧张的生活有一天是会慢下来的。

会谈者：(释义)听起来似乎你很难平衡自己所承担的众多责任，好像当前有很多事情需要你花时间去做。

练习一：

一个6岁的男孩：我不希望我有妹妹。那样的话，爸爸和妈妈会爱她超过爱我。

会谈者：(释义)________________________________

大二女生：我以前就和家里人说过，我没有办法和身体正常的学生竞争。我根本不能克服弱视和耳疾。我告诉他们，落后和表现差在我身上是很自然的事情。

会谈者：（释义）____________________

参考答案：

一个6岁的男孩：我不希望我有妹妹。那样的话，爸爸和妈妈会爱她超过爱我。

会谈者：（释义）听起来好像你希望能重新成为家里的"第一"。

或者　你觉得自从妹妹出生后，你在家里就没有地位了。

一名大二女生：我以前就和家里人说过，我没有办法和身体正常的学生竞争。我根本不能克服弱视和耳疾。我告诉他们，落后和表现差在我身上是很自然的事情。

会谈者：（释义）听起来好像你家里人都认为，你必须付出更多，才能在同学们当中表现出色。

或者　你希望家里人能认清，要与正常学生在学习上保持一致对你来说困难重重。

（2）情感反应的技术

情感反应技术的目的是鼓励对方更多地表达感受，帮助他（她）体验更强烈的感受，让他（她）意识到去支配自己的情感，帮助他（她）认识和管理自己的情绪，帮助他（她）识别自己的情绪。

材料二：

一个8岁的女孩：我不喜欢待在家里，我希望每天和好朋友们住在一起。我告诉我妈妈，说不定哪天我就要离开家。但是她根本不听我的话。

会谈者：(情感反应)听起来好像家里发生了一些事情，你为此觉得很难过，而且听你说父母也常常让你觉得烦恼。

练习二：

一个15岁的男生：你看看，我们学校有那么多该死的规定，这也不行，那也不行。我多想离开这该死的地方！

会谈者：(情感反应)________________

参考答案：

一个15岁的男生：你看看，我们学校有那么多该死的规定，这也不行，那也不行。我多想离开这该死的地方！

会谈者：(情感反应)看起来你很讨厌那些限制你的学校规则，为此还觉得非常烦恼。

或者　对于学校的这些规定，你好像很愤怒。

(3) 澄清的技术

澄清反应技术的目的是鼓励对方更详细地描述，检查信息的准确性，澄清含糊、混淆的信息。

材料三：

中年女性：有时我真想彻底地摆脱它。

会谈者：你能为我描述“彻底地摆脱它”的意思吗？

中年女性：我有太多的工作要做，我总感到落在他人之后，负担很重。我想摆脱这种难过的感受。

练习三：

一名16岁的高中生：这个学期，我的成绩不断地下降。我自己也不知道为什么。反正我做什么事情都令人失望。

会谈者：（澄清）________________

一名大四女生：我不想做这该死的作业。我不要学习这些数学。我觉得女孩子根本不需要知道这些。

会谈者：（澄清）________________

参考答案：

一个15岁的男生：你看看，我们学校有那么多该死的规定，这也不行，那也不行。我多想离开这该死的地方！

会谈者：（澄清）你是说一些特别的事情让你感到失望吗？

一名大四女生：我不想做这该死的作业。我不要学习这些数学。我觉得女孩子根本不需要知道这些。

会谈者：（澄清）你是说不喜欢数学，还是数学成绩无法达到你期望的那么好？

或者　你是说数学对你不重要，还是数学对你来说很困难？

（4）归纳总结的技术

归纳总结反应技术的目的是连接对方信息中的多种元素，确定一个共同的主题或模式，打断多余的陈述，回顾整个过程。

材料四：

谈话开始时

年轻女孩：我想不明白，为什么上个月开始我的爸爸和妈妈不住在一起了。我不想怪任何人，但这件事让我觉得很奇怪。

谈话进行中

年轻女孩：我希望他们能在一起。这几天，我不停地想，我隐隐觉得他们不停地争吵，决定不在一起……这些都是因为我。可能我才是他们不能在一起的真正原因。

会谈者：（归纳总结）今天，刚开始的时候，你觉得没有人对你爸爸、妈妈的分开负有责任。但是现在我却觉得你认为自己对此负有不可推卸的责任。一开始，你觉得不应该责备谁，但是现在我觉得你感到自己应对父母的分开负责。

练习四：

谈话者是一位35岁的年轻妈妈，她有一个1岁的儿子。最近，她非常关注如何提高一个三口之家的生活质量。

年轻妈妈：噢，你知道么？我从没想过我会拥有这么好的感觉。我以前一直觉得成为一位母亲是一件多么无聊和麻烦的事情。现在，我才发现，事实完全不是我想的那样。当妈妈是多么令人兴奋啊！我觉得让我做任何事都值得。我真是太开心了。

会谈者：（归纳总结）＿＿＿＿＿＿＿＿＿＿＿＿＿＿＿＿

参考答案：

年轻妈妈：噢，你知道么？我从没想过我会拥有这么好的感觉。我以前一直觉得成为一位母亲是一件多么无聊和麻烦的事情。现在，我才发现，事实完全不是我想的那样。当妈妈是多么令人兴奋啊！我觉得让我做任何事都值得。我真是太开心了。

会谈者：（归纳总结）听起来，你觉得作为母亲是多么伟大！孩子对你是多么重要啊！你有没有发现，你的语气里充满了喜悦和惊奇。

或者　看起来做母亲使你感觉惊奇、满足和轻松。这似乎比你之前想象的要更容易，更有价值。

或者　你似乎对你现在的生活状态感到非常满意，尤其是自从你有了孩子之后，孩子使你和你的生活更有意义了。

3. 评价

倾听是一门技术，更是一种艺术。在谈及自己沉浸于对方的世界时，罗杰斯是这样说的："在某种意义上，(关注和倾听)意味着你暂时达到忘我的境地。这一点只有那些对自己有充分安全感的人才能做到。他们知道自己不会迷失于他人的稀奇古怪的世界中，而且当他们想回到自己的世界中时，他们就能轻松自如地回来。"这种既能忘我地全神贯注于对方，而后又能回到建设性的自我意识上来的能力，既出自会谈者的谈话经验，也出自他(她)的不断成熟。

在刚开始训练时，要达到这种"完全地沉浸"式倾听会有一定的难度。其困难主要来源于以下三个方面：① 分心导致不充分的倾听。在与他人进行交谈时，我们很容易从他(她)的话语上分散注意力。有时候，我们可能很疲倦；有时候，我们可能正生着病；有时候，我们和对方存在相似的经历；有时候，我们和对方面临相同的问题……这时，由于我们头脑里装满了自己和自己的需要，导致无法充分地去倾听对方。我们往往会深深陷入自己的思维中，或者不自觉地开始考虑刚刚发生在自己身上的事情。针对以上情况，我们要学会先处理好自己的问题和情绪，使自己进入一个良好的状态，然后再进入"高质量倾听"的工作模式。② 偏见造成评判性的倾听。当我们与人交流时，个人的、家庭的、社会的、文化的因素可能将各种形式的偏见引入我们的倾听。通常，我们对此毫无察觉。因此，即使我们理性地要求自己很专注地进行倾听时，其倾听也是批判性的。也就是说，我们会一边倾听一边按照好与坏、正与误、有关与无关、喜欢与不喜欢、可接受与不可接受等标准，对他人言语内容的优劣进行评判。当然，完全停止判断是不可能的，但我们可以努力找到批判性倾听的有效形式。我们可以选择在倾听时暂时将判断搁置在一边，以便对对方、他(她)的世界和观点进行更好的理解，这是完全可行的。③ 预想引起遗漏式的倾听。当正在与人交谈时，初学者在倾听时可能会问自己："我到底该怎么回答他的话好呢?"或者当一个有经验的倾听者正在思虑为说话者提供一个完美的答案时，事实上他们已经停止了倾听。

因此，有效的倾听者应该专心地倾听着对方，无论对方的表述是流畅的还是断续的，都要专注地倾听他们话语中的主题以及深藏的重要信息。等对方说完后，我们就可以停下来回顾对方刚刚说过的话，然后再开口应答。

三、应用及注意事项

有效倾听技巧可以广泛应用于心理咨询与辅导、心理治疗等专业助人领域，也可以应用于学校、社区、医院、政府、司法等教育和公共服务领域，也可以应用于企业营销、商务谈判等场合，还可以应用于个体社会交往、亲子交流等领域。

在有效倾听技巧的运用过程中，要注意：① 有效倾听要注重把握一定的框架。在与人交谈时，我们主要倾听对方的经历、想法、行为和情感等方面的表述。因此，如果要对对方的问题了如指掌，我们就要从他（她）的具体的经历、具体的想法、具体的行为和具体的情感与情绪这几个角度去理解对方。② 有效倾听要注意与关注相结合。在深度的人际交往中，谈话者必须具备积极关注的能力。因为只有将关注与倾听这两个方面有机地结合起来，才能获得完整、准确的理解。有效的关注表达了两层含义：一是它告诉对方你与他（她）在一起；二是它让对方感受到你正在仔细倾听他（她）的忧虑。③ 有效倾听要保持中立与客观的态度。在与人交流时，要确保倾听时能无条件地尊重和理解对方。切忌随意打断对方的话，过早地做出反应，在谈话过程中表现出厌恶、敌视等情绪反应。因此，有效的倾听要求倾听者学会做自我认识的深入探索，包括探寻出歪曲我们倾听的偏向和偏见。④ 有效倾听要敏于反应。倾听的基本功能在于鼓励说话者把他（她）的观念和感受表达出来。因此，倾听应是积极地对对方传达的全部信息，包括语音语调、目光接触、面部表情、身体语言、空间距离、沉默等做出反应的过程。倾听者一定要注意观察对方在叙述过程中出现的犹豫、停顿、语调变化以及伴随出现的各种表情、姿势和动作等，从而做出更加完整而准确的判断。

素养十五　询问的素养

智者问得巧，愚者问得笨。人力胜天工，只在每事问。

——陶行知

梁宁和小倩是一对相恋一年的情侣。两人相处融洽，却独独为约会迟到的事情争执了好几回。元宵节那天，两人相约一起去老城隍庙逛灯会。小倩下班后，按照事先约定的时间在门口等梁宁，没料到足足等了一个小时，对方才姗姗来迟。小倩生气地问他："每次约会都迟到，电话也不接，你为什么从来都不考虑我的感受呢？"梁宁由于工作的原因心情本来就不好，一听这话，火气也上来了："现在是下班高峰时间，路上堵车！手机又正巧落在办公室里了。我有什么办法，你以为我想这样啊！"小倩本来就觉得委屈，没想到梁宁还是这个态度，气急败坏地对他说："这恋爱是没法谈了，我要分手！"如此一来，两人开始吵架，一起逛灯会的事也泡汤了。

但是，若小倩能换一种方式来提问，可能事情的发展就完全不同了。她可以这样问："你过了约定的时间还没到，我很担心，你在路上有没有发生什么意外?”或者:“你每次约会都迟到,我觉得很委屈,你真的不在意我的感受吗?”此时,梁宁的回应可能会变成这样:“对不起,对不起！我知道是我不好！我下次一定……”我们可能会惊讶地发现,提问的方式竟然有如此大的魅力！当然,如何适当地提问是一门艺术,需要不断地学习和揣摩。

在人际沟通中,你询问探究的水平如何？亲爱的朋友,不妨来做个自我测试吧。

询问策略问卷

本问卷共包含10道题目,主要测量自我在人际交往中的询问探究水平。请根据您在最近的沟通中的真实表现和第一反应作答。

1. 我会鼓励对方阐述他的观点。

A. 从不　B. 有时　C. 总是

2. 我能让人们不断地谈论他们自己。

A. 从不　B. 有时　C. 总是

3. 我很难让人在我面前“敞开心扉”。

A. 从不　B. 有时　C. 总是

4. 我能轻松地让人在我面前畅所欲言。

A. 从不　B. 有时　C. 总是

5. 我无法引导他人把事情的来龙去脉讲清楚。

A. 从不　B. 有时　C. 总是

6. 我不知道怎么鼓励他人找到解决问题的办法。

A. 从不　B. 有时　C. 总是

7. 我不善于帮助他人理清事情的头绪。

A. 从不　B. 有时　C. 总是

8. 我总能引导他人表达自己的想法。

A. 从不　B. 有时　C. 总是

9. 我鼓励人们告诉我他们的感受。

A. 从不　　　　B. 有时　　　　C. 总是

10. 我无法引导他人意识到自己的需要。

A. 从不　　　　B. 有时　　　　C. 总是

评分标准：

题目采用3级评分制。选择A记0分，选择B记1分，选择C记2分。但第3、5、6、7、10五个题目的算分是反向的（即选择A记2分，选择B记1分，选择C记0分）。量表的最低得分为0分，最高得分为20分。

结果与分析：

16～20分：询问探究水平较高。你是一个高明的启发者，你擅长引导他人进行自我表露，能通过引导帮助他人探究内在的想法、感受和需要，已具备较强的询问探究的面谈者能力和技巧。

8～15分：询问探究水平居中。你让人自我表露的水平一般，如果你想成为一个优秀的面谈者，需要更加努力。

8分以下：询问探究水平偏低。你与一个优秀的面谈者之间还存在一定的距离，通过引导帮助他人探究内在的想法、感受和需要的能力较弱。因此，你应该找出薄弱环节，有针对性地加强实践和练习，以不断提高自己的询问探究技巧。

一、询问及其相关研究

我国著名教育学家陶行知曾经说过："发明千千万，起点是一问。禽兽不如人，过在不会问。智者问得巧，愚者问得笨。人力胜天工，只在每事问。"这句话道明了提问在学习中的重要性，同时也告诉我们聪明的人要学会巧问。人际交往是人与人之间交流思想和情感的过程，而深入的沟通则依赖于有效的询问技巧。它有助于我们解决矛盾，拉近关系，增进情感，帮助谈话者进行自我探索。因此，询问探究技巧是良好沟通的基本要素之一，我们需要这种能力。那么，什么叫询问呢？

1. 概念界定

在人际交往过程中，会谈者借助言语的引导，获得说话者所陈述的事实、所体验的情感、所持有的观念，这种特殊的引导或话语的采用，就是我们这里所讲的询问探究技巧。询问(question)，也称为问询或者提问，一般包括两种重要的类型：开放式提问和封闭式提问。

2. 理论基础

询问技巧来源于谈话法，又称问答法，最早可以追溯到中国古代教育家孔子以及古希腊教育家苏格拉底的教育实践。孔子主张谈话中运用“叩其两端”的提问方法，即从事物的正反两个方面去寻求知识。① 苏格拉底的谈话法特别注重思想的辩证与分析过程，以及提问的艺术。②

后来，询问技巧被用于心理咨询和治疗领域，并逐渐成为面谈的重要技术之一。在心理咨询中，询问探究技巧提供了指导会谈的系统框架。询问帮助会谈顺利进行，它开辟新的谈论话题，帮助明确并澄清问题，也帮助来访者进行自我探索。

艾维(Allen E. Ivey)认为，询问主要是通过开放式提问和封闭式提问两种方式进行的。③

开放式提问(open-questions)，通常不能用一两个字或一两句话作答，它能引出一段解释、说明或补充资料。开放式问题常以“什么”“怎么样”“为什么”等形式开始发问。通常情况下，以“什么”发问的提问引出一些事实资料；以“怎样”发问的提问则往往涉及一件事的过程、次序或情绪性的事项；以“为什么”发问则引出一些理由、原因及合理的解释。

封闭式提问(closed-questions)，通常是在咨询活动中，会谈内容较为深入，需要进一步澄清事实、缩小讨论范围或集中探讨某些特定问题的时候，可以适当采用的提问方式。封闭式问题通常以“是不是”“要不要”“有没有”

---

① 朱熹：《新编诸子集成》(第一辑)，中华书局 1983 年版，第 95 页。
② ［英］泰勒：《苏格拉底传》，商务印书馆 1999 年版，第 58 页。
③ ［美］艾伦・艾维等：《心理咨询的技巧和策略》，时志宏等译，上海社会科学院出版社 2005 年版，第 62 页。

“对不对”开头，如：“你有没有想过离开家庭独立生活？”“你是不是觉得工作压力太大？”“你是想说你已经不爱她了，对不对？”这种情况下，来访者多以“是”“否”或其他简短的语句作答。这类问题可以用来收集特殊的资料，以澄清事实。此外，还可以帮助咨询师把来访者偏离某一主要内容的话题重新牵引回来。例如，“我们能否继续讨论刚才关于‘独立’的问题？”当来访者的叙述偏离正题时，咨询师可以用它适时中止某一叙述。在问题探索阶段，当已讨论了大量问题和事实后，咨询师可以利用这种提问补充、证实一些已谈及的材料。这种提问有较强的收束倾向，且比较节省时间。

3. 相关研究

美国心理学家凯利(Kelly,1977)曾对临床交谈提问的性质做过归纳，把问题分成六大类别，主要包括“为什么……”问题、多重选择性问题、多重问题、修饰性反问、责备性问题和解释性问题。的确，询问探究技巧会直接影响来访者和咨询师之间的关系，以及影响诊断信息的收集，咨询师在临床实践中一定要认真对待它。多年来，我国学者在这一领域的研究也做了一些工作，但对询问探究技巧的临床实证研究屈指可数，有待加强。我国学者梁万年(1995)在对临床询问技巧的探讨中，具体细致地提出了敏感问题的问询方法：普遍化、迂回、渐进；并提出了对啰唆迂腐的病人、威胁进攻型病人、疑难病人、精神病人、老年病人和儿童病人这五种疑难病人的询问技巧。[①] 杨芳(2009)对个体辅导的询问技巧进行了探讨，将“上推平行下切法”这一NLP简快疗法语言模式中常用的语言技巧应用到心理咨询的问询过程中，提出上推平行法和下切法两种切实可行的方法。[②]

20世纪以来，我国教育者对询问技巧进行了大量的实践研究，主要集中在教育教学领域对“教师课堂提问”的研究，包括课堂教学的问题设计、教师提问的原则、提高课堂教学提问技巧的相关策略等。课堂提问是以设置问题进行教学回答的形式来活跃课堂气氛，引导学生思考，着力培养学生独立

① 梁万年：“临床问询工作中的有关技巧的探讨”，载《实用乡村医生杂志》1995年第6期。
② 杨芳：“个体辅导的询问技巧研究”，载《中小学心理健康教育》2009年第3期。

思考能力与创造性思维。肖小玲(2012)对“语文课堂教学的提问技巧”进行了探讨,认为提高初中语文课堂教学提问技巧的相关策略有二:一是提问循序渐进,善于运用提问技巧;二是巧妙设疑,激发学生参与兴趣。[①] 杨华娟(2012)对“英语课堂中的问题设计与提问技巧”进行了研究,认为有效提问的前提是设计合理的问题,问题可分为低阶聚合性问题、高阶聚合性问题、低阶发散性问题和高阶发散性问题;英语教学的提问技巧策略有五个方面:导入问题,激发认知需求;布置任务,查找语篇信息;理解问题,概括主旨大意;促进参与,合作探究原因;加强引导,自主推断结论。[②]

总之,我国学者对询问探究的研究还较多地局限于教育教学领域,对询问在心理咨询和治疗领域的作用的研究还不多,尤其是临床实践和实证研究几乎没有。

二、素养培育

1. 要素结构

询问探究技巧主要包括开放式提问和封闭式提问两种。

开放式提问,通常可以掌握与话题相关的具体事实、说话者的情绪反应、对此事的看法及推理过程等。

(1) 以“什么”提问,可以帮助找出某些与问题有关的特定的事实资料。例如:“当时你有什么反应?”“那么以后又发生了什么事情?”“还有什么人在场?”

(2) 以“怎样”“如何”提问,往往可以引导出对事情经过的描述及对问题的想法和情绪的反应。例如:“你是如何知道别人的这些看法的呢?”“你对这件事是怎么看的?”

(3) 以“为什么”提问,可以得到更多较为具体的解释与回答,从中找出

---

① 肖小玲:“语文课堂教学的提问技巧”,载《文学教育(中)》2012年第2期。

② 杨华娟:“英语课堂中的问题设计与提问技巧”,载《山东师范大学外国语学院学报(基础英语教育)》2012年第1期。

说话者对某事所产生的看法、做法、情绪等原因。例如："为什么你认为别人都看不起你?""为什么你觉得这样不公平?""为什么你当时没有说出你的不满?"

(4) 以"能不能""行不行""可不可以"等提问，可以促进说话者的自我剖析和自我探索。例如："可不可以告诉我，你到底是怎么想的?""你愿不愿意继续谈谈这个话题?"

封闭式提问，是限定了一定范围的提问方式。它通常有利于聚焦会谈并获得信息。

2. 方法演练

(1) 开放式提问

一般情况下，在谈话开始或者转换话题时大多采用开放式的问题，这类问题普遍被认为是最有用的会谈技术之一。它能促使说话者主动地、自由地敞开心扉，自然而然地讲出更多的相关情况、想法和情绪等。

材料一：

来访者：两周前拿到癌症的诊断后，我和先生都感到轻松了一点，因为我们知道了实情，但同时又为我们面临的现实感到抑郁。从那以后我们的生活就乱套了。

会谈者：<u>你能告诉我，从那以后你都做了些什么吗?</u>

来访者：我去律师那儿起草了遗嘱。我试图把我所有的业务都安排妥当，我不停地写信给远方的亲戚和朋友，也打了很多电话，我一直用各种各样的活动把我的日程表挤得满满的，以便暂时忘却自己的痛苦。

练习一：

来访者：我做了一些有趣的事，使我感到挺高兴的。

会谈者：______________________________

材料二：

来访者：因为我妻子中风了，晚上回家对我来说真是一件令人沮丧的事情。

会谈者：这件沮丧的事情对你来说具体是怎么回事呢？

来访者：当我看到她坐在椅子上不能动弹，我内心充满了对她的怜悯；此外，我也觉得自己可怜，这里面好像还夹杂着一些怨气和愤怒。但是我不知道这火气该往哪儿出，我不知道如何消除我的怨气。天呐，我才42岁，而她才40岁！

练习二：

来访者：我没有关系特别好的朋友，我不太喜欢和别人走得太近。

会谈者：________________

材料三：

来访者：我想退学，我不想继续再上学了。

会谈者：你为什么突然想退学呢？

来访者：我其实不想上普通高中，我想上职业高中学高级技工，掌握一技之长。但是我爸妈非要我上普通高中，说要不然没前途。我特别痛苦。

练习三：

来访者：我觉得同事们都用异样的眼光看我，他们都讨厌我，看不起我。

会谈者：________________

材料四：

来访者：我在家里一点也不快乐。我妈整天唠叨我，穿衣、吃饭、学习、交友……没有她不唠叨的事。如果我反驳她几句，她就骂我不懂事。

会谈者：你能不能从正面来分析一下妈妈唠叨的原因呢？

来访者：可能担心我对吃穿要求过高，虚荣心膨胀；可能担心我学习不认真，学业糟糕影响我的前途；可能担心我受不良同伴的影响，学坏了……

练习四：

来访者：对将来从事的职业，我想过很多，有新闻记者、特警、国学大师、跆拳道教练等，但一直定不下来，因为各种职业都有利有弊。

会谈者：____

参考答案：

练习一：

来访者：我做了一些有趣的事，使我感到挺高兴的。

会谈者：你看起来的确挺开心的，那么你到底都做了哪些有趣的事情呢？

练习二：

来访者：我没有关系特别好的朋友，我不太喜欢和别人走得太近。

会谈者：一般来说，你们这个年龄的女孩都喜欢有几个能说说心里话的朋友。有好朋友对很多人来说是一件非常开心的事，你是怎么想的呢？

练习三：

来访者：我觉得同事们都用异样的眼光看我，他们都讨厌我，看不起我。

会谈者：你为什么觉得同事们都讨厌你，看不起你呢？

练习四：

来访者：对将来从事的职业，我想过很多，有新闻记者、特警、国学大师、跆拳道教练等，但一直定不下来，因为各种职业都有利有弊。

会谈者：你能不能具体说一说呢？

(2) 封闭式提问

封闭式提问是以一种理解的检验或核实结束的，向对方进行周期性的检验核实可以帮助我们验证信息是否正确，这可以在两个重要的方面帮助到我们：一是它将谈话双方联系起来，并鼓励我们继续说下去；二是如果我们在总结自己所听到的内容的时候有错误，对方可以帮我们澄清或更正。

材料一：

来访者（一名中层经理）：上个礼拜，我的同事周翔又做了新的事情。他和谢伟走到角落里，然后他们两个开始大笑起来。他无视我们其他人，这让我感到恼火。虽然他的工作很出色，但是他难以相处，这件事情把我搞得心情一团糟。

会谈者：听起来，周翔好像变得更加难以相处了，而且看起来这还影响了你们整个团队。这加重了你的压力，使你心烦不已。这是你对这件事的基本感觉吗？

练习一：

来访者：今天自习课我去班主任那里接领了一项任务。我在讲台上大声通知，结果招来了同学们的唏嘘声。我感觉自己在班级中没什么威信。

会谈者：是几个同学呢？

来访者：三四个男生。

会谈者：（是不是）________________________________

参考答案：

练习一：

来访者：今天自习课我去班主任那里接领了一项任务。我在讲台上大声通知，结果招来了同学们的唏嘘声。我感觉自己在班级中没什么威信。

会谈者：是几个同学呢？

来访者：三四个男生。

会谈者：你觉得这个数据是不是能说明同学们都反对你的工作？

(3) 综合练习：开放式提问/封闭式提问

材料一：

马克(一名40岁的男性)：彼得是一个很难相处的人。上个星期五，在职员工作会议上，我让他为大家概括地讲一下他之前检查过的那份报告。在众人面前，他居然一开始讲了一个关于我的笑话。他说我不识数，他不得不帮我检查这份报告。他甚至羞辱了秦丽，说她的报告是例行公事，毫无趣味。

给以上案例写下开放性问题，问题能够带来更多的信息、事实、感觉和原因。

什么(What)：这段时间，他还做了什么事情让你觉得难以相处？

怎么样(How)：当他那样说的时候你感觉怎么样？

为什么(Why)：你被激怒了，为什么你认定他的话是针对你说的呢？

能否(Could)：你能不能说说，他平时是怎么和同事相处的？

给以上案例写出三个封闭式问题，以获得相关情况的有用细节。

能否(Do)：你有没有想过找个时间和他面对面沟通？

是(Are)：你好像被他激怒了，你是不是认定他的话是针对你说的呢？

哪里(Where)：面对这种情况，你愿不愿意考虑一下运用其他的有效资源？

练习一：

简(一名27岁的女性)：大约两周前，我收到一封男朋友发给我的邮件。他说他仍然爱着我，但他认为和我就是没有缘分。在信中，他为在过去三年里同我共度的所有美好时光而感谢我，但他请我不要试图联系他，因为这只会使我们两人更为难。因为这件事，我的精神世界都要崩溃了。同事们都在抱怨我，大部分时间我就像个木头人似的。

给以上案例写下开放性问题：

什么(What)：____________________

怎么样(How)：____________________

为什么(Why)：____________________

能否(Could)：____________________

给以上案例写出三个封闭式问题：

能否(Do)：____________________

是(Are)：____________________

哪里(Where)：____________________

练习二：

杰克(一名35岁的男性)：我真是没法再待在老地方做事了，我的老板太不讲理了，他向我提出各种荒谬的要求。办公室里其他男人呆板得要命，而那些女人更加不通人情，你甚至没法同她们说上几句话。这样的局面竟然一直持续了将近两年。虽然我的收入还不错，但是我现在认为那根本不值得！

给以上案例写下开放性问题：

什么(What)：____________________

怎么样(How)：______________________________

为什么(Why)：______________________________

能否(Could)：______________________________

给以上案例写出三个封闭式问题：

能否(Do)：______________________________

是(Are)：______________________________

哪里(Where)：______________________________

3. 评价

询问探究是一种“有目的的交谈”，需要足够的敏锐度和技巧去捕捉有助于问题解决的信息。相比较而言，询问探究技巧的框架较为清晰，自由度较高，是一项易于掌握和运用的方法。

通常，会谈者在运用询问技巧时，在以下两种情况下会倍感压力：① 不善言辞者。开放式问题需要一个健谈的交流者，他乐意分享自己的信息、想法和情感。而与沉默寡言者的交流却是一个缓慢的过程，需要你花费更多时间。因此，你需要平衡地使用封闭式问题和开放式问题进行耐心引导。注意尽量保持语言的简洁、直接和具体，如，开放式问题“你能给我一个具体、明确的例子吗？”很多时候都是有效的。此外，儿童是一个很特殊的群体，在他们愿意吐露心声之前需要更多的帮助。相对而言，一个喜欢并接受孩童的和善而健谈的人会容易引导出更多信息。因此，和孩子们分享一些有趣的事情会对开启谈话有很大的帮助。当然，面对孩子的时候，游戏和玩具等都是很有用的工具。② 不停唠叨者。当面谈的对象总是没完没了地诉说他的问题，如对工作不满意、婚姻状况一团糟、亲子交流困难重重……这时我们可以尝试帮他一起寻找问题没有发生时的情况通常会非常有效。“问题或者忧虑没有产生，或者不是那么困难是什么时候？请举一个那个时候的例子吧。”这些信息可以帮助来访者确定什么是正确的做法，然后鼓励他做更多同样的事情。有时候，这样的询问还会带领对方进入到深入的自我探索过程中。例如：

会谈者：“如果你确实有了自己想要的工作，那情况又会怎么样呢？”

来访者：“噢，让我想一下……当然，这不等于就是有钱了。我想它会是某种让我感兴趣的东西，这么说吧，我喜欢一份能让我自由发挥创造性的工作，而我喜欢一个……”

三、应用及注意事项

在许多理论和助人形式中，特别是在认知行为疗法、简短咨询和职业决策中，询问探究技巧是一个不可或缺的重要内容。通常，专业心理咨询师、社会工作者采取评估式的会谈时都需要使用询问技巧。对于新闻记者、司法人员、审计人员、商业谈判者、营销者、售货员、医生或者护士等人员而言，询问就是他们的职业基础。当然，在我们的文化中，询问也是生活的一部分，我们在任何地方都会用到它。作为一名普通的个体，我们也可以把询问探究技巧应用于社会交往、亲子交流等领域，从而提高生活质量。

在询问探究技巧的运用过程中，要注意：① 恰当适量地运用提问。在会谈中，若向对方提问过多，他们会有一种被盘问的感觉，从而产生防备心理，这不利于人际关系的建立；每次提出好几个问题的多重询问还会使对方产生混乱的感觉，而且会阻碍对方做出深入的自我探索。② 有的放矢地提出问题。在人际交流中，要牢记提问服从于目的，切忌问一些漫无边际、目的不明确的问题。提出的问题应该具有实质意义，能够帮助对方达到某种目的。即使提问是为了获得信息，这样的信息也应该是对他们有用的。③ 擅用开放式提问。开放式问题有助于开始一个会谈，给交谈者彼此一个舒适的谈话氛围；也可以推动自由讨论，给交谈留下足够的空间。但开放性问题要慎用“为什么”询问。有时谈话者对问题的原因并不是很清楚，或感到难以表达，有时对问题解释可能会触及其秘密和隐私。因此，“为什么”这类询问可能会让来访者产生戒备或不舒服的感觉。④ 慎用封闭式提问。封闭式问题可以迅速地得到想要的资料，但是一连串的“我问—你答”，容易使对方感到你主导着会谈，压制对方自我表达的愿望和积极性；或者对方变得越来越依赖，不问就不说话，从而限制其自主探索和自由表达的能力。⑤ 善用积极性提问。在合适的时机，我们可以帮助对方积极寻找自身的优点，这是做到积极看待和尊重对方的一个具体方法。当你给予对方积极的观察和反馈，帮助他们重新认识自己时，他们可能开始以一种新的方式谈论自己。⑥ 避用判断性提问。带有判断性的提问通常包含着对说话者的某种评价，经常会使对方感觉你根本不理解他，从而产生不满情绪，影响双方关系的建立。

素养十六　谈判的素养

绝不要因为害怕而协商，但绝不要害怕谈判。

——约翰·甘迺迪（美国第35任总统）

在会见公司的重要客户期间，皮埃尔发现客户没有听取他关于升级客户IT系统的建议。在客户向皮埃尔提出他认为没有必要升级IT系统的原因时，虽然皮埃尔知道应该倾听并尽量满足客户的需求，可是他出于自己的专业角度，始终坚持自己的方案合理。他也尝试耐心地向客户解释原系统的弊端，并列出新提案的优点。但是客户根本不理解他的做法，反而直接向皮埃尔的老板投诉并要求更换另一名顾问。由此可见，在沟通谈判时，专业知识和技能虽然重要，但是只有掌握高超的谈判技巧和高明的表达技巧才能最终赢得期望的谈判效果。

谈判无处不在，无时不有，无所不包。古代三国时，刘备三顾茅庐，与诸葛亮隆中之对，谈出了三分天下有其一；刘邦在鸿门宴上刚柔相济，迫使项羽乌江自刎，从而开创了大汉的数百年伟业；赵匡胤“杯酒释兵权”，以无法预料的智慧结束了地方割据局面，实现了政权的顺利交接。回到现代，无论是国与国之间的政治、经济、文化、外交等的相互往来，还是公司或企业之间的合作与联系，或者家庭的各种纷争的解决，都离不开谈判。再从个人的成才发展上来看，在个人素质技能培养和提高的诸多要素中，谈判技能也是自我发展中不可或缺的能力，它能帮助我们更好地与他人沟通和自我表达，通过有效的交流沟通实现个人的最终诉求。

你是否已经具备了初步的谈判能力？不妨我们先来做一个谈判技巧的自我测试题：

谈判力自我测试

1. 关于谈判准备的原则和要素，下列说法不当的是（　　）。

A. 在谈判前一定要为自己留好退路

B. 只要谈判达成了承诺，谈判就圆满结束了

C. 谈判者要密切关注对手可能的退路

D. 谈判者要关注承诺的实施情况

2. 在选择谈判方案时，不正确的做法是（　　）。

A. 仔细分析各种方案的利益差别

B. 在进行分析比较之后，只选择一个谈判方案进行讨论

C. 选择最佳方案作为谈判的基础

D. 在坚持原则的基础上，灵活处理谈判方案

3. 在谈判中需要把握一定的弹性，其中不包括（　）。

A. 使用弹性的语言

B. 在谈判中不宜走极端

C. 善于察言观色，根据对方的变化改变自己的立场

D. 在谈判者自己设定的范围预期内弹性伸缩

4. 通常谈判者在提出要求时应当（　）。

A. 清楚地阐释自己的要求以及提出要求的依据

B. 漫天要价，先观察对手的反应再说

C. 用疲劳战对待对手，把对手弄得晕头转向再进行谈判

D. 对自己想要达成的所有目标进行阐述

5. 关于谈判中的破局，下列说法不当的是(　　)。

A. 是一种无奈的选择

B. 可以削弱对方的锐气

C. 采用破局的战术最终是为了赢得谈判的胜利

D. 在破局前首先给自己留好退路

6. 当时间对谈判者有利的时候，可以采用的方法是(　　)。

A. 破　　B. 和　　C. 赢　　D. 拖

7. 在谈判过程中私人关系对谈判的影响是(　　)。

A. 私人关系好谈判一定会成功

B. 私人关系不好会导致谈判一定失败

C. 私人关系好谈判会有个好的开始

D. 私人关系不好一定会影响谈判的进程

8. 不妥当的维护关系的方法是(　　)。

A. 与对方共同分享资讯

B. 通过在谈判中不断让步来培养感情

C. 与对方共享研究成果

D. 私下送给对方贵重的礼物来赢取对方的认可

9. 约见面谈时的最大忌讳是(　　)。

A. 在对方的家里谈

B. 直接切入主题

C. 用金钱等物质作为面谈的资本

D. 见缝插针地说话

10. 关于沟通，下列说法错误的是(　　)。

A. 沟通有面谈、电话交流和写信三种

B. 电话沟通就是要敢于追踪对方

C. 面谈的成功率往往高于其他沟通方式

D. 如今 E-mail 是比较常用和便捷的沟通方式

正确答案：1. B　2. B　3. C　4. A　5. A　6. D　7. C　8. D　9. A　10. D

如果以上测试题目能答对三分之二，说明被测试者已经具备初步的谈判能力，应通过进一步的学习和实践加以完善。反之则要提醒被测试者对这一问题引起足够的重视。

当今社会传播为王，沟通的有效性在人际交往中越来越得以重视。在实现有效沟通中谈判技能是至关重要的要素。我们需要通过行动让我们不仅可以与别人通过相互协商达成共识，同时也能和自己的内心世界和平共处。众所周知，谈判是人类交流的主要方式，只要有人类社交，谈判必然会存在。可是它的存在方式是多样的，有意识的或无意识的，言语的或非言语的。例如家庭中父母与孩子沟通时、工作中人们在跑腿或干杂活时都会存在谈判。谈判无处不在，不是说我们必须时刻积极地就生活中的每一件事进行谈判，而是要关注它，在必要的时候通过它来实现自我需求的满足。

一、谈判及其相关研究

1. 概念界定

谈判是一种既普遍又非常重要的社会交往形式。当存在利益冲突时，人们不想诉诸武力但又没有现成的规则或程序可以解决，此时人们就通过谈判来达成协议。谈判是一种人们试图解决每一方应付出什么、应得到什么的过程。[①]

谈判的组成包括：谈判者，谈判者的利益，谈判的过程和谈判结果。谈

① 孙贵梅："非对称任务下社会动机对多边谈判影响研究"，浙江大学 2008 年硕士论文。

判者是指参与谈判的某个人或有着共同利益的各组人。谈判者的利益是指谈判者对资源分配的偏好或者诉求。谈判过程是指谈判的经过及在结果未达成之前谈判各方所受的影响，它包括谈判者之间的沟通交流以及实现谈判策略的各种行为。谈判结果是指谈判的最终呈现：僵局（无法达成一致的认识）或者联合协议。

2. 理论基础

谈判中处处渗透着需要层次论、博弈论及公平理论的核心思想。掌握这些理论对指导谈判实践活动有很大的意义。

马斯洛在1943年发表的《人类动机的理论》一书中提出了需求层次论。马斯洛把人的需要分成生理需要、安全需要、社会需要、尊重需要和自我实现需要这五类。这种理论在谈判中得以充分展现。谈判指谈判者在社会交往时，为了满足自身的需要而积极协调双方的关系，尽可能争取通过协商而达到意见一致。需求层次论引导我们寻求谈判者之间的共同需要以及他们的个体差异，同时这一理论引导我们关注谈判者的各种需求，并对其加以分析和重视，从而选择不同的方法去顺应、抵制或改变对方的动机。马斯洛的需求层次论告诉我们：在谈判中，谁能更准确、更全面、更清楚地了解对方的需求，谁就可能成为谈判的最终赢家。

博弈论是研究在各方策略相互影响的条件下，理性决策人的行为理论。博弈的本义是在下棋等休闲娱乐活动中，双方在遵守游戏规则的基础上，通过分析对手可能采用的方法从而有针对性地选择相应的策略或计谋，以制胜对方的理论。[①] 在谈判过程中，谈判双方第一次沟通和交流，由于陌生而不了解，在以谋求己方最大利益为目标的前提下缺乏相互间的信任，在策略选择上可能采取合作，也可能欺骗对方。谈判双方的策略选择就是我们所谓的博弈论。如果我们在谈判中应用博弈论中“囚徒困境”理论，就能够做好对手的资信调查，避免上当受骗，通过争取双赢来使谈判更

① 曾晓红：“浅析博弈论在商务谈判中的应用”，载《职业时空》2012年第8期。

具有科学性。由此可见，掌握博弈论的原则，对指导谈判的实践活动非常有益处。

公平理论最初是由美国的心理学家亚当斯提出来的，作为激励理论，它主要研究人的动机和知觉关系。公平理论认为人能否受到激励，不但受他们所得到的影响，还会受他们所得与别人所得是否公平的影响。这种理论的心理学依据，就是人的知觉对人的动机的重大影响。通过对这种理论的了解，我们得出个人往往不仅关心自己的得失，同时还关心别人的得失与其关系，那么他们必然会以相对付出和相对报酬作为全面衡量公平的标准。而这种理论在谈判中经常也会被谈判者予以运用，在谈判过程中力图找到一个彼此都能接受的客观标准，并且根据这一标准来进行谈判。但是如果一味盲目地追求所谓的绝对公平，是很难实现谈判的双赢或完成谈判过程的。因而我们在谈判中应该寻找对双方都相对公平的做法才是正确的。

3. 相关研究

国内外对于谈判的相关研究主要集中在这样几个方面：① 谈判研究的思路；② 谈判的策略研究；③ 谈判行为测量。

(1) 谈判研究的思路

目前谈判研究有两种思路，即规范化思路和描述性理论。规范化思路是基于个体具有充分理性的公理之上，并试图诊断出一个人在竞争性情景中究竟应该怎样谈判。[①] 一般说来，这种理论的奉行者大部分都是经济学家和博弈理论家。这部分研究者认为，人类的理性能使人在信息加工阶段将获取阶段获得所有的信息完全正确地加工，从而在行为阶段能够有效地执行现在的选择，以保证它对将来的结果产生作用。可是事实上，经验观察显示，规范化模型不能充分地描述谈判中绝大多数人的行为。也就是说谈判者不可能按照规范化的谈判模型所奉行的原则来完成整个谈判过程，现实

① 彭洁："谈判中权力和情绪内外部效应的述评"，载《大众科技》2012 年第 14 期。

中总会出现一些违背关键原则的事。[①] 于是关于谈判行为的描述性理论应运而生，这种理论的持有者主要是组织管理学家和心理学家。这种理论研究考察的是个体特征、动机以及认知过程对谈判的影响，包括谈判中的判断、行为以及结果所产生的作用。

(2) 谈判的策略研究

在关于谈判的各类研究中，各国学者对谈判的策略研究显示出更浓厚的兴趣。在谈判中，各方的谈判者都期望在谋求共赢的前提下运用各种策略，来达到己方的利益最大化。因此策略实施对于谈判者完成谈判尤其重要。谈判策略是指谈判者在谈判过程中为实现特定的目标而采取的各类措施、方法、技巧、战术、手段等的总称。这种策略往往是在长期的谈判实践经验和教训的基础上总结出来的。一个优秀的谈判者应该熟悉和掌握各种谈判策略，因为在我们实际的谈判过程中，各种情形错综复杂，这时如果仅凭单一的策略，谈判很难获得成功。所以优秀的、经验丰富的谈判者为了达到谈判的预期目标，往往需要在复杂多变的谈判过程中审时度势，通过灵活组合来巧妙地运用各种方法。

在谈判策略的研究过程中，传统的谈判策略和自动化的谈判策略是比较多地被国内外学者提到的策略。传统谈判策略是指竞争分配型谈判和合作整合型谈判。但是随着研究的深入，这种传统的谈判策略的不足逐渐被发现和重视，即所存在的目标不一致、偏好不确定、环境的多变、信息不完全、资源不足等问题，这种缺陷的存在往往会使谈判陷入僵局。而自动化的谈判策略是基于博弈论的谈判，基于启发式的谈判和辩论的谈判。这种谈判策略由于能够克服辩论的谈判的缺陷，从而使得谈判者以信息获取的便利性、僵局化解的确定性赢得谈判目标的达成。如今如何才能让谈判者更加智能地根据谈判环境的变化而适应性地调整自身策略已成为谈判策略研究方面的新热点，我们通常称其为适应性谈判策略。我国学者黄京华继承

① 徐光国、王重鸣："谈判研究的理论框架及其应用"，载《心理学动态》1997年第3期。

了国外学者利用遗传算法优化门限序列来寻得谈判和解的思想，在确定了基于谈判系统的目标和特征的基础上，研究了一种基于遗传算法的谈判模型。[①] 这种模型把自动化谈判过程看作是一个在谈判空间(由谈判议题和可能的解组成)中搜索的最优化问题，且是一个动态的搜索过程，其特点是在谈判过程中学习和发展新的适应性谈判策略。[②]

(3) 谈判行为测量

谈判行为的测量方法也是谈判研究的主要内容。部分学者通过对这一领域的研究指出谈判的行为和绩效指标可以分成两类，即经济指标和社会心理指标。经济指标的目的是以一种数学可处理的方式来建构世界，而社会心理指标是将变量分为自变量、因变量和控制变量，并以一种更适合实验的方式来建构世界。经济指标，集中于谈判的结果或者输出，它是基于人类理性的假设之上并从谈判行为的标准化分析中产生，因此比较容易忽视谈判的过程。而社会心理指标往往既针对谈判的过程同时也不忽视谈判的结果。[③] 研究者也提出实际上这两者是相互影响的。

二、素养培育

根据上述内容，我们提到一个优秀的谈判者要达到谈判的预期目标，必须通过掌握各种谈判策略与技巧来说服谈判对手。下面我们就介绍一些谈判的策略和技巧。概括来说，谈判的技巧主要包括谈判的原则、谈判的准备工作、谈判过程中的策略以及如何突破谈判僵局等要素。

1. 要素结构

说服谈判对手的基本原则有三个。

(1) 要做到有理、有力、有节。有理就是要讲道理摆事实，要以理服人；有力是指引用作为论据的材料和搜集的证据要有力量，能够直指要点；有节

① 郝博："商务谈判策略研究综述与构想"，载《中国商贸》2012 年第 8 期。
② 张鸽、蒋国瑞、黄梯云："基于辩论的多 agent 商务谈判产生机制研究"，载《计算机应用研究》2011 年第 2 期。
③ 赵霞："中国商务谈判行为分析"，载《商业研究》2005 年第 22 期。

是指要懂得适度，不能得理不让人。要做到以上三点就需要做精心的前期准备，尽可能明确说服对方的基本条件。所以谈判前期的准备工作非常重要，优秀的谈判者往往可以通过自己诚恳的态度、聪明的才智和博大的情怀来征服对方。

(2) 要遵守循序渐进的原则。这是指谈判者要想达成协议，就要努力试图带领对方走出他们脑海中的图像，慢慢地向己方目标靠拢，这是绝对不能心急、一蹴而就的，要尽可能步子迈得小些，尤其是当双方缺乏信任时，这一原则尤为适用。人们在谈判中失败的原因之一就是因为他们想尽可能一次把所有的要求都提出，恰恰这样会把对方吓到，增加谈判的风险。

(3) 要遵循客观真实的原则。双方开诚布公地以事实为依据进行交流和谈判是谈判实现共赢的基本前提。谈判方式和态度十分关键，以真实面目示人可以让对方对你产生高度的信任感，这种信任感往往能使谈判效果事半功倍。以真实面目示人，不假装成任何与实际不符的样子，不假装强硬，也不假装谦恭有礼；反之如果对方识破你欺骗的伪装，后果就会不堪设想。如果谈判者情绪不佳，或不是很清楚谈判事实和情况，那就如实地说出来，这样有助于问题的解决。

2. 方法演练

谈判是一个错综复杂、千变万化的过程。现实生活中同一件事情不同的人采取不同的方式去做，其效果截然不同，甚至会出现天壤之别。这是因为不同的谈判者采取的策略和技巧是不同的。因此，尽可能多地学习和掌握不同的谈判策略和技巧尤为重要。以下是常用的谈判策略的介绍。

✧ 谈判前的信息储备

“知己知彼，百战不殆”，这句出自《孙子兵法》的名句告诉我们，在谈判中为了掌握更多的主动权，就必须对谈判对手的情况进行全面的调研，做好信息储备工作。也就是对谈判对手关注的利益和谈判目标了解得越详细，成功性就越大。例如，如果对方关注的是周全的服务而不是产品的价格，可是你却一味强调低廉的产品价格，这就无法满足对方的需求而放弃购买。

做好信息储备工作，首先要知道的是谈判的目标和导向。一般来说谈判目标可分为期望目标、需求目标、可接受目标和最低目标四个层次。从中我们看到的是一个不断妥协的过程。在谈判伊始，谈判者首先会提出最优期望目标，进而保护的是可接受目标和实际需求目标，牢牢坚守的底线是最低目标。

目标是指在谈判最终时想要得到的结果。事实上，我们会发现很多人采取的行动有时会和自己的目标相悖，究其原因是他们把注意力放错地方了。谈判中的所有行为都应明确无误地使其更接近谈判中所设定的预期目标，而不是想当然地去追求人际关系、双赢结果或其他东西。有一个办法可以借鉴，我们可以在谈判前把目标进行分级，再把分级目标写下来，以便在谈判过程中随时提醒自己。

全面分析谈判对手。在谈判前要了解和关注谈判对手的年龄、性格、资历、地位等特点，当然也包括其谈判风格和现有态度，再根据了解的内容制订相应的策略。

如果觉得谈判对手不是很友好，又不太容易接近的话，我们也可以设法找出令对方尊敬的第三方或能对自己有所帮助的人来作为中间人调和双方的关系，否则谈判就无从下手。在谈判过程中，我们应该尽可能站在对方的立场去考虑问题。利用权力或其他手段来解决谈判的问题是不可取的，这种方式会破坏谈判双方的关系，最终导致谈判终止。只有努力调动对方的积极性和动力，才能使谈判更有成效或更具说服力。

✧ 预先制订谈判准则

在谈判过程的开始阶段，我们可以预先制订一些谈判准则，同时让谈判各方都认可和明确准则是十分重要的事情。这样做的优点之一是可以在己方受益之后，对方就不会认为谈判局势是由你来操纵和利用的。例如在谈判一开始就制订一条大家公认并遵守的准则，任何谈判的议题如果没有办法在 15 分钟内得到解决，就可直接跳过而进入下一个议题。没有议程的谈判会很容易迷失方向，导致谈判无疾而终。哪怕明确自己要谈的内容，仍需要一个议程来为会议进程制订一个准则，议程可以帮助我们从迷失的方向上重回正轨。

✧ 争取谈判对手的信任

信任是人际沟通过程中的“过滤器”，争取谈判对手的信任、赢得良好的人际关系是谈判顺利进行的保障。有了信任感谈判对手就容易站在你的立场设身处地地考虑你的建议和观点，以争取谈判各方双赢的利益。反之如果对方不信任你，你就是有再多的事实和证据也无法完成说服谈判对手的任务。

要创造良好的谈判氛围，在谈判中使用心理学上称之为“共情”的方法也是很有效的。著名的人际关系专家卡内基把通过这种方式说服谈判对手的方法称作“苏格拉底问答法”。它指的是尽可能站在对方的立场和角度考虑问题，先表示对对方的理解，用肯定和协商的方式建立起对方对你的好感，从而逐渐使对方接受已方的观点和建议，在欢乐友好的氛围中将谈判不断地向前推进。

认同策略就是一个很好的办法，它能减少谈判双方的戒备心理，使对方容易接受已方的建议和观点。在谈判中要想获取最终的成功，就必须想方设法去争取对方的信任和理解，努力寻找双方之间的共同点。实现的方法有很多，例如寻找大家共同的需求、感兴趣的话题或共同关注的人等。这就是我们通常所说的说服技巧。我们可以从以下途径去寻找突破口：① 生活习惯、价值观等，如个人生活品味、职业规划和追求以及文化信仰，等等；② 兴趣爱好，如“喜欢篮球或跳舞、爱好阅读或旅游”，等等；③ 双方共同熟悉或关注的人，在初次与对方交往时可以通过寻找双方都了解或关注的人，以此作为拉近彼此距离的方法，以求得情感上的互动，增加沟通交流的话题，从而成功地说服对方。

众所周知，人们往往会对那些和自己相似或与自己有共同想法的人产生好感，从而努力调整自己的观点和建议，以便让双方的想法更趋于一致。

例如“我想你一定会对这个问题感兴趣的”“我希望这件事情你会同意我的观点”，等等。

✧ 注重提问，强调语言的技巧

谈判是交流观点和表达意见的过程，如何应用适当的语言来表达往往会决定谈判的成败。一个优秀的谈判者必然是一个言语表达的高手，这种技巧主要体现在谈判语言的逻辑性、客观性以及用语的规范性和灵活性上。

在谈判过程中谈判者一定要字斟句酌，反复推敲语言是否恰当，要考虑对方对信息的接收反应。比如在表达自己的情绪时，尽量使用正能量的词汇，不用模棱两可的语言以使对方产生不信任和不悦感。在说服对方时也尽量不用或少用表达不良情绪的字眼。只有做到三思而后说，才能产生良好的说服效果。

同样，提问技巧也是赢得谈判成功的重要手段之一。谈判者可以通过恰当的提问来弄清事实，了解对方想法，充分阐述己方观点，同时也可以通过提问及时调整谈判策略。当然谈判中的提问是非常有讲究的，总的原则是必须问得适当又有礼，充分体现出对对方的尊重。提问时的注意事项包括以下几个方面：

(1) 提问时机要适当。如果时机没有把握好，问题即使提得再好也同样达不到理想的效果。恰当的时机可以是在对方发言完毕之后提问。在对方发言时，首先要认真倾听，如果发现了问题也不要打断对方。可以先把发现或想到的问题记录下来，等到对方发言完毕或在对方发言停顿、间歇时提问。如果发现对方过于纠缠细节或跑题，影响谈判进程，为了保证谈判的顺利进行，我们可在对方停顿时借机提问，例如可以说：“细节问题我们以后再议，能否先麻烦你谈谈对于这个问题的主要想法，好吗?”或者说：“这个问题我们明白了，那下一个问题呢?”还有一种自问自答的提问方式，往往用于谈己方观点前，对对方的发言进行自问自答。例如“您刚才的发言说明了什么问题呢？我先谈谈我的想法……”“我们如何理解你们所提出的依据？我先阐述一下我方的观点”等，这些语句都表示了以上所谈到的沟通方式。

(2) 提问方式要恰当。在谈判中提问可以采取的方式有很多种，包括封闭式提问、开放式提问、澄清式提问、探索式提问、引导式提问等。但不管采取哪种提问方式，都要恰当，要表示出对谈判对手的尊重，要符合礼仪要求。

✧ 积极沟通，及时消除误会

谈判是在双方互相尊重的基础上进行的。但是在现实谈判中，难免会出现一些不快或尴尬的时候，谈判者如果能够主动积极地与对方进行沟通，及时地表达观点和想法，就能消除误会，使谈判顺利完成。反之威胁或责怪对方只能招致对方相同的回应。现实中大多数谈判失败都是由于沟通不畅造成的。在谈判陷入僵局时，运用离开谈判现场或逃避问题的办法都是行不通的。优秀的谈判者会将沟通中出现的问题或矛盾开诚布公地向对方指出，例如“这样可能会造成我们之间的隔阂或不愉快”，然后再用巧妙或幽默的语言化解当时的不快，这样反而能将对方引至谈判者为他们设定的道路上来。

✧ 以利益共赢为目标，事理交融，举证有力

利益是谈判的根本出发点。谈判各方的最终目标都是希望通过谈判实现利益的最大化。

优秀的谈判者在谈判过程中，往往在考虑己方利益的同时会力争保障对方的利益。事情的立足点是谈判双方能够得到什么，只有双方的利益都得到满足时，谈判才算成功。对事不对人讲求的是立足于客观实际，抛弃个人职位、性格等多方面的因素，关注对方的看法与态度，使用客观标准保证利益分配的公平性并且始终坚持不以个人的意志为转移。在谈判中不同的解决方案，就代表着不同的利益分配方案，不同的方案则预示着谈判双方一旦达成一致便都拥有好处，实现共赢。利益是谈判各方的焦点所在，只要双方利益得到满足，其他问题就会迎刃而解。

✧ 掌握突破谈判僵局的方法

谈判过程是个复杂而多变的动态过程。即使准备充分，也难免突发意外导致谈判陷入僵局。当谈判出现僵局时，谈判者可以通过技巧来进行突破。例如可以先避开僵局问题而言他，或插几句幽默诙谐的话缓和气氛。

有时在谈判中也会遇到固执己见、态度强硬的对手，这会让人感到难以对付，只要我们掌握了他们的性格特点，晓之以理、动之以情，采取一些说服技巧，找到突破口就不难对付。有以下几种突破谈判僵局的方法：

(1) 沉默法。俗话说“沉默是金”，当谈判中遇到一些有意刁难，或提出一些不值得反驳的意见或毫无道理的人，我们可以装聋作哑，不予理睬，沉默不语。通过这种方式让对方自己意识到问题，经过冷静思考逐渐放弃自己坚持的意见，从而达到说服对方的目的。

(2) 下台阶法。如果发现谈判僵局是因为对方自尊心比较强，顾虑到面子问题不愿妥协的话，我们可以给对方一个台阶下，并委婉地指出问题，体面地让对方接受你的建议，实现说服的目的。

(3) 迂回法。如果发现对方比较顽固，很难从正面讲道理说服对手时，可以采用迂回前进的方法，避开主题谈一些让对方感兴趣的话题或事情，在沟通过程中设法发现对方的问题，据此提出有针对性的建议，从而使对方对你产生信任感和好感。如此将话题再转回正题，通过摆事实讲道理，阐明利害关系来说服对方采纳你的建议。

✧ 采用“疲劳战术”，紧扣“死线”

当谈判陷入僵局，因为种种原因谈判对手急于达成协议时，谈判者采用软磨硬拖的战术，使一些谈判对手感到身心疲惫拱手就范，这种战术被称为“疲劳战术”。这种战术也是谈判中常用的方式。谈判结束的时间被称为“死线”，让步往往在这个时候发生，所以这对谈判的成败具有重大意义。例如美国石油商曾这样描述沙特阿拉伯一位石油大亨的谈判艺术：“他最厉害的一招是心平气和地重复一个又一个问题，最后把你搞得筋疲力尽，不得不把自己的利益拱手让出去。”

3. 评价

谈判无小事，谈判者的每一句话、每个动作都会影响谈判的进程和结果。例如在谈判中，最常用的开场白是“一切都好吗？”这看似一个普通的问题，但至少有四层含义：一是这个问题充分表达了你的友善，赢得对方好感，能有助于谈判双方建立一种良好的人际关系；二是通过提问来搜集信息，寻找谈判的突破口；三是通过这个问题表达了你关注对方以及他们的情绪和感受，而不是“谈判”本身，并告诉对方共赢是你追求的最佳结果；四是这个问题看似随意地闲聊，却有助于在谈判伊始为双方营造一个轻松舒适的氛围。

总之，当今社会人际沟通的有效性很多是通过谈判去实现的。学习谈判技能，要树立尊重他人的意识。在谈判过程中一味看重个人利益的得失，不顾他人的利益和想法，就会使自己陷入被“孤立”的境地，独自品尝失败的苦果，例如在谈判中言辞激烈，无视对方的自尊。失礼所带来的损失都将是难以弥补的，不管谈判的结果是否理想，都应遵循有礼有节的原则。

三、应用及注意事项

以上所介绍的谈判策略和谈判技巧是无形的，青年人要通过实践不断地总结经验，逐步提高谈判的能力。在谈判中除非你能清楚地了解各类谈判技巧，否则无法在不同的谈判场合对其有效运用。如果你想靠直觉继续，那么这种方式根本就无法提高你的谈判能力。如果你不能清楚地分辨自己用的是何种谈判技巧，那么你的谈判水平很难更上一层楼，因为你根本不可能在以后的谈判中有意识地重复运用这种技巧。比如在谈判一开始就能找出双方的共同需求，这就是一个很好的技巧，不管它对心理的影响是否足够大，它也会取得不错的效果。

现代谈判是由一些律师在 1980 年左右开创的，其侧重点是在关系处理中如何解决冲突和争端。现如今我们发现这虽然好但并不全面。① 这种谈判往往会倾向于保护在谈判中处于相对弱势的一方，而在谈判中处于优势的一方就没有获得同等程度的重视。自 20 世纪 90 年代后，经济学家们开始纷纷涉足这一领域，为了获取更大的经济利益，他们发展了更多的谈判策略

① 新浪网：blog.sina.com.cn/s/blog_415047110102vvcw.html。

以争取更多的机会。由于它过分依赖人的理性，所以这种谈判也不是很全面。目前大家的关注点与研究的方向集中于谈判各方的心理上。

综上所述，建议青年在运用谈判技巧时多多关注的重点是：尽可能多地站在对方的立场分析和解决问题，学会认真思考对方的心理能力也是帮助我们发现机会或解决冲突的有效途径；尽可能多地关注谈判对手脑海中的想法；尽可能学会有效利用各种谈判策略来顺利完成谈判的过程，从而达到己方的谈判目标。

素养十七　冲突解决的素养

对最强烈冲突的克服，使我们获得一种稳定超然的安全与平静。要获得有益而持久的心理安全与平静，需要这种强烈冲突的爆发。

——瑞士心理学家 荣格

张先生家里养了很多鸡，有一天，一只公鸡早晨起来报晓。天亮后，主人从鸡窝里捉出这只鸡，并把它杀了。第二天，又有一只公鸡早晨起来报晓。天亮后，主人也把这只鸡捉出来杀了……邻居不解地问："这些公鸡每天报晓都挺准时的，你杀它们干什么？"张先生说："早晨我有晚起的习惯，它们却叫得很早。"邻居说："这不是它们的过错，报晓是公鸡的天职。"张先生说："这个我不管，我需要的是和母鸡交配的公鸡，而不是报晓的公鸡。"邻居说："可公鸡是不能不报晓的，你难道不能用另外一种方式来解决问题吗？""这个很难。"他回答，"我曾想割掉它们的嗓子，后来又想扎上它们的嘴，可这样太麻烦，而杀掉它们却很省事。""那你为什么不改变一下睡觉的习惯呢？"邻居疑惑地问。"改变我的生活习惯，这怎么可能呢?!"他急着回答，

“我有这个习惯已几十年了，怎么会为几只公鸡而去改变呢？再说我是主人，它们应该符合我的需求，它们的行为与我发生矛盾时，受损失的只能是它们，怎么会是我呢？”于是这位张先生一直保持着杀鸡的习惯。

我们的生活中有许多这样的“张先生”，往往眼前只要做出一点点让步就可以解决的矛盾或冲突，他们却选择在将来付出巨大的代价。在人生旅途中，总会遇到这样或那样的矛盾和冲突，我们要学会相互包容，和睦相处。当自己无法改变别人时，要学会改变自己去适应别人。这也是解决人际冲突的有效方法之一。

在人际交往中，每个人处理冲突的风格是不同的。面对冲突时，你的反应是什么？了解自己，了解他人，这将有利于避免冲突的发生以及冲突发生之后的解决。亲爱的朋友，不妨测一测你处理人际冲突的模式属于哪一种。

冲突解决模式问卷①②

本问卷共包含20道题目，主要测量个体在人际交往中解决冲突的模式和风格。对每个问题回答“是”或“否”，请根据你在最近的沟通中的真实表现和第一反应作答。

1. 当我面临一个问题时，我有拖延及避免立刻处理的倾向。

A. 是　　B. 否

2. 我试图实现一个目标，即使这会使别人付出代价。

A. 是　　B. 否

3. 我倾向于避免探究利益方面的分歧。

A. 是　　B. 否

4. 当被问及我的观点时，我情愿给予一个让每个人都满意的模糊答复。

A. 是　　B. 否

5. 遇到问题，我希望以面对面讨论的方式来解决。

① 理论基础是20世纪70年代肯尼斯·托马斯与拉尔夫·基尔曼提出的五种不同类型的冲突处理模式。
② 赵楠：“人际冲突的解决之道”，载《科技潮》2011年第1期。

A. 是　　B. 否

6. 我倾向于不和他人有眼神接触，即使我知道不应该如此。

A. 是　　B. 否

7. 我有打断别人说话的习惯。

A. 是　　B. 否

8. 我情愿放弃自己的观点而不去为它辩护，即使我相信自己是对的。

A. 是　　B. 否

9. 我试图讨每个人的喜欢。

A. 是　　B. 否

10. 我倾向于大家共同思考解决问题的方法以达成共识。

A. 是　　B. 否

11. 我不和其他人讨论问题，因为我害怕打扰他们。

A. 是　　B. 否

12. 在其他人的目标或者团队的目标之上，我首先建立个人目标。

A. 是　　B. 否

13. 我确信我的上级的决定通常都是对的。

A. 是　　B. 否

14. 我试图避免做出不受欢迎的决定。

A. 是　　B. 否

15. 我避免批评任何人，因为我不愿意伤害他人的感情。

A. 是　　B. 否

16. 当我觉得新的或重要的事情可能挑战或损害我的权威时，我倾向于阻挡它。

A. 是　　B. 否

17. 当与大多数人的观点发生矛盾时，我倾向于放弃自己的立场。

A. 是　　B. 否

18. 我认为与他人发生争执会产生不良的后果。

A. 是　　　　　　　　B. 否

19. 我确信通过双方共同协商，问题一定能得到解决。

A. 是　　　　　　　　B. 否

20. 当重要的事情受到挑战时，我总是主动与人沟通。

A. 是　　　　　　　　B. 否

评分标准：

题目采用2级评分制，选择“是”记1分，选择“否”记0分。

第一种模式：回避型。请将测试题1、6、11、15的得分相加。

第二种模式：竞争型。请将测试题2、7、12、16的得分相加。

第三种模式：让步型。请将测试题3、8、13、17的得分相加。

第四种模式：妥协型。请将测试题4、9、14、18的得分相加。

第五种模式：合作型。请将测试题5、10、19、20的得分相加。

最后，得分最高组所代表的模式即为你主要的合作风格和处理冲突的典型模式。

结果与分析：

第一种模式：你的个人合作风格是回避型——低度开心自己与别人，以退缩与压抑的形式呈现。此种冲突处理策略，常显现一种对冲突之人与事皆不开心的态度，不利于冲突的解决，只是避免冲突、逃避冲突，结果是我输/你输。

第二种模式：你的个人合作风格是竞争型——高度开心自己，低度开心别人。在冲突处理中，借着使用权威或权力，来打倒对手，求得胜利。此种冲突处理策略，结果是我赢/你输。

第三种模式：你的个人合作风格是让步型——低度开心自己，高度开心别人。将自我利益置于对手之下，是一种自我牺牲的行为，结果是我输/你赢。

第四种模式：你的个人合作风格是妥协型——是一种折中方式，中度开心自己与别人，即冲突的双方各有让步，以求取一个彼此都能接受的决定，结果是半赢/半输。

第五种模式：你的个人合作风格是合作型——达成共识，高度开心自己与别人。借由面对面讨论的方式，共同思考解决问题的方法并达成共识，是一种双赢的冲突处理方式，结果是我赢/你赢。

在五种处理人际冲突的方式中，合作型最具建设性；逃避型或者竞争型的人很有可能损害与对方的人际关系；让步型的人，放弃自己的目标以顺应他人的要求；妥协型模式仍属于较具建设性的处理方式，虽然有所退让，但是同时也有获得，因此，他们的人际关系可以维持得较好。

一、冲突及其相关研究

瑞士心理学家荣格说："对最强烈冲突的克服，使我们获得一种稳定超然的安全与平静。要获得有益而持久的心理安全与平静，需要这种强烈冲突的爆发。"冲突是人们生活、工作的常态，任何环境都无法避免冲突的产生。然而，人与人之间是相互依存的，因此，我们必须在个人自治和与他人沟通的需求中找到平衡。正如荣格所言，冲突的爆发和克服存在积极的意义。学习冲突解决的技巧会让我们在人际交往中获益匪浅。那么，什么叫冲突呢？

1. 概念界定

在西方，学者很早就开始关注冲突的概念。纵观各种讨论，对冲突(conflict)的定义可以分为两类：一是狭义上把冲突看作是基于竞争目的的冲突过程中的特定现象，如对别人目标实现过程的故意干涉。这一类概念往往侧重于冲突的状态和行为。[①][②] 第二类是广义上的，着眼于整个冲突发

① Mack R W, Snyder R C. The Analysis of Social Conflict-Toward an Overview and Synthesis [J]. Journal of Conflict Resolution, 1957: 212 - 248。

② Fink, Clinton F. Some conceptual difficulties in the theory of social conflict[J]. Journal of Conflict Resolution, XII, 1968: 413 - 458。

生的过程，不仅包括冲突的发生、发展，更侧重于冲突的解决模式。[①]

鉴于本章指向人际交流，在此我们对人际冲突(interpersonal conflict)做如下定义：人际冲突是两个或两个以上相互依存的个人或群体之间展开的公开对抗，其中冲突各方都认为资源是稀缺的，彼此间目标不能调和，并且自己达成目的的进程受到了他人阻碍。

2. 理论基础

罗伯特·博尔顿博士认为，在冲突中首先要关注情绪。建设性地应对情绪问题，可以使用三种冲突解决策略：尊重地对待他人；倾听，做出令对方满意的反馈；简要地陈述自己的观点。他还认为，合作性问题解决策略的六个步骤是：第一步，根据需求来定义问题，而不是根据答案来定义问题；第二步，进行头脑风暴，想出可能的解决方案；第三步，选择满足双方需求的解决方案；第四步，计划好谁在何时、何地、要做什么；第五步，实施计划；第六步，评估问题解决过程，之后检验解决方案的结果。[②]

William W. Wilmot 和 Joyce L. Hocker 认为，控制冲突的方法有很多，如通过绘制愤怒-恐惧的联系图来探索愤怒和恐惧的动因，运用 XYZ 方程式来积极地表达愤怒，还有对话过程、分馏法和二次架构等积极沟通的方式和练习。[③]

3. 相关研究

从 20 世纪 60 年代起，人际冲突作为一个重要的研究领域逐渐在西方兴起。该领域的研究成果主要集中在三个方面：人际冲突的概念界定、理论模型及化解方式。

关于冲突的定义争议不断，一直延续至今。然而，对冲突概念的广泛讨论为更加清晰地界定人际冲突奠定了坚实的理论基础。近年来，人际冲突概念界定工作取得一些突破性的成果。Hartwick 与 Barki 综合了前人的研

---

① Thomas K W. Conflict and conflict management [M]. In DUNNETTE M D(Ed.) Handbook of Industrial and Organizational Psychology, Rand McNally, Chicago, 1976: 889-935。

② [美] 罗伯特·博尔顿：《人际关系学》，徐红译，天津社会科学院出版社 2012 年版，第 207-235 页。

③ [美] 威廉·W.威尔莫特、乔伊斯·L.霍克：《人际冲突——构成和解决》，曾敏昊、刘宇耘译，上海社会科学院出版社 2011 年版，第 236-247 页。

究成果提出了人际冲突中存在的三个主题：争执、消极情绪和干涉。[①] 三个主题涵盖了认知、情感和行为三个方面，它们独立或者相互组合构成了已有文献中人际冲突研究的主要特征或重要因素，详见图 17-1。

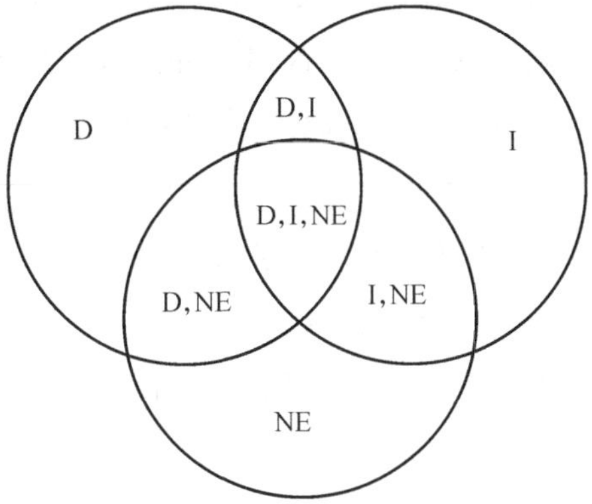

D—Disagreement(争执)
I—Interference(干涉)
NE—Negative Emotion(消极情绪)

图 17-1　人际冲突成分韦恩图(Venn Diagram)

(引自：Harwick & Barki，2004)

由图 17-1 可见，这些因素共有七种组合方式。但是，Barki 等人认为只有当某种特定事件完全包含了这三种成分时，才能称之为人际冲突(特指图中最中间的那个组合：D,I,NE)。最后，Barki 等人提出了一个完整清晰的人际冲突概念：人际冲突指的是发生在相互依赖的个体和群体间相互知觉到的各自既定目标的不一致、出现了干涉行为以及同时伴有消极情绪体验的动态过程。[②] 由于人际冲突特有的情境性和复杂性特征，其概念界定工作一直在继续。但学者们各自从不同的研究视角，为后续的研究方向提供了有益的启示。

① Bark I H，Hartwick J. Interpersonal Conflict and its Management in Information Systems Development [J]. MIS Quarterly，2001：217-250。

② Bark I H，Hartwick J. Conceptualizing the Construct of Interpersonal Conflict [J]. The International Journal of Conflict Management，2004(15)：216-244。

人际冲突的理论模型实际上也就是对冲突模式(model of conflict)的研究。Lewicki 等人(1992)把有影响力的模式主要分为三大类：

(1) Pondy 的主导范式。① Pondy(1967)提出了一个经典的冲突范式，他试图把冲突的影响因素(如组织结构、人格特质等)、冲突进程和冲突结果等各个方面归入冲突发生的过程中，提出了冲突发生的五步骤观点：① 前条件；② 潜在的冲突可能性；③ 意识到了冲突的势在必行；④ 发生冲突；⑤ 产生冲突结果。

(2) 描述性模型。这些模式旨在描述冲突是什么，关注于冲突的基本状态，目的是了解或解释冲突发生的原因、过程或结果等相关内容，而没有为我们处理这些相关事件提供建议。例如，交战模式对冲突的解释来自人际侵犯；争论模式认为冲突来源于不同的主张、观点、政策以及意识形态②；步骤模式(Thomas, 1976)认为冲突要经过五个关键阶段：挫折、概念化、行为、交互作用和结果③；双向关注模式(dual concerns)是对冲突处理——冲突化解方式的研究。Thomas 的结构模式着眼于整体的冲突状态，主要分为四部分：冲突中每一个团体的自我倾向；冲突中各自面对的社会压力；激励结构和利益冲突；规则制度的限制。④

(3) 规范性模型。该模式致力于为冲突化解和冲突解决提供建议，并为冲突过程中各个环节事态的处理提供操作规范。例如，Blake 与 Mouton (1985)提出的面对面冲突解决模式(Interface conflict-solving)。该模式的整个过程需要六步：① 每一方各自独立地提出具有良好结合效果的模式；② 各方聚集在一起，制订一个兼顾各方的模式；③ 每一方描述当前与其他合作方之间的关系状态，并找出问题所在；④ 各方再次聚在一起对现行的各方连接状态的工作关系加以改善；⑤ 每一方提出需要做改变的地方，并制成

① Pondy L R. Organizational conflict [J]. Administrative Science Quarterly, 1967(12): 296－320。
② Rapoport A. Fights, Games and Debates [M]. University of Michigan, Ann Arbor, M.I 1960。
③ Thibault J, Walker L. Procedural justice [M]. Hillsdale, N. J Lawrence Erlbaum Associates, 1975。
④ Thomas K W. Conflict and Conflict Management. Reflections and Update [J]. Journal of Organizational Behavior, Vol. 13, No. 3, Special Issue: Conflict and Negotiation in Organizations, Historical and Contemporary Perspectives, 1992(5): 265－274。

一个清单;⑥ 每一方制订具体的可行性方案并着手改变。①

(4) 人际冲突理论模型的新发展。近年来关于人际冲突类型(types of conflict)和冲突类型对团体绩效的影响,成为学者们关注的焦点(Jehn, 1997/2001)。②

人际冲突的化解模式一度是学者们最感兴趣的问题,在此领域积累了大量有价值的研究成果。Follett(1949)首次发现了冲突解决的三种主要方式:控制(domination)、妥协(compromise)和整合(integration)。③ Blake与Mouton(1964)第一次将组织内人际冲突解决方式归纳为五种类型:强迫(forcing)、退避(withdraw)、安抚(smoothing)、妥协(compromising)和问题解决(problem solving)。他的五种解决方式建立在两个维度上:对产量的关心和对人的关心。④ Thomas 对 Blake 与 Mouton 的模型加以重新解释和提炼,提出了自负(assertiveness)和合作(cooperativeness)两个维度,并相应地归纳出影响广泛的五种冲突解决方式:竞争(competition)、合作(cooperativeness)、逃避(avoiding)、忍让(accommodation)和妥协(compromising)⑤,详见图 17-2。另有学者从不同的视角对冲突的管理模式做了有益的探索。例如 Sexton 与 Bowerman 分别从介入的方式和介入的意愿两个层面,将冲突管理分为五种类型:求成功者、中立者、免失败者、独裁主义者、平等主义者。⑥ 近年来对冲突管理的研究取向已有转变,主要是发现在冲突处理情景中,一般人通常不会仅使用单一的冲突管理风格,而是同时采用几种不同的方式。Van de Vliert 等(1995)用回归分析发现,运用

① Blake R, Mouton J S. Solving Costly Organizational Conflicts [M]. Jossey Bass, San Francisco, 1985。
② Jehn K A. A Qualitative Analysis of Conflict Types and Dimensions in Organizational Groups Administrative Science Quarterly, 1997,42(3):530-557。
③ Follettm P. Constructive conflict [G]. In Metcalf H C, Urwickl(Eds). Dynamic Administration: The Collected Papers of Mary Parker Follett, Harper, New York, 1940: 30-49。
④ Blake R, Mouton J S. The Managerial Grid [M]. Gulf, Houstion, 1964。
⑤ Thomos K W, Kilman R H. Thomas-Kilman conflict MODE instrument [M]. New York: XICOM, 1974。
⑥ Sexton M J, Bowerman K D. Conflict-Handling for Secondary School Principals [J]. Nassp Bulletion, 1979,63(426):1-10。

多种冲突管理风格者会比仅使用单一方法者更能有效处理冲突。[①]

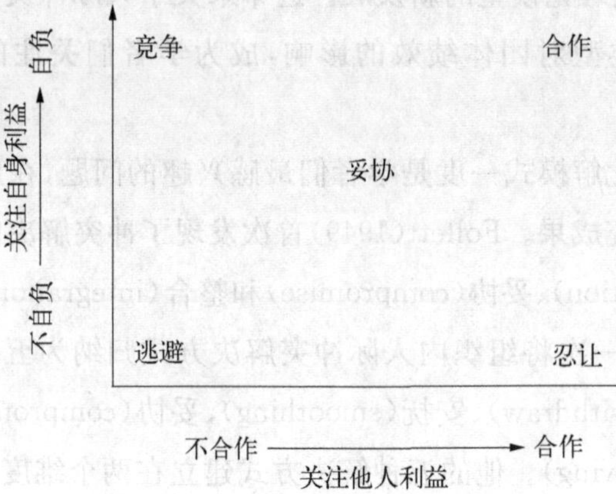

图 17-2 Thomas人际冲突处理模式

（引自：Thomas和Kilman，1974）

近年来，对国内本土化人际冲突的研究也在蓬勃开展，来自不同学科的学者也越来越多地关注这一领域，为人际冲突的后续研究增光添彩。刘玉新等分别考察了职场欺负和人际冲突对反生产行为（简称CWB）的影响及情绪智力的调节效应。[②] 张翔等探讨了大学生人际冲突行为及其与心理健康的关系。[③]

二、素养培育

1. 要素结构

（1）冲突缓和技巧

✧ 情绪控制：绘制愤怒-恐惧连续图

愤怒是与冲突关系最为紧密的情绪。事实上，愤怒背后的第一情感是

① Van de Vlierte，Euwema M C，Huismans S E. Managing conflict with a subordinate or a supervisor：Effectiveness of conglomerated behavior [J]. Journal of Applied Psychology，1995(80)：271-281。

② 刘玉新、张建卫、彭凯平："职场欺负、人际冲突与反生产行为的关系：情绪智力的调节效应"，载《预测》2012年第5期。

③ 张翔、樊富珉："大学生人际冲突行为及其与心理健康的关系"，载《心理与行为研究》2004年第1期。

恐惧。恐惧使人们感到脆弱，而人们将之化为愤怒。因此，绘制愤怒-恐惧连续图可以帮助我们探索愤怒的来源情绪——恐惧，从而缓解我们身上的消极情绪。

✧ 情绪表达：XYZ方程式

通常，找到合适的语言来表达愤怒是比较困难的。XYZ方程可以帮助人们表达情绪，积极地使用XYZ方程能对一段关系产生深远的影响。其组成元素包括时间X、情景Y和感受Z。

✧ 关注对方情绪：倾听与反馈

这意味着：① 表达对对方愤怒的认可；② 询问对方的需求，再次关注他的愤怒。安静地倾听并尊重对方的愤怒，能够消减愤怒。

(2) 问题解决策略

✧ 需求定义法

需求定义法根据需求定义问题，可以在解决冲突的同时满足双方的需求。我们可以运用“我需要……”“你需要……”这样的句型进行需求澄清。

✧ 头脑风暴法

头脑风暴法是指两人(或小组)以上围绕一个特定的兴趣或领域，进行创新或改善，产生新点子，提出新办法。它由现代创造学奠基人美国的奥斯提出的，是一种激发集体智慧产生和提出创新设想的思维方法。

✧ 分馏法

分馏法是指根据争执的大小排列争执，继而缓和冲突。一个大冲突可以被分为几个较小的、易解决的冲突。

2. 方法演练

(1) 冲突缓和技巧

冲突解决的第一步应着眼于建设性地应对情绪问题。因为一旦情绪得到控制，实质性的问题处理会更有效率。

✧ 情绪控制：绘制愤怒-恐惧连续图

当我们的安全感受到威胁，我们的自尊和感情受到伤害时，愤怒就是由此做出的反应。在这样的情形下，我们其实并不愿意引起争执，我们真正需要的是被理解、被爱惜、被支持。在人际冲突中，探索愤怒的来源情绪——恐惧，可以有效地缓解我们身上的消极情绪。

我们首先要学习绘制愤怒-恐惧连续图，了解两者之间的关系，然后再探索用积极的方式表达愤怒。

练习一：尝试绘制愤怒-恐惧连续图

举例：

愤怒——妻子很生气，因为她的丈夫将他们私生活中的矛盾公之于众。

恐惧——她害怕他们之间的关系不再那么亲密。

① 年轻女孩小莉很恼怒，因为她的男朋友又一次约会迟到。（愤怒）

____________________________________（恐惧）

② 一个中年女性由于她的朋友在公共场合指责她而非常恼怒。（愤怒）

____________________________________（恐惧）

③ 新上任的经理对秘书大为光火，因为秘书没有及时提交年终报告给他。（愤怒）

____________________________________（恐惧）

④ 单身母亲由于儿子在家庭聚会中表现不佳而对他大吼大叫，关他禁闭。（愤怒）

____________________________________（恐惧）

你也可以将曾经历过的愤怒时刻列出来，看看是否能从愤怒-恐惧的循环中预估威胁。一旦你辨别出潜在的威胁，你就能将最初的交流整理出来。

⑤ __________________________________（愤怒）

____________________________________（恐惧）

⑥ ____（愤怒）

____（恐惧）

参考答案：

① 年轻女孩小莉很恼怒，因为她的男朋友又一次约会迟到。（愤怒）

她害怕男朋友不再爱他，他们的关系会结束。（恐惧）

② 一个中年女性由于她的朋友在公共场合指责她而非常恼怒。（愤怒）

她害怕得不到他人的认同。（恐惧）

③ 新上任的经理对秘书大为光火，因为秘书没有及时提交年终报告给他。（愤怒）

他害怕自己的上司认为自己工作不努力，不值得拥有这个职位。（恐惧）

④ 单身母亲由于儿子在家庭聚会中表现不佳而对他大吼大叫，关他禁闭。（愤怒）

她害怕别人批评她教子无方。（恐惧）

✧ 情绪表达：XYZ 方程式

在厘清愤怒背后的第一感情和需要之后，我们可以来练习用积极的方式表达愤怒。消极的表达方式通常有两种：情感压抑和情感放纵。若抑制愤怒从不表达，积郁会导致愤懑和身体的伤害。若情绪通过发泄或表达愤怒释放出来，则会破坏人际关系。因此，消极的表达方式只会使事情更糟糕。

积极的表达愤怒的方式，是一种控制冲突的特殊形式，它可以使人们既能采用情绪发泄者的表达方式，又不失情绪压抑者的尊严和责任感。XYZ 方程式就是一种积极表达情绪的方式。

运用 XYZ 方程式表达愤怒时，关键是要做到客观地表达情绪感受和自己的内在需要(N)，将批评和指责转化为积极的需求。以夫妻或恋人之间的冲突为例，一方可以这样表达："刚才晚餐时(X)，你说没打算和我一起去度假(Y)，我发现自己正在生你的气(Z)。但我没有想伤害你，这样只会让你也生气，或者让我们彼此疏离。我需要你帮助我找到愤怒背后的原因是什么(N)，这样我们可以共同采取行动。”说话者的反应带有愤怒的色彩，但保持了理智与客观，也让别人知道了产生愤怒的原因和需要。XYZ技巧能够为愤怒的承受者厘清问题的脉络，能促使表达者带有责任心地采取行动。

练习二：尝试用XYZ方程式将批评和指责转化为积极地表达愤怒

① 材料：行政主管在办公室里打电话时，助理径直走进办公室，希望向他汇报当前项目的进展和细节。

指责：为什么你就不能给我一点尊重呢？

积极表达愤怒：________________

② 雨霏周末想去看望母亲，但是丈夫周涵平时工作忙碌，周末想待在家里休息。雨霏为此事非常生气。

指责：你是世界上最自私的人。我妈妈生病了，而且非常严重，你却不愿意开30公里路去看她。我要告诉我妈，我和一个最自私的男人结婚了。

积极表达愤怒：________________

③ 施迪文和亚当同住一个寝室，他带着朋友去寝室时，发现满地都是衣服，寝室里乱作一团。他为此非常恼怒。

指责：你为什么总是把寝室弄得乱糟糟的，每次都要我来打扫呢？

积极表达愤怒：________________

参考答案：

① 指责：为什么你就不能给我一点尊重呢？

积极表达愤怒：当我打电话时(X)你打断我的话(Y)，我觉得被挑衅和轻视了(Z)。我希望你以后进办公室前可以先敲门，我打电话时你可以稍作等待，不要打断我(N)。

② 指责：你是世界上最自私的人。我妈妈生病了，而且非常严重，你却不愿意开30公里路去看她。我要告诉我妈，我和一个最自私的男人结婚了。

积极表达愤怒：我跟你说了三次，让你腾出周末时间和我一起去看望妈妈(Y)。但是，刚才你说你不能和我一起去探望她(X)，我觉得很伤心(Z)。下周是她生日，妈妈又生病了，我想去见她，也希望你能一起去(N)。我不想结婚了去看望亲戚朋友时还是独自一个人。

③ 指责：你为什么总是把寝室弄得乱糟糟的，每次都要我来打扫呢？

积极表达愤怒：当我看到你把衣服铺得满地都是(X)，而我下完课之后带着朋友看到这个状况时(Y)，我觉得尴尬而羞愧(Z)。我希望我们能协商一下各自打扫寝室的时间(N)。

✧ 关注对方情绪：倾听与反馈

在恰当表达自身愤怒后，可以着眼于以语言和非语言来关注对方：① 表达对对方愤怒的认可；② 询问他的需求，再次关注对方的愤怒。安静地倾听并尊重对方的愤怒，能够消减愤怒。

练习三：尝试用语言认可和关注对方的愤怒

① A：当我看到你把衣服铺得满地都是，而我下完课之后带着朋友看到这个状况时，我觉得尴尬而羞愧。我希望我们能协商一下各自打扫寝室的时间。

B：______________________________

② A：刚才晚餐时，你说没打算和我一起去度假，我发现自己正在生你的气。但我没有想伤害你，这样只会让你也生气，或者让我们彼此疏离。我需要你帮助我找到愤怒背后的原因是什么，这样我们可以共同采取行动。

B：______________________________

参考答案：

① A：当我看到你把衣服铺得满地都是，而我下完课之后带着朋友看到这个状况时，我觉得尴尬而羞愧。我希望我们能协商一下各自打扫寝室的时间。

B：我地上的衣服真的让你感觉抓狂啦？/你是一直这样认为，还是只有朋友来的时候？/你觉得这是一件天大的事情，还是一个小麻烦？/我们都来讲讲自己的看法吧。我相信我们一定能有新的发现。/对我而言，付出和收获都很重要，因为我喜欢你做我的室友。

② A：刚才晚餐时，你说没打算和我一起去度假，我发现自己正在生你的气。但我没有想伤害你，这样只会让你也生气，或者让我们彼此疏离。我需要你帮助我找到愤怒背后的原因是什么，这样我们可以共同采取行动。

B：我不喜欢你生我的气，但我不会因此而责怪你。我知道你不会伤害我，我很感激你能邀请我和你一起找出你生气的原因。因为我很在意我们的关系，我也觉得找出问题所在有利于我们的关系。

（2）问题解决策略

✧ 需求定义法

在人际冲突中，将重点置于解决方案上，容易出现一输一赢的局面。然而，尝试关注彼此的需求有助于找到冲突解决的双赢策略。

在实际的人际情境中，人们由于外在的压力会有意无意地隐藏自己的冲突需求。因此，需要在倾听和反馈过程中不断澄清需求。我们可以运用“我需要……”“你需要……”这样的句型进行需求澄清。

例如，一对夫妻因为晚上接孩子的事情争执起来。

妻子：我晚上要参加学校的家长会，我没有办法接孩子回家。

丈夫：我今天晚上必须出差，我也没办法接孩子。

如此以答案来定义问题，双方都很难找到问题解决的方法。我们可以试着以需求定义问题。

妻子：我需要在16:30的时候有人帮忙把孩子接回家，因为我16:00要到学校开家长会。

丈夫：我需要18:00坐上火车去出差。也许我可以先把孩子接回家再出门。

✧ 头脑风暴法

需求定义法使问题明确化，这时我们可以运用头脑风暴法寻找可能的解决方法了。

例如，一对因为晚上接孩子的事情争执起来的夫妻可以进行头脑风暴法，双方拿起纸笔用5分钟时间写下头脑中冒出来的各种方法，不需要过多考虑这一方法是否可行。结果可能很多：丈夫改签出行的时间；妻子带孩子一起参加家长会；托朋友接孩子并暂时寄放在朋友家；丈夫抓紧时间把孩子接回家，让表弟去陪伴孩子，直到妻子回家……

通常，出乎意料，各种各样的方法会冒出来，比预想的多得多。最终，我们可以商议确定一种最佳的方式实施。

✧ 分馏法

冲突双方可以尝试学习使用分馏法将大冲突化为小冲突，冲突双方各自承担解决部分小冲突的责任。将冲突分馏是将冲突的组成部分变得更易解决。几乎所有的冲突都可以化小，又不至于太琐碎。这种方法看似简单，操作却并非易事。

例如，一群员工和老板发生了冲突，他们冲进办公室要求老板取消年终考核。这时如果老板一口拒绝的话，冲突将会扩大化。而如果老板询问员工“你们最反感考核的哪个部分?”并和他们做一番讨论的话，那么冲突就会缩小。在员工“我们不要考核”的背后，老板可以寻找一些次要的话题，如考核内容欠妥、评价指标不合理、考核经常突如其来、考核结果不透明等。然后，冲突双方就致力于处理这样一个个小问题，而不是把大量的精力和时间浪费在一个极端的、很有可能无法解决的问题上。

3. 评价

学习冲突解决技巧有助于改善人际关系，提升个体生活质量。但是由于冲突产生的背景和双方交流方式等众多因素的影响，冲突中的互动既可能是积极的，也可能是破坏性的。因此，学习和应用冲突解决技巧具有一定的难度，需要多实践、多琢磨。

如果双方对冲突的处理方式不当，极有可能使冲突激化，甚至发展成为破坏性冲突。对于冲突双方来讲，冲突都有可能造成损失；如果问题一直无法得到解决，冲突不断发展，人们蒙受的损失将会超过他们获得的益处。如果双方都对冲突的结果不满意，都觉得自己受损了，那么此类冲突就可被归为破坏性冲突。

戈特曼(1999)把四种冲突的表现称为“驶向灾难的四大骑手”(four horsemen of the apocalypse)：责备、防御、阻碍交流和轻蔑[①]，意思是当这四种行为结伴前行时，破坏性的结果就近在咫尺了。因此，我们在人际冲突中必须坚决抵制这四种表现：① 责备。通常，人们总是习惯以责备开场，表明自己感觉非常之糟糕，或突出冲突的重要性，或为了表达失望无助的心情。当冲突以责备开始时，双方的对抗将会迅速升级。因此，我们应该学会将批评与责备转化为积极地表达愤怒。② 防御。防御心理意味着努力避免攻击。如果人际交流时充满戒备之心，就会导致很多破坏性的事情发生，如权力争夺、厌烦憎恨、气氛沉闷、长久不和、情感隔阂、忌妒心理和报复行为等。因此，我们要学会耐心地倾听，只要努力了解自己和他人，就能消除防御心理，使冲突往积极的方向发展。③ 阻碍交流。一方面表现在交流时眼神游离，脖子僵直从不点头示意，面部表情生硬；另一方面表现在克制行为，即不

① [美]威廉·W.威尔莫特、乔伊斯·L.霍克：《人际冲突——构成和解决》，曾敏昊、刘宇耘译，上海社会科学院出版社2011年版，第18页。

参与交流。因此，为了开展良好的互动，我们无论在身体姿势、语言和行为方面都要表现出乐于交流的姿态。④ 轻蔑。轻蔑通常包括令人讨厌的嘲讽、贬低、指责、批评，以及其他非语言表达。在长久而重要的关系中，坚决不允许轻蔑的存在，因为轻蔑是对另一方严重的人身攻击。

三、应用及注意事项

冲突普遍存在，随处可见。人们受学习或工作压力困扰，无法应对婚姻中的各种挑战，家庭因破坏性冲突而解体，甚至国家间也会存在持续的斗争与抗衡。

学习冲突解决技巧将对我们的生活和工作大有裨益。就个体冲突而言，该技巧可以被用来舒缓恋爱和婚姻中的伴侣关系，调整家庭中的亲子关系和同辈关系，改善朋友和同学关系；就组织中的人际冲突而言，作为员工，学习冲突解决技巧将有助于更好地与同事、上级主管、机构外的其他社会人员相处；作为组织监管者，学习冲突解决技巧可以帮助了解冲突是如何产生的，学习如何更有效地应对冲突，从你的员工中获取支持，帮助员工解决他们之间的冲突，防止冲突在组织内部扩散。事实上，我们可以把组织中有关人际交流的培训看作是预防性冲突管理的一种形式。

在人际冲突解决技巧的运用过程中，要注意：① 停止一切带有敌意的思考、感受或要求。当带着敌意思考和感受时，我们就无法做到客观地看待对方和问题，从而陷入防御性氛围里，致使冲突无法得到解决。② 寻找一个积极的方式描述正在发生的一切，将消极的观点和立场变为积极的观点和立场。通过真切、积极地看待对方说的话，可以有效推进冲突解决的过程。③ 真诚而理智地袒露自我，必须讲真话。切记，你的真相是关于你自己和你回应的内容，而不是对他人动机的评判。④ 倾听和接受他人的抱怨，将其视为合理的情绪。无视他人的愤怒及其背后的恐惧只会加剧愤怒。⑤ 能够使用描述性的语言是解决冲突的必要工具。评价判断式的语言，可能会让对方在回应时充满防御性。因此，要采用中性、不带有责备意味的语言交流。

⑥ 尽可能长地维持一段对话，但要知道何时结束。在对话中，双方互相倾听交谈，以帮助对方理解谈话的内容。有质量的对话是缓慢、细致、包含感情、充满敬意和全神贯注的。但是，如果对话使你难以忍受时，你也可以选择尽快结束。

素养十八　网络参与的素养

互联网从业者和广大网民从自身做起，在以积极态度促进互联网健康发展的同时，承担起应负的社会责任，始终把国家和公众利益放在首位，坚持文明办网、文明上网。

——《文明上网自律公约》

网络犯罪日益增多。辽宁破获入侵韩国网站盗窃网民存款案，34 名犯罪嫌疑人组成团伙，通过入侵韩国网站的形式，盗窃韩国网民银行账号、密码 4 000余组，盗窃资金折合人民币 1 000 余万元。徐州侦破"5·28"跨国网络赌博案，查获一个跨中国、越南、缅甸三国运营网络赌博网站的犯罪团伙，共抓获犯罪嫌疑人 119 名，查扣涉案电脑 423 台，冻结涉案赌资人民币 6 400 余万元。

网络成瘾祸害无穷。一名 17 岁少年为了偷钱上网，竟然将奶奶当场砍死，将爷爷砍成重伤。某知名大学学生对网络的使用和游戏产生了过于强烈的渴求，与同学交流渐渐减少，性格变得内向，并出现了一系列的心理问题。

因缺乏网络素养而出现的网络犯罪、网络成瘾等各种新问题与日俱增，青年朋友要注重自己的网络修养训练。下面是网络素养自我测试。

网络素养自我测试

本问卷共包含10道题目，主要了解你的网络素养。在每个问题后有多个选项，请根据你自己的实际情况作答。

1. 我认为网络（ ）。

A. 利大于弊　　B. 利弊各半　　C. 弊大于利

2. 我认为一个人的网络素养（ ）。

A. 很重要　　B. 不太重要　　C. 可有可无

3. 我曾利用自己的知识技能在网上帮助他人解决问题。（ ）

A. 经常　　B. 有时候　　C. 没有

4. 我曾在网上及时发布对他人有用的信息。（ ）

A. 经常　　B. 有时候　　C. 没有

5. 我曾在网上提醒他人避免被诈骗、被引诱，或者举报过网络不良信息。（ ）

A. 经常　　B. 有时候　　C. 没有

6. 我曾在网上传播谣言、散布虚假信息、传播垃圾邮件。（ ）

A. 没有　　B. 有时候　　C. 经常

7. 我曾在网络论坛、聊天室侮辱、谩骂过他人。（ ）

A. 没有　　B. 有时候　　C. 经常

8. 我曾在网上传播他人隐私、盗用他人网络账号。（ ）

A. 没有　　B. 有时候　　C. 经常

9. 我参加过有关网络素养提升的培训、学习等。（ ）

A. 经常　　B. 有时候　　C. 没有

10. 我曾经辅导过他人，以帮助他们提升网络素养。（ ）

A. 经常　　B. 有时候　　C. 没有

评分标准：

题目采用3级评分制，选择A的记3分，选择B的记2分，选择C的记1分，计算10道题的总分。

结果与分析：

最高分30分，最低分10分。分数越高，网络素养越高；分数越低，网络素养越低。

一、网络及其相关研究

1965年罗伯茨(L. Roberts)在麻省理工学院的林肯实验室，成功地用电话线加上声音调制的方式，连接了林肯实验室和加利福尼亚州的两台计算机。这就是互联网的雏形，由于两台计算机的互联，产生了一个可以发生于网络与网络间的连接，互联网就这样诞生了。互联网的发展非常快速，应用也非常广泛，并日益深入人们的生活。伴随着互联网所出现的电子信箱、网上社区、微博微信、各类门户网站、各种搜索引擎等网络功能，在青年的日常交流、学习、工作和生活中铺开。

1. 概念界定

那么，网络到底是什么呢？在计算机领域中，网络是一个信息虚拟平台，把各个点、面、体的相关信息联系到一起，以此用于信息的传输、接收、共享等。互联网有跨时空性(即用户可以不受时间和空间的限制，在网上交换信息)、即时性(网络信息基本都是持续的、动态更新的)、自由性(网民可以随意使用整合信息资源)三个特点。

互联网正逐渐覆盖现代人的生活环境。近年来，越来越多的人开始使用网络。据第39次《中国互联网络发展状况统计报告》，截至2016年12月，我国网民规模达7.31亿，全年共计新增网民4 299万人，增长率为6.2%。我国互联网普及率达到53.2%，与2015年底相比提高了2.9个百分点。①

① 中国互联网信息中心：http://www.cnnic.net.cn/hlwfzyj/hlwxzbg/hlwtjbg/。

2. 理论基础

(1) 社会学理论基础

① 社会生态系统理论。该理论源于美国的 Mary Richmond 和 Jane Addams 的“社会处遇”和“人在情境中”(1900)，突出在环境中人与社会系统的各个要素之间的相互作用。其后是杰曼的“社会生态模型”，强调把个人置于其生活的场域中去干预(1980)。再后是英国的埃文斯和科尼(Evans 和 Kearney)的系统理论观点，重视关系和互动的过程(1996)。最后是现代的查尔斯·扎斯特罗教授(Charles H. Zastrow)的三观系统论(微观系统、中观系统、宏观系统)，凸显社会生态系统的层次性(2004)。

② 社会治理理论。该理论源自“引领导航”(steering)一词。20 世纪后期，非政府组织和公民群体在西方福利国家出现严重政府管理危机时开始发挥作用。社会治理理论逐步成为学术界的研究热点，该理论既重视发挥政府功能，又重视社会组织相互合作参与共同管理的理念。

(2) 心理学理论基础

① 需要层次理论。该理论最早由人本主义心理学家马斯洛提出。它将人的需要按先后顺序排列为生理需要、安全需要、归属需要、尊重需要、自我实现需要。五层需要中，生理、安全、归属、尊重属于缺失性需要，会直接影响身心健康。

② 行为主义理论。该理论由美国心理学家华生创立，提出行为都是经过一定的学习而获得(习得)，并可以通过一定的学习增加行为或减少行为甚至消除行为。因此，行为主义理论对人的行为塑造、改变等起到指导性作用。

(3) 教育学理论基础

① 模仿学习理论。该理论由美国心理学家班杜拉提出。它主要分析个体的个人认知、个体行为与周围环境这三者以及三者之间的相互作用对人的行为所产生的影响，包括直接经验模式(通过行为反应的结果)和间接经验模式(通过观察行为示范者的行为结果而习得行为的过程)。

② 动机学习理论。该理论由美国心理学家奥苏贝尔提出。它强调学校情境中的成就动机包括认知内驱力、自我提高内驱力和附属内驱力。有意义的学习需要有外部条件和内部条件,外部条件是指学习材料本身要具有逻辑意义,内部条件是指学习者需要有学习动力。另外,学习者的认知结构中也需要有一些适当的知识储备,这样可以与新的知识进行必要的知识联结。

3. 相关研究

与人际互动相关的网络方面的研究主要集中在网络利他、网络交友、网络欺凌、网络效应等方面。

(1) 网络利他

网络利他是指个体或群体明显没有自私动机地在网络环境中帮助他人的行为,如耗费自己的时间和精力为别人提供情感支持,花费虚拟网络货币帮助别人解决难题等。相关的研究有不少,如 Wright 等人曾经在研究 18～25 岁的年轻人时发现,现实利他行为能正向预测网络利他行为(Wright, Courtney N., Holloway, Adrienne, Roloff, Michael E., 2007)。郑显亮对 5 所大学的本科生进行调查时发现,自尊不仅直接影响网络利他行为,还通过影响通情间接影响网络利他行为(郑显亮,2010)。赵欢欢等人对大学生进行调查时发现,特质移情与网络利他行为呈正相关(赵欢欢,张和云,刘勤学等,2012)。网络利他也可以被认为是现实利他的延伸作用。

(2) 网络交友

研究者普遍认为网络交友有利于促进人与人之间的友谊的提升,如 Jkchen Peter 和 Pattem Valkenburg(2005)等人研究了 493 名对象的性格、网络自我表露程度、网络友谊等情况,发现网络交友与相关的心理密切度甚高。也有研究者如 Fioravanti G.、Dèttore D.和 Casale S.(2012)研究了 257 名青少年,发现网络成瘾和网聊时间相关。David Smahel 等人的研究结果表明,喜欢在线交流、花更多时间在网上交友的青少年的网络成瘾风险更高。

（3）网络欺凌

网络欺凌是个体在网络中故意对他人进行骚扰等伤害行为。很多国家的调查研究发现，网络欺凌普遍存在，如美国新罕布什尔州立大学儿童犯罪研究中心在2005年的青年互联网安全调查中发现，2%的青少年经历过网络欺凌；英国的“全国儿童之家”的调查结果显示，青少年中20%表示曾利用电子设备欺凌过他人。而且，网络上的被欺负者更有可能在现实生活中也是被欺负者。2008年Litwiller B.等人的研究结果还提示，网络欺凌与物质滥用、暴力行为等相关。美国爱荷华州立大学的Christopher P. Barlett和Douglas A. Gentile的研究结果还表明，网络欺凌有同伴效应。

（4）网络效应

早期较多的研究关注网络互动的消极心理效应，主要集中于网络互动会导致个体心理健康水平下降等方面。如Turkle等人证实了青少年过度上网交友将导致社会孤立（social isolation）和社会焦虑（social anxiety）的观点。Kraut在1998年对73个家庭169名被试进行了为期两年的追踪研究，发现网络交往导致交往主体心理健康水平下降。李薇菡（2002）对广州4所大学共200名本科生的调查显示，大部分大学生不上网会产生失眠、空虚、烦躁等心理反应。

当然，也有研究者支持网络互动的积极效应。如2000年有研究者对1 501名经常上网的青少年进行访谈后发现，95%的青少年通过网络互动和他人建立了网络友谊。2013年在日本的一项针对29例门诊过度活跃症（俗称“多动症”）患者的研究发现，多动症患者因为网络交往能达到比面对面更好的交流效果而选择了网络互动。一项对132名网络游戏者的调查发现，网游者普遍提到网络游戏中的互动能让人快速体验到成功感。德国康斯坦茨大学的Slava Kisilevich和英格兰肯特大学的Chee Siang Ang以及以色列本古里安大学的Mark Last在研究网络自我表露时发现，社交网站的使用者通过网络互动时的自我表露很好地维系了人际关系（Kisilevich & Last，2011）。

二、素养培育

我国正处于剧烈的社会转型期,网络上多元的社会思潮在不断影响着青年的思想。随着我国网络新媒体技术的不断发展,加上新媒体平台本身的开放性、虚拟性、随意性等特点,青年在网络参与和网络活动中因限制较少而显得相当自由。面对多元化、良莠不齐的海量信息和参差不齐的网络互动对象,大部分青年能理性对待,对网络信息和网络互动对象也有一定的甄别力,但还是有部分青年会缺乏必要的自制力和正确的辨识力,容易在网络的汪洋大海中跟错对象、迷失方向。因此,青年网络互动素养的塑造与提高是个持续而巨大的工程。

1. 要素结构

青年网络参与的要素主要包括网络使用、网络共享、网络互动。

✧ 网络使用

网络使用主要指青年根据自己的需要,利用网络、借助网络工具有效和广泛地获取信息和学习知识。青年是否能正确合理地使用网络工具、能否劳逸结合不过度沉溺于网络、能否正确对待网络资源等,都是青年网络素养高低的体现。青年要在网络使用中表现出较高素养,就需要具备合理使用网络工具、文明上网、远离网络成瘾等基本素养。

✧ 网络共享

网络共享主要指青年借助互联网这个平台与其他人资源共享,也允许他人共享自己的思想智慧和劳动果实。青年与他人共享哪些资源、通过什么途径实现共享资源,都反映了青年网络参与素养的高低,因此青年有必要不断强化自己的网络道德和法律意识,熟悉网络共享途径并掌握网络共享技术。

✧ 网络互动

网络互动主要指青年在网络上通过语言文字、语音视频等形式与他人进行交流的行为,包括接受和传递信息、与他人交换观点等。青年以什么身份在网络上与他人互动、在哪些内容上开展互动、如何互动也同样反映了青年网络参与素养的高低。因此，青年需要加强自己的信息鉴别力、语言文字表达力等。

2. 方法演练

众所周知，网络一直被喻为双刃剑，因为网络的价值作用其实取决于网络使用者对网络的态度和使用情况。如果青年因为网络的开放性而不敢使用网络、因为不懂得网络特性而错误使用网络、因为网络信息的吸引而沉迷网络，那么网络对于他们来说就是罪魁祸首；如果青年能从网络中吸取养料，并能将自己的智慧技术等有价值的东西与他人分享，那么网络就可以给他们带来无限价值。青年尤其要正确使用网络和文明上网。要能使自己正确上网，就必须强化正确的网络意识，掌握必要的网络使用技术，合理使用网络文明上网，构全网络道德法律知识体系，完善自我管理意志系统。

✧ 强化正确的网络意识

网络态度和价值意识就是一个人对网络中的人物、事件、环境、信息等的认识，这些认识反映了一个人对网络的评价倾向，也是一个人自身的价值观倾向。青年要拥有正确的网络价值态度和高尚的网络价值意识。

① 认识到网络的价值。网络作为一个信息传播的途径，使人与人之间的互动可以跨时间、跨空间地进行，而且有很强的传播即时性。网络作为一个信息的存储罐，使人们能随时随地取用存于网络的各类资源，而且有很强的信息保质期。另外，也要认识到网络也有可能引发很多问题，若不合理使用网络就会误入网络成瘾的歧途，若无视网络规范而随意为之也会受到道德谴责甚至法律制裁。

② 强化正确的网络意识。这可以从一贯重视、勤于学习、付诸实践开始。第一，把维护网络意识放在重要位置，把强化正确的网络意识提高到社会安定和国家安全的高度。互联网已经成为意识形态斗争的主战场，因此我们要像重视信息技术安全一样，重视网络意识形态的安全。第二，把坚持学习放在突出位置，不断学习关于网络的新知识、新技术、新规范，让自己处

于网络达人之列。第三，将自己的正向网络理念付诸实践，在使用网络时采取合理正确的方法，传播真消息和正能量。良好行为的不断强化和得以固化又可以进一步促进网络意识的强化与固化。

任务单：

➢ 对网络价值进行SWOT分析，尽可能多地列出网络的优势和劣势；

➢ 对网络劣势进行策略分析，尽可能多地列出针对性措施；

➢ 对照自己的网络行为，尽可能多地趋向优势行为。

✧ 掌握必要的网络使用技术

青年在工作中有很多信息传递、工作订餐、物品采购等需要，因此，青年要灵活应用网络搜索、熟练使用即时聊天工具、借助网络表达观点、通过网络共享资源、熟悉无线网络设置方法、学会使用网络购物等，以使自己在工作中更驾轻就熟。

① 灵活应用网络搜索。对于国内普遍使用的搜索工具，如百度、360、搜狗、腾讯等，国外普遍使用的搜索工具，如谷歌、雅虎等，青年不仅要熟悉，还要能够灵活应用。

② 熟练使用即时聊天工具。面对不同的工作对象和交流对象，根据他们的特点以及需求，能应用多种聊天工具进行交流。熟练地利用QQ、飞信、微信、钉钉等聊天工具传递信息和沟通。

③ 借助网络表达观点。青年常常使用博客、微博、论坛等发布信息和传递正能量。博客适合发布较为系统的长文等，微博适合发布较为即时的信息等，朋友圈适合分享个人的经历和照片、观点和评论等，论坛适合发帖、回帖、讨论等。

④ 通过网络共享资源。现代的工作和生活中经常要资源共享，青年要学会通过网盘、文件共享、网站维护等共享资源。

⑤ 熟悉无线网络设置方法。对于上网设备有一定的了解，如了解3G/4G无线网络、设置无线路由器、使用手机WIFI或3G/4G无线功能等。

⑥ 学会使用网络购物。熟悉网络购物平台，经典的网购平台如淘宝、京

东、1号店等，旅游网络平台如携程、去哪儿、艺龙、阿里旅行等，订餐网络平台如百度外卖、美团、大众点评、饿了么等，出行网络平台如滴滴、优步、易到、摩拜、ofo等。用青年的方式去做青年工作，工作效率必事半功倍。

任务单：

- 列出百度、360、搜狗、腾讯、谷歌、雅虎等网络搜索工具，选择其中一两个工具，每天都要使用它；
- 选择一两种即时聊天工具，在每日的工作和生活中使用这些聊天工具；
- 至少常用一种网络共享工具；
- 每到一个新环境都能独立设置手机 WIFI 或 3G/4G 无线功能；
- 熟悉网络购物平台，尽量选择青年喜欢的购物方式。

✧ 合理使用网络，文明上网

青年要掌握网络基本知识，它是一个人对于网络知识的理解程度和对于网络应用的掌握程度。网络知识包括什么是网络、网络是如何发展的、网络是怎样组成的、网络具有哪些功能等。青年还要了解一些网络、软件方面的知识，如计算机专业、软件工程、动漫设计、计算机科学与技术、美工等，硬件方面如数据存储、服务器架设、处理和传输信息等。在普遍了解以上这些网络知识的基础上，再根据自己的工作需要、生活需要、交往需要，有针对性地熟悉部分网络知识，在此基础上掌握常用的网络使用方法。

有了以上的网络基本知识技术就可以顺利上网了。但青年还要文明上网，文明上网是一个人基本素养的体现。要自觉遵守“网络文明公约”，在网络中诚实守信，不参与无用甚至有害信息的制作和传播，不欺诈诽谤，与他人聊天时讲文明讲礼仪。遇到不文明现象时也要敢于出面制止，遇到有害信息和低俗之风要坚决抵制。这代表着青年文明的立场、正义的声音，也折射出青年的网络文明程度。

文明上网的高级层次是网络利他行为。青年朋友在上网时，除了信息搜索、查询外，还应多解答别人提出的疑问，在自己力所能及的范围内多帮

助其他人解决一些困惑或难题。青年的网络利他行为可以有以下一些：通过网络提供帮助，包括技术服务、信息咨询、在线资源共享、社会救助、技术或方法指导等；通过网络提供社会支持，即通过网络和他人建立友情，使他人获得归属感和情感支持（祝春兰，刘伟，陈超等，2015）。

任务单：

➢ 第一周，列出一周以来自己的文明上网行为和不文明上网行为清单；

➢ 在清单中标注下周要增加的一个文明上网行为和减少的一个不文明上网行为；

➢ 第二周，对照上网行为清单，检查自己的实际上网行为。

✧ 构全网络道德法律知识体系

道德法律知识体系是指一个人道德上的自我修炼水平以及认识法律的程度和遵守法律的程度。

① 认识到网络道德和法律的必要性。网络会带来一些负面消极的内容，也会有人在网上传播一些不道德信息或有道德失范行为甚至触犯法律的行为，这就要求青年充分认识到网络道德和网络的要求与规范。最基本的了解法律的途径是通过阅读法律书籍了解相关的法律知识。

任务单：

➢ 法律知识教材；

➢ 各级政府部门颁布的规定；

➢ 司法领域的一些解释或材料。

比较直接的熟悉法律的途径是通过各类专题研修班或专题活动来获取相关法律知识，如社区的法律宣讲活动、单位组织的法律知识学习、网络上的法律知识讲座与法律庭审类节目等。

② 内化网络道德法律规范并付诸实践。青年朋友要将网络道德法律规范转变为内在的意识，真正内化到自己的价值标准体系中，并把这些规范和要求转化为上网时自身的行为准则，自觉遵守相关规范，杜绝网络攻击或欺凌，更不能做出盗取他人隐私、成为黑客袭击他人电脑非法获利等行为。行

为主义流派曾提出采用强化等手段可增加良好行为的发生率。在网络行为规范方面，可借助行为主义塑造方法，强化在网上严格遵守道德法律规范的做法，并持续保持这样的良好行为。

✧ 完善自我管理意志系统

青年上网时也有不少因为缺乏自制力而出现沉迷网络甚至网络成瘾的现象，不少青年沉迷网络以致耽误了工作、影响了生活，因此，青年不可忽视完善自我管理意志系统。青年要有很强的决断力，在长时间沉迷网络时要坚定地、尽快地将自己隔离于网络。

要完善自我管理意志系统，首先要提升自己的计划力。计划是决定目标并确定如何高效达成目标的一个程序。那些能在网络中很好地管理自己的青年，往往具有很强的计划性，对自己上网的目的很明确，对自己上网过程中要做什么也很明确。

任务单：

➢ 给自己制订一个计划，建议从每日计划开始；
➢ 如果一周内每天都能很好地按照计划执行，从第二周开始可以做每周计划；
➢ 如果连续一个月都能很好地按照周计划完成目标，从第二个月开始就可以制订月计划了；
➢ 以此类推，可以从每日计划（频率高要求低）到每月、每季度的计划（频率低要求高）。

制订好计划，就要严格按照计划去做，把精力集中在完成计划上，并坚持执行这个计划。建议计划至少要有两三个月的持续期，否则无以训练意志力。

其次要提升自己的执行力。有了一个较好的计划，还需要有很强的计划执行力。一个计划一旦启动，就要坚持下去，在一个特定的时间段内专注于这个计划的每一个步骤，尽量不要将注意力分散到其他事情上。杜绝执行计划中出现拖延的情况，想到了就要赶紧去做，就算遇到阻力或困难，也要想办法解决。另外，要使计划能够高效完成，还需要在执行计划的过程中不断改进流程，选择更快、更好实现目标的执行方法。有时候也可以借用外力来监督自己的执行力，如在QQ空间、微信朋友圈、博客、微博等平台公开自己的计划或承诺，借助外力来督促自己。

最后，还要提升自制力。思想境界的净化是提升自制力的一个有效途径。思想素质提高了，诱惑就不堪一击了。因此，建议青年朋友多读名著，多看圣贤书，多了解圣人言行，提高自己的思想境界。广交良师益友也是提升自制力的一个有效途径。近朱者赤，近墨者黑，接近意志力强的人，可以使你的意志力也坚强起来，经常和意志力薄弱的人在一起，可以使你的意志力变弱。因此，建议青年朋友多与自制力强的人交朋友，多察言观色，多模仿优秀言行，增强自己的意志力。同时，青年朋友还需要清晰了解"低头"对身心健康造成的危害及其严重程度，摆正手机、电脑等电子设备在自己生活中的位置，遏制"低头"行为，远离网络沉迷。

3. 评价

提升青年网络参与素养的方法很多，以上方法主要从强化正确的网络意识、掌握必要的网络使用技术、合理使用网络文明上网、构全网络道德法律知识体系、完善自我管理意志系统等方面展开。强化正确的网络意识主要是青年网络参与素养的态度价值类导向方法，掌握必要的网络使用技术、合理使用网络文明上网主要是青年网络参与素养的技能途径类方法，构全网络道德法律知识体系、完善自我管理意志系统主要是青年网络参与素养的保障类方法。

三、应用及注意事项

青年的网络使用、网络共享、网络互动情况，在某种程度上也反映了当代青年的社会主流价值导向和技术水平。在有着海量信息和强大检索功能的网络上，青年如何借助网络搜索工具下载、收藏、存储所需资料，如何借助网络沟通工具表达观点或与他人互动，如何借助网络共享工具分享自己的智慧或成果，都反映了青年网络参与的基本素养。更值得指出的是，网络具有特殊性，尤其是具有跨时空的特点，网络中形成的各种互动交流都是实时的、随时被保存的，在训练自己的网络素养时要充分考虑到这种特性。青年要特别注重网络交流时的语言模式、言行举止以及所反映出来的价值观等，时时刻刻注意塑造一个良好的青年形象。

网络参与不仅是青年个人的事情，也是青年群体内部、青年与其他人共同参与网络的过程，这表明青年更要注重网络中与他人的互动效应。无论是个体单独活动还是与他人互动活动，都需要青年讲道义守诚信，合理使用网络文明上网，并自觉保持高度的自制力。同时，青年还肩负着改善网络文化环境、营造良好网络氛围的重任，除了自觉文明上网外，还要积极参与文明网络建设，优化网络环境、严肃网络管理、提升网络服务水平，真正成为推动社会进步的重要力量。

附件一：体型测量标准

1. 上、下身比例：以肚脐为界，上下身比例应为 5∶8，符合“黄金分割”定律。

2. 胸围：由腋下沿胸部的上方最丰满处测量胸围，应为身高的一半。

3. 腰围：在正常情况下，量腰的最细部位。腰围较胸围小 20 厘米。

4. 臀围：在正常情况下，量臀部的最大部位。

5. 大腿围：在大腿的最上部位，臀折线下。大腿围较腰围小 10 厘米。

6. 小腿围：在小腿最丰满处。小腿围较大腿围小 20 厘米。

7. 足颈围：在足颈的最细部位。足颈围较小腿围小 10 厘米。

8. 上臂围：在肩关节与肘关节之间的中部。上臂围等于大腿围的一半。

9. 颈围：在颈的中部最细处。颈围与小腿围相等。

10. 肩宽：两肩峰之间的距离。肩宽等于胸围的一半减 4 厘米。

附件二：中国成年男(女)性身材各部位尺寸对照表

中国成年女性标准(健美)身材及各部位尺寸对照表

序号	身高（cm）	标准体重（kg）	健美体重（kg）	胸围（cm）	腰围（cm）	臀围（cm）	大腿围（cm）	小腿围（cm）
1	150	48.0	43.2	79.5	55.5	81	46.8	28.1
2	151	48.5	43.7	80	55.9	81.5	47.1	28.2
3	152	49.0	44.1	80.6	56.2	82.1	47.3	28.4
4	153	49.5	44.6	81.1	56.6	82.6	47.6	28.5
5	154	50.0	45	81.6	57	83.2	47.8	28.7
6	155	50.5	45.5	82.2	57.4	83.7	48.1	28.9
7	156	51.0	45.9	82.7	57.7	84.2	48.4	29
8	157	51.5	46.4	83.2	58.1	84.8	48.6	29.2
9	158	52.0	46.8	83.7	58.5	85.3	48.9	29.3
10	159	52.5	47.3	84.3	58.8	85.9	49.1	29.5

续　表

序号	身高(cm)	标准体重(kg)	健美体重(kg)	胸围(cm)	腰围(cm)	臀围(cm)	大腿围(cm)	小腿围(cm)
11	160	53.0	47.7	84.8	59.2	86.4	49.4	29.6
12	161	53.5	48.2	85.3	59.6	86.9	49.7	29.8
13	162	54.0	48.6	85.9	59.9	87.5	49.9	30
14	163	54.5	49.1	86.4	60.3	88	50.2	30.1
15	164	55.0	49.5	86.9	60.7	88.6	50.4	30.3
16	165	55.5	50	87.5	61.1	89.1	50.7	30.4
17	166	56.0	50.4	88	61.4	89.6	51	30.6
18	167	56.5	50.9	88.5	61.8	90.2	51.2	30.7
19	168	57.0	51.3	89	62.2	90.7	51.5	30.9
20	169	57.5	51.8	89.6	62.5	91.3	51.7	31
21	170	58.0	52.2	90.1	62.9	91.8	52	31.2
22	171	58.5	52.7	90.6	63.3	92.3	52.3	31.4
23	172	59.0	53.1	91.2	63.6	92.9	52.5	31.5
24	173	59.5	53.6	91.7	64	93.4	52.8	31.7
25	174	60.0	54	92.2	64.4	94	53	31.8
26	175	60.5	54.5	92.8	64.8	94.5	53.3	32

中国成年男性标准(健美)身材及各部位尺寸对照表

序号	身高(cm)	标准体重(kg)	健美体重(kg)	胸围(cm)	腰围(cm)	臀围(cm)	大腿围(cm)	小腿围(cm)	臂展(cm)	肩宽(cm)	上臂围(cm)	颈围(cm)
1	160	59	54	85	70	80	48	30	160	40	24	30
2	161	60	55	86	71	81	48	30	161	40	24	30
3	162	61	56	86	71	81	49	31	162	41	24	31
4	163	62	57	87	72	82	49	31	163	41	25	31
5	164	63	58	87	72	82	50	32	164	41	25	32

续 表

序号	身高（cm）	标准体重（kg）	健美体重（kg）	胸围（cm）	腰围（cm）	臀围（cm）	大腿围（cm）	小腿围（cm）	臂展（cm）	肩宽（cm）	上臂围（cm）	颈围（cm）
6	165	64	59	88	73	83	50	32	165	41	25	32
7	166	64	59	88	73	83	51	33	166	42	25	33
8	167	65	60	89	74	84	51	33	167	42	26	33
9	168	66	61	89	74	84	52	34	168	42	26	34
10	169	67	62	90	75	85	52	34	169	42	26	34
11	170	68	63	90	75	85	53	35	170	43	26	35
12	171	69	64	91	76	86	53	35	171	43	27	35
13	172	70	65	91	76	86	54	36	172	43	27	36
14	173	71	66	92	77	87	54	36	173	43	27	36
15	174	72	67	92	77	87	55	37	174	44	27	37
16	175	73	68	93	78	88	55	37	175	44	28	37
17	176	73	68	93	78	88	56	38	176	44	28	38
18	177	74	69	94	79	89	56	38	177	44	28	38
19	178	75	70	94	79	89	57	39	178	45	28	39
20	179	76	71	95	80	90	57	39	179	45	29	39
21	180	77	72	95	80	90	58	40	180	45	29	40
22	181	78	73	96	81	91	58	40	181	45	29	40
23	182	79	74	96	81	91	59	41	182	46	29	41
24	183	80	75	97	82	92	59	41	183	46	30	41
25	184	81	76	97	82	92	60	42	184	46	30	42
26	185	82	77	98	83	93	60	42	185	46	30	42
27	186	83	77	98	83	93	61	43	186	47	30	43
28	187	84	78	99	84	94	61	43	187	47	31	43
29	188	85	79	99	84	94	62	44	188	47	31	44
30	189	86	80	100	85	95	62	44	189	47	31	44
31	190	87	81	100	85	95	63	45	190	48	31	45

参考文献

[1] [美] 艾莉卡·爱瑞儿·福克斯.哈佛谈判心理学[M].胡姣姣，译.北京：中国友谊出版公司，2014.

[2] [美] 彼得·德鲁克.卓有成效管理者的实践[M].许是详，译.北京：机械工业出版社，2012.

[3] [美] 彼得·圣吉.第五项修炼：学习型组织的艺术与实践[M].张成林，译.北京：中信出版社，2009.

[4] 顾筱君.21世纪形象设计[M].北京：机械工业出版社，2007.

[5] 关洁.个人形象设计[M].北京：中国戏剧出版社，2011.

[6] 郭可悫.形体训练[M].北京：人民体育出版社，1982.

[7] 海英.礼仪的力量[M].北京：北京师范大学出版社，2011.

[8] 黑玛亚.让我发现你的美：黑玛亚形象设计手记[M].北京：中国青年出版社，2012.

[9] 金正昆.公关礼仪[M].西安：陕西师范大学出版社，2011.

[10] 联合国教科文组织国际发展委员会.学会生存——教育世界的今天和

明天[M].北京：教育科学出版社,1996.

[11] [美] 罗伊·J.列维奇,等.商务谈判[M].程德俊,译.北京：机械工业出版社,2012.

[12] 刘江鹰.企业员工的自我激励与管理[M].北京：中国计量出版社,2010.

[13] 刘永芳.管理心理学[M].北京：清华大学出版社,2008.

[14] 刘园.国际商务谈判[M].北京：对外经济贸易大学出版社,2010.

[15] 刘志红.形体练习教程[M].北京：高等教育出版社,1999.

[16] 卢新华,康娜.社交礼仪[M].北京：北京大学出版社,2012.

[17] 鲁小慧.商务谈判[M].长春：东北师范大学出版社,2010.

[18] [美] 罗杰·道森.优势谈判[M].刘祥亚,译.重庆：重庆出版社,2013.

[19] 中共中央马恩列斯著作编译局.马恩列斯选集[M].北京：人民出版社,1972.

[20] 普瑟,张玲.我造我型：个人风格与形象管理[M].北京：中国纺织出版社,2010.

[21] 人力资源和社会保障部职业技能鉴定中心.自我学习能力训练手册[M].北京：人民出版社,2011.

[22] 宋超美.初中体育与健康新课程教学探索[M].北京：北京体育大学出版社,2005.

[23] 宋洁.你的形象价值百万[M].北京：中国华侨出版社,2012.

[24] 汤秀莲.商务礼仪[M].北京：清华大学出版社,2012.

[25] [美] 阿尔文·托夫勒.第三次浪潮[M].黄明坚,译.北京：中信出版社,2006.

[26] 万里红.最实战商务礼仪[M].北京：机械工业出版社,2012.

[27] 王军旗.商务谈判：理论、技巧与案例[M].北京：中国人民大学出版社,2014.

[28] 魏清素.20几岁要懂得塑造形象魅力[M].北京：华夏出版社,2012.

[29] 闻君.现代礼仪实用全书[M].北京：时事出版社，2013.
[30] 夏志强.礼仪常识全知道[M].北京：中国华侨出版社，2015.
[31] 徐白.公关礼仪教程[M].上海：同济大学出版社，2013.
[32] 徐桂云.形体训练教程[M].济南：山东大学出版社，2009.
[33] 杨河清.职业生涯规划[M].北京：中国劳动社会保障出版社，2005.
[34] 叶乃嘉.中英论文写作纲要与体例：研究报告与英文书信规范[M].南京：南京大学出版社，2009.
[35] 于扬利.谈判[M].北京：中信出版社，2010.
[36] 俞文钊.现代领导心理学[M].上海：上海教育出版社，2004.
[37] 张梵.艺术形体训练[M].北京：中国纺织出版社，2008.
[38] 张桂兰.形体训练[M].北京：国防工业出版社，2010.
[39] 张乐华.穿美 36 问[M].北京：中信出版社，2010.
[40] 张美江，等.形体美训练教程[M].上海：华东师范大学出版社，2009.
[41] 张然.谈判的艺术[M].北京：中国商业出版社，2013.
[42] 张岩松.现代交际礼仪[M].北京：清华大学出版社，2008.
[43] 张艳辉.形象设计[M].北京：人民邮电出版社，2011.
[44] 章义伍.如何打造高绩效团队[M].合肥：安徽教育出版社，2003.
[45] 赵曙明，等.人力资源管理(第 9 版)[M].北京：电子工业出版社，2003.
[46] 赵耀金.劣势谈判：反败为胜的 52 个谈判技巧[M].北京：西苑出版社，2012.
[47] 中国国际贸易学会商务专业培训考试办公室.商务文员理论与实务[M].北京：中国商务出版社，2011.
[48] 钟蔚.形象设计与表达[M].北京：中国纺织出版社，2015.
[49] 安莉娟，封文波.影响教师心理健康的压力源及应付策略[J].河北师范大学学报(教育科学版)，2005，7(4)：80－84.
[50] 鲍丙刚，李艳艳，陶舒曼，等.某医科大学学生网络成瘾视屏时间与心

理健康的关联性[J].中国学校卫生,2014,35(7)：1001-1004.

[51] 毕重增,黄希庭.清晰度对自信预测效应的影响[J].心理科学,2006,29(2),271-273.

[52] 毕重增,黄希庭.青年学生自信问卷的编制[J].心理学报,2009,141(15)：444-453.

[53] 边保旗,樊富珉.中学教师的压力及其与心理健康的关系[J].中国心理卫生杂志,2006,20(1)：48-50.

[54] 蔡小娟.从教育学角度培养大学生协作精神[J].贵州工业大学学报,2008(2)：218-219.

[55] 车丽萍,黄希庭.青年大学生自信的理论建构研究[J].心理科学,2006,29(3)：563-569.

[56] 陈本友,张锋,邹枝玲,等.大学生时间管理倾向与焦虑的相关研究[J].中国临床心理学杂志,2005,13(3)：307-308.

[57] 陈和平,陈永进,魏昌武,等.大学生时间管理倾向与自我和谐的关系[J].中国心理卫生杂志,2008,22(9)：666-668.

[58] 陈静.终身学习理念下的成人自我学习[D].山西大学硕士学位论文,2013.

[59] 陈美红.团队拓展训练对提高大学生社交能力影响探究[J].当代体育科技,2014(32)：27.

[60] 邸妙词,刘儒德,高钦,等.小学生调节聚焦对生活满意度的影响：压力应对方式的中介作用[J].心理发展与教育,2015,31(3)：327-333.

[61] 丁红燕.大学生时间管理倾向的干预研究[D].华中师范大学硕士学位论文,2007.

[62] 董爱国.影响教师心理健康的因素及对策探讨[J].商洛学院学报,2005,19(2)：103-105.

[63] 杜朝晖.谨防“亚健康”状态发展为躯体疾病及预防对策[J].渝州大学学报(自然科学版),2007(2)：77-81.

[64] 冯现刚,傅琪.大学生时间管理倾向与学习动机的关系[J].中国学校卫生,2011,32(4):447-448.

[65] 葛续华,祝卓宏,王雅丽.青少年手机依赖与依恋、社会支持的关系[J].中华行为医学与脑科学杂志,2013,22(8):736-738.

[66] 郝瑛.基于职业锚理论的内蒙古地区IT业员工职业生涯管理研究[D].内蒙古大学硕士学位论文,2011.

[67] 胡芳.健康形体练习科学化探索[J].首都体育学院学报,2011(6):46-48.

[68] 黄鲁玙.大学生学习型团队建设研究[J].教育评论,2015(4):116-118.

[69] 黄希庭,张志杰.论个人的时间管理倾向[J].心理科学,2001,24(5):516-518.

[70] 黄希庭,张志杰.青少年时间管理倾向量表的编制[J].心理学报,2001,33(4):338-343.

[71] 黄希庭,郑涌,李宏翰.学生健全人格养成教育的心理学观点[J].广西师范大学学报(哲学社会科学版),2006,42(3):90-94.

[72] 蒋黎.网络游戏环境下的人际交往及其社会影响研究——以角色扮演类网络游戏为例[D].成都理工大学硕士学位论文,2010.

[73] 井世洁.初中学生的应对方式与心理健康的相关研究[J].宁波大学学报(教育科学版),2001,23(4):1-5.

[74] 李丹.创新型人才培养中自我学习能力培育的思考[J].内蒙古农业大学学报(社会科学版),2010,12(6):106-107.

[75] 李静.青少年网络欺凌问题与防范对策[J].中国青年研究,2009,162(8):25-28.

[76] 李强.基层警察职业生涯发展现状及管理对策——以海宁为例[D].上海交通大学硕士学位论文,2009.

[77] 李体强.国有核电企业新员工职业期望研究[D].复旦大学硕士学位论

文,2008.

[78] 李醒东,李换.网络欺负——悄然兴起的校园暴力[J].教育科学研究,2010,184(7):61-64.

[79] 刘东辉.浅析人体形体美教学与训练[J].华东师范大学学报(自然科学版),1997(4):477-478.

[80] 刘福芹.中学信息技术教师职业生涯管理研究[D].浙江师范大学硕士学位论文,2009.

[81] 刘敏岚.网络游戏与青少年心理健康关系分析[J].中国学校卫生,2013,34(9):1096-1098.

[82] 刘启刚.讯问阶段犯罪嫌疑人心理压力的调查研究[J].广西警官高等专科学校学报,2005,28(1):115-120.

[83] 刘茜.学习领导理论述评[J].外国教育研究,2011(1):23-28.

[84] 刘松,应自炉.基于局部特征和整体特征融合的面部表情识别[J].计算机应用,2005(3):4-6.

[85] 刘卫,孙志毅,齐国强.健美训练对体弱大学男生自信及心理健康的影响[J].中国临床心理学杂志,2012(6):891-893.

[86] 刘文明.浅谈当代大学生的学习观与自我学习[J].学周刊,2015(5):221-221.

[87] 刘晓旻,章毓晋.基于Gabor直方图特征和MVBoost的人脸表情识别[J].计算机研究与发展,2007,44(7):1089-1096.

[88] 刘志红.形体教学课程体系的建立与研究[J].河北体育学院学报,2000(1):1-4.

[89] 楼韦群,齐全衣.高中生压力源和心理健康的研究[J].心理科学,2000,23(2):156-159.

[90] 聂丽萍.大学生网络聊天中的自我表露、应对方式与孤独感的关系研究[D].苏州大学硕士学位论文,2009.

[91] 沈卓卿,董妍,俞国良.过度自信的信息差异理论模型[J].心理科学,

2009,32(6):1405-1407.

[92] 史秋衡,文静.中国大学生的就业能力——基于学情调查的自我评价分析[J].北京大学教育评论,2012(1):56-58.

[93] 宋国学.自我学习理论所隐含个人条件假设的实证研究[J].外国教育研究,2004(8):21-25.

[94] 宋丽敏,等.学生自我学习能力的培养[J].网络财富,2010(11):66-68.

[95] 孙沂.高职院校教师如何调控心理压力[J].学园:学者的精神家园,2015(1):68-69.

[96] 孙志娟,黄之瑜.肥胖的研究进展[J].生理科学进展,2001(3):39-44.

[94] 汪祥.中职生职业生涯规划教育现状与策略探究——基于连云港市职教中心个案探究[D].苏州大学硕士学位论文,2010.

[98] 王汉民,张少华.高职学生自我学习核心能力调查与分析[J].内蒙古师范大学学报(教育科学版),2011(3):79-80.

[99] 王红,陈纯槿.美国教育领导力评价研究三十年:回顾与启示[J].比较教育研究,2012(1):55-58.

[100] 王秀红.浅谈“90后”大学生的团队精神培养[J].科技风,2015(2):224.

[101] 王振宏,田博,石长地,等.3～6岁幼儿面部表情识别与标签的发展特点[J].心理科学,2010,33(2):325-328.

[102] 吴烨宇.青年年龄界定研究[J].中国青年研究,2002,79(3):36-39.

[103] 伍尚海.高校青年教师职业生涯规划SWOT分析及策略[J].贺州学院学报2011(3):26.

[104] 向安玉.浅析中小学体育中加强形体美教育的意义和方法[J].四川三峡学院学报,2000(1):91-92.

[105] 严由伟,刘明艳,唐向东,等.压力反应、压力应对与睡眠质量关系述

评[J].心理科学进展,2010,18(11)：1734－1746.
[106] 杨剑,陈开梅,刘晓伟.高校教师职业压力研究[J].北京体育大学学报,2006,29(6)：772－774.
[107] 姚丽贤.特质焦虑、职业决策自我效能与职业探索对大学生职业决策困难的影响研究[D].曲阜师范大学硕士学位论文,2011.
[108] 姚伟,孙正兴,张岩.面向脸部表情识别的Gabor特征选择方法[J].计算机辅助设计与图形学学报,2008,20(1)：79－84.
[109] 殷功岚.新媒介环境下公文写作研究[D].长江大学硕士学位论文,2014.
[110] 尹训红,文少飞.大学生创业团队建设问题及对策研究[J].科技创业月刊,2015,28(2)：31－32.
[111] 于窈,李纾.过分自信的研究及其跨文化差异[J].心理科学进展,2006,14(3)：468－474.
[112] 张博凡.高中生应对方式、自信与学习动机的相关研究[J].社会心理科学,2014,163(10)：6－11.
[113] 张莉,孙国玲.浅析说服技巧在商务谈判中的应用[J].考试周刊,2009(12)：106－107.
[114] 张美江,张云龙,陈巧萍.对"形体美"若干理论概念之辨析[J].北京体育大学学报,2006(6)：862－863.
[115] 张淼.维吾尔族大学生网络成瘾网络使用与心理健康关系[J].中国学校卫生,2014,35(10)：1559－1560.
[116] 张甜,谢钰涵.不同自信水平大学生时间管理倾向的比较[J].中国健康心理学杂志,2006,14(6)：615－618.
[117] 张炜炜.基于职业规划的新教师个性化园本培训研究[D].浙江师范大学硕士学位论文,2012.
[118] 张兴.关于学生自我学习能力培养的研究[J].教育与职业,2007(12)：145－146.

[119] 张志杰，黄希庭，崔丽弦，等.大学生时间管理倾向与学习满意度：递增效度的分析[J].西南师范大学学报（人文社会科学版），2004，30(4)：42 - 45.

[120] 赵欢欢，张和云，刘勤学，等.大学生特质移情与网络利他行为：网络社会支持的中介效应[J].心理发展与教育，2012，8(5)：478 - 486.

[121] 赵丽光.浅析秘书从业人员口才要求[J].吉林省经济管理干部学院学报，2011(8)：36.

[122] 中国科学院“科技领导力研究”课题组.领导力五力模型研究[J].领导科学，2006(9)：22 - 25.

[123] 朱伟峰.论大学生协作能力培养[J].中国人才，2010(19)：53 - 54.

[124] 祝春兰，刘伟，陈超，等.网络互动的心理学研究[J].科学，2015(3)：42 - 44.

[125] 祝春兰.网络学习中自我监控的结构与影响因素[D].上海师范大学博士论文，2011.

[126] 左坤隆，刘文耀.基于活动外观模型的人脸表情分析与识别[J].光电子·激光，2004，15(7)：853 - 857.

[127] 第 39 次中国互联网络发展状况统计报告[EB/OL].[2017 - 01 - 22].http://www.cac.gov.cn/2017 - 01 - 22/c_1120352022.htm.

[128] 中小城市划分界定出新标准按规模分五大类别[EB/OL].[2015 - 01 - 12]. http://news. xinmin. cn/domestic/gnkb/2010/11/29/7994600. html.

[129] Agarwal R, Animesh A, Prasad K. Social interactions and the “digital divide”: Explaining variations in Internet use [J]. Information Systems Research, 2009, 20(2): 277 - 294.

[130] Amichai-Hamburger Y, Ben-Artzi E. Loneliness and Internet use [J]. Computers in human behavior, 2003, 19(1): 71 - 80.

[131] Amichai-Hamburger Y, Wainapel G, Fox S. “On the Internet no

one knows I'm an introvert"：Extroversion，neuroticism，and Internet interaction[J]. Cyberpsychology & Behavior，2002. 5(2)：125 - 128.

[132] Anderson T L. Relationships among Internet Attitudes，Internet Use，Romantic Beliefs，and Perceptions of Online Romantic Relationships[J]. Cyberpsychology & Behavior，2005，8(6)：521 - 531.

[133] Asano M，Miller W C，Eng J J. Development and psychometric properties of the ambulatory self-confidence questionnaire[J]. Gerontology，2007(53)：373 - 381.

[134] Bargh J A. Beyond simple truths：The human-Internet interaction [J]. Journal Of Social Issues，2002，58(1)：1 - 8.

[135] Barlett C P，Gentile D A. Attacking others online：The formation of cyberbullying in late adolescence[J]. Psychology Of Popular Media Culture，2012，1(2)：123 - 135.

[136] Bomstein M H，Arterberry M E. Recognition，discrimination and categorization of smiling by 5 month-old infants[J]. Developmental Science，2003(6)：585 - 599.

[137] Boyatzis R E. Unleashing the Power of Self-directed Learning[EB/OL]. www.eiconsortium，2001/2003 - 10 - 23.

[138] Brockett R G，Hiemstra R. Review：Self-Direction in Adult Learning：Perspectives on Theory，Research and Practice[M]. UK：Routledge，1992.

[139] C Mc Clue，R Charles. Network literacy：a role for libraries? [J]. Information Technology and Libraries，1994(2)：115 - 125.

[140] Candy P C. Self-direction for Lifelong Leaming [M]. San Francisco：Jossey — Bass Publilishers，1991.

[141] Caplan S E. A social skill account of problematic Internet use[J]. Journal of communication, 2005, 55(4): 721 - 736.

[142] Como L. Encouraging Students to Take Responsibility for Learning and Performance[J]. Elementary School Journal, 1992, 93(1): 69 - 83.

[143] Fioravanti G, Dèttore D, Casale S. Adolescent Internet addiction: Testing the association between self-esteem, the perception of Internet attributes, and preference for online social interactions[J]. Cyberpsychology, Behavior, And Social Networking, 2012, 15(6): 318 - 323.

[144] Fogel J, Nehmad E. Internet social network communities: Risk taking, trust, and privacy concerns[J]. Computers in Human Behavior, 2009, 25(1): 153 - 160.

[145] Frischen A, Eastwood J D, Smilek D. Visual search for faces with emotional expressions[J]. Psychological Bulletin, 2008(134): 662 - 676.

[146] Harakeh Z, Vollebergh W M. Internet chameleons: An experimental study on imitating smoking peers through digital interaction[J]. Nicotine & Tobacco Research, 2012, 14(3): 323 - 328.

[147] İlknur Yıldız, Ferda Yıldırım. The relation between problematic Internet use and healthy lifestyle behaviours in high school students[J]. Advances in School Mental Health Promotion, 2012, 5(2): 93 - 104.

[148] Johnson D D, Fowler J H. The evolution of overconfidence[J]. Nature, 2011, 477(7364): 317 - 320.

[149] Joinson A N, Woodley A, Reips U D. Personalization, authentication

and self-disclosure in self-administered Internet surveys [J]. Computers in Human Behavior. 2007，23(1) ：275 - 285.

[150] Jones K S, Farris J, Elgin P D, etc. A Report on a Novice User's Interaction with the Internet through a Self-Voicing Application [J]. Journal Of Visual Impairment & Blindness, 2005, 99(1): 40 - 54.

[151] Kim J, Lau C, Cheuk K. etc. Brief report: Predictors of heavy internet use and associations with health-promoting and health risk behaviours among Hong Kong university students[J]. Journal of Adolescence, 2010, 33(1): 215 - 220.

[152] Kisilevich S, Ang C S, Last M. Large-scale analysis of self-disclosure patterns among online social networks users: a Russian context[J]. Knowledge and information systems, 2012, 32(3): 609 - 628.

[153] Klein J D, Keller J M. Influence of student ability, locus of control, and type of instructional control on performance and confidence [J]. Journal of Educational Research, 1990 (83): 140 - 146.

[154] Kraut R, Patterson M, Lundmark V, etc. Internet paradox: A social technology that reduces social involvement and psychological well-being? [J]. American psychologist, 1998, 53(9): 1017.

[155] Lirrg C D. Gender differences in self-confidence in physical activity: A meta-analysis of recent studies[J]. Journal of Sport & Exercise Psychology, 1991(8): 294 - 310.

[156] Litwiller B J, Brausch A M. Cyber bullying and physical bullying in adolescent suicide: The role of violent behavior and substance use[J]. Journal Of Youth And Adolescence, 2013, 42(5), 675 -

684.

[157] Low S, Espelage D. Differentiating cyber bullying perpetration from non-physical bullying: Commonalities across race, individual, and family predictors[J]. Psychology Of Violence, 2013, 3(1): 39-52.

[158] Lundeberg M A, Fox P W, Brown A C, etc. Cultural influences on confidence: Country and gender [J]. Journal of Educational Psychology, 2000(92): 152-159.

[159] Lundeberg M A, Fox P W, Puncochar J. Highly confident but wrong: Gender differences and similarities in confidence judgments [J]. Journal of Education, 1994, 86(1): 114-121.

[160] Madell D E, Muncer S. J. Control over social interactions: An important reason for young people's use of the Internet and mobile phones for communication? [J]. Cyberpsychology & Behavior, 2007, 10(1): 137-140.

[161] McKay R T, Dennett D C. The evolution of misbelief [J]. Behavioral and Brain Sciences, 2009, 32(6): 493-561.

[162] MDAP Samaras. Review of Self-Study of Teaching Practices[J]. Clearing House A Journal of Educational Strategies Issues & Ideas, 2007, 81(2) : 93-94.

[163] Mesch G S, Talmud I. Similarity and the quality of online and offline social relationships among adolescents in Israel[J]. Journal Of Research On Adolescence, 2007, 17(2): 455-466.

[164] MS Ruiz, R Anadon. Proceedings of the Third International Conference on Natural Computation[C]. Haikou, 2007.

[165] Norton R, Warnick B. Assertiveness as a communication construct [J]. Human Communication Research, 1976, 3(1): 62-66.

[166] Pantic M, Rothkrantz L. Automatic analysis of facial expressions:

the state of the art[J]. IEEE Transactions on Pattern Analysis and Machine Intelligence，2000，22(12)：1424－1445.

[167] Peter J，Valkenburg P M，Schouten A P. Developing a model of adolescent friendship formation on the Internet [J]. Cyberpsychology & Behavior，2005，8(5)：423－430.

[168] Peterson S A，Aye T，Wheeler P. Internet use and romantic relationships among college students[J]. North American Journal Of Psychology，2014，16(1)：53－62.

[169] Rees T，Freeman P. The effects of perceived and received supporton self-confidence[J]. Journal of Sports Sciences，2007，25(9)：1057－1065.

[170] S S A Guan，k Subrahmanyam. Youth internet use：Risks and opportunities[J]. Current Opinion in Psychiatry Turkish Edition，2009，22(5)：130－137.

[171] Sharot T. The optimism bias[J]. Current Biology，2011，21(23)：941－945.

[172] Smahel D，Brown B，Blinka L. Associations between online friendship and Internet addiction among adolescents and emerging adults[J]. Developmental Psychology，2012，48(2)：381－388.

[173] Stokes J P. The relation of social network and individual difference variables to loneliness[J]. Journal of Personality and Social Psychology，1985，48(4)：981.

[174] Wilcy K. Effects of a self-directed learning project and perference for structure on self-direcled learning readiness[J]. Nurs Res，1983，32(3)：181－185.

[175] Wolak J，Finkelhor D，Mitchell K. Is talking online to unknown people always risky? Distinguishing online interaction styles in a

national sample of youth internet users[J]. Cyberpsychology & Behavior, 2008, 11(3): 340 - 343.

[176] Wolak J, Mitchell K J, Finkelhor D. Close online relationships in a national sample of adolescents[J]. Adolescence, 2002, 37(147): 441 - 455.

[177] Wright, Michelle F, Li Yan. The associations between young adults' face-to-face prosocial behaviors and their online prosocial behaviors[J]. Computers in Human Behavior, 2011, 27(5): 1959 - 1962.

[178] Zhang Y, Ji Q. Active and dynamic information fusion for facial expression understanding from image sequences [J]. IEEE Transactions on Pattern Analysis and Machine Intelligence, 2005, 27(5): 699 - 714.

后记

青年工作与青年研究是上海青年管理干部学院(上海师范大学青年学院)的优势与特色,“青年人文素养”项目得到了上海高等教育内涵建设“085”工程的项目资助。本书是上海青年管理干部学院(上海师范大学青年学院)“085”专项重点专业建设项目的成果,也是“青年学科”建设的探索性研究成果,现纳入青年学出版工程和上海市重点图书。以上项目为青年人文素养的研究和实践提供了良好的平台与发展空间。

感谢原上海青年管理干部学院(上海师范大学青年学院)党委书记、常务副院长褚敏(现任上海城建职业学院党委书记),副院长蔡文(现任上海师范大学第二附属中学校长),以及上海青年管理干部学院(上海师范大学青年学院)现任的两位副院长王冰博士与张恽博士,他们对此书高度重视,在本书立项与编著过程中给予了诸多指导和支持。

感谢复旦大学孙时进教授和上海师范大学顾海根教授。两位教授学识渊博、治学严谨,他们对学术的执着与热爱以及深厚的学术功底无时无刻不在感染着我们,两位专家在此书的框架搭建、内容安排上都给予了精心指导和严格把关。感谢上海师范大学沈黎副教授、岳龙副教授以及上海青年管理干部学院(上海师范大学青年学院)陈宁教授、赵文教授、张丽教授,他们从“085”项目执行要求、青年成长与研究、素养养成与教育等角度为本书的成稿、完稿及定稿提供了很多宝贵建议。

感谢上海青年管理干部学院(上海师范大学青年学院)的“085”青年人文素养项目团队,在团队的通力合作下,顺利完成了本书的编著工作。诸多有经验的专业教师参与了编写,具体分工如下:祝春兰负责素养一、素养三、素养十二、素养十八;刘鸿方负责素养二;卢会志负责素养七;胡月香负责素养四、素养五;田芸负责素养六、素养十、素养十六;邓丽娜负责素养八、素养九、素养十一;丁烜红负责素养十三、素养十四、素养十五、素养十七。全书最后由祝春兰、邓丽娜统稿。

为了提高校稿质量,本项目组采用相互校稿的方式对书稿进行审核,并在此基础上聘请院外专家对本书内容进行审校。因时间与经验有限,本书难免会存在不足,恳请业内同行与广大读者不吝赐教。

上海青年管理干部学院

上海师范大学青年学院

“085”青年人文素养项目组

2017 年 7 月